Die türkisch-europäischen Beziehungen

Metin Aksoy (Hrsg.)

Die türkisch-europäischen Beziehungen

Eine unendliche Geschichte

PETER LANG
Frankfurt am Main · Berlin · Bern · Bruxelles · New York · Oxford · Wien

Bibliografische Information der Deutschen Nationalbibliothek
Die Deutsche Nationalbibliothek verzeichnet diese Publikation
in der Deutschen Nationalbibliografie; detaillierte bibliografische
Daten sind im Internet über http://dnb.d-nb.de abrufbar.

Umschlaggestaltung:
Olaf Glöckler, Atelier Platen, Friedberg

Umschlagillustration:
Metin Aksoy

ISBN 978-3-631-60436-6
© Peter Lang GmbH
Internationaler Verlag der Wissenschaften
Frankfurt am Main 2010
Alle Rechte vorbehalten.

Das Werk einschließlich aller seiner Teile ist urheberrechtlich geschützt. Jede Verwertung außerhalb der engen Grenzen des Urheberrechtsgesetzes ist ohne Zustimmung des Verlages unzulässig und strafbar. Das gilt insbesondere für Vervielfältigungen, Übersetzungen, Mikroverfilmungen und die Einspeicherung und Verarbeitung in elektronischen Systemen.

www.peterlang.de

Vorwort

Während des Kalten Krieges war die Türkei ein strategisch wichtiger Partner der westlichen Länder. Aber nach dem Kalten Krieg dachten viele Menschen, dass die Türkei ihre strategische Rolle verloren habe. Mit der Zeit haben aber viele entdeckt, dass die Türkei noch immer ein wichtiger Partner für die EU sein kann. Mit diesem Editorial möchte ich die nicht völlig engen und auch nicht ganz getrennten Beziehungen der Türkei zur Europäischen Union seit den fünfziger Jahren analysieren.

Es ist mir ein besonderes Anliegen, allen an dieser Ausgabe beteiligten Autoren und Autorinnen, insbesondere Herrn Prof. Dr. Saban Çalış, Prof. Hüseyin Bağcı, Prof. Birol Akgün und auch meinen lieben Freund Dr. Pawel Kobes, Doz. Murat Çemrek sowie Asst. Prof. Dr. Ali Ayata zu danken. Besonderen Dank schulde ich Prof. Dr. Ludwig Schmahl für seine unerschöpfliche Geduld und für die effektive und anregende Korrektur.

Zuletzt möchte ich meinen lieben Eltern, meiner Frau Hatice und meinen Kindern sowie Mehmet und Ayşe Naz meinen herzlichen Dank aussprechen.

Konya, im Dezember 2009

Metin AKSOY

Inhaltsverzeichnis

Rede des EWG Kommissions-Präsidenten Walter Hallstein
anlässlich der Unterzeichnung des Assoziationsabkommens zwischen der
EWG und der Türkei (Ankara, 12. September 1963) 9

Einleitung 15
Metin Aksoy

Historischer Überblick über die Beziehungen zwischen der EU und der Türkei 19
Metin Aksoy

Die Türkei und Entwicklungen hinsichtlich der Beitrittskriterien 35
Metin Aksoy

Demokratie und Menschenrechte in der Türkei 41
Ali Ayata

Kulturelle Überdehnung? Historisch kulturelle Debatte 57
Ludwig Schmahl

Die Türkei und die europäische Identität 71
Ludwig Schmahl

Der Zypernkonflikt und die Türkei 85
Metin Aksoy

Der EU-Beitritt der Türkei im Kontext der GASP 95
Ali Ayata

**Mitgliedsaspirationen der Türkei zur Aufnahme in die EU im
Kontext zu europäischer Sicherheit** 109
Pawel Kobes

Einstellung Deutschlands zum türkischen Beitritt in die EU 121
Rıza Arslan

**Köprü heißt Brücke. Warum die Türkei Europa braucht und
Europa die Türkei** 141
Hans Walter Schmuhl

Schluss 145

Chronologie Türkei und EU 149

Rede des EWG Kommissions-Präsidenten Walter Hallstein anlässlich der Unterzeichnung des Assoziationsabkommens zwischen der EWG und der Türkei (Ankara, 12. September 1963)[1]

Die Türkei hat seit ihrer Erneuerung durch »Atatürk« Kemal Pascha nach dem Ersten Weltkrieg die Zusammenarbeit mit Europa, und dabei nicht zuletzt mit Deutschland, gesucht. So war es nur natürlich, dass die Türkei nahezu gleichzeitig mit Griechenland 1959 um die Assoziierung an die Gemeinschaft nachsuchte. Der Assoziierungsvertrag von 1963, dessen Regelungen dem Griechenland-Abkommen ähneln, aber in längeren Fristen des Überganges in die Zoll- und Wirtschaftsunion rechnen, begründet ein evolutionäres Verhältnis. Mit dem letzten Schritt soll auch die Türkei - wie Griechenland - Vollmitglied der Gemeinschaft werden. Um dies zu ermöglichen, beteiligt sich die Gemeinschaft an der Entwicklung des Landes. Die industrielle und landwirtschaftliche Wettbewerbsfähigkeit sowie die Handelsbeziehungen müssen nachhaltig verbessert werden. Nach der Vorbereitungsphase für die Errichtung einer Zollunion konnte 1971 die Überleitungsphase beginnen. Daneben kommt der allgemeinen politischen Zusammenarbeit durch die Assoziation angesichts vielfältiger Streitpunkte im östlichen Mittelmeerraum gesteigerte Bedeutung zu. Der Erfolg der Assoziierung wird allerdings dadurch erschwert, dass die Türkei als Klammer zwischen dem europäischen und dem arabisch-asiatischen Raum immer wieder Identitätskrisen zu bewältigen hat.

Es ist mir eine Freude und eine Ehre, in dieser festlichen Stunde für die Kommission der Europäischen Wirtschaftsgemeinschaft das Wort zu ergreifen. Das Assoziierungsabkommen, das heute hier unterzeichnet wird, ist das Ergebnis langer Verhandlungen, deren Schwierigkeiten nur dank der Initiative, dem Mut und der Beharrlichkeit aller Beteiligten überwunden werden konnten. So möchte ich zunächst ein Wort des Dankes richten an die türkische Regierung und ihre Delegation, die uns als Partner in einem kameradschaftlichen Geist gegenübergetreten ist, aber auch an meinen Freund und Kollegen Jean Rey, dessen Verdienst hauptsächlich es innerhalb der Kommission gewesen ist, dass wir das Vertragswerk schaffen konnten. Ich weiß, dass ich in seinem Sinne spreche, wenn ich in diesen Dank auch alle seine Mitarbeiter einbeziehe, die unter seiner Leitung gearbeitet haben. In dem gegenseitigen Verständnis, das beide Delegationen an den Tag gelegt haben - die türkische für die Ideale und die Prinzipien des Vertrages von Rom, die unsrige für die Besonderheiten des türkischen Tatbestandes - ist bereits das wesentliche Stück einer Assoziation auf eine Weise sichtbar geworden, die uns zu schönen Hoffnungen berechtigt, nämlich die Gemeinschaftsgesinnung: Offenheit füreinander und Solidarität.

Wir sind heute Zeugen eines Ereignisses von großer politischer Bedeutung. Die Türkei gehört zu Europa. Das ist der tiefste Sinn dieses Vorgangs: Er ist, in der denkbar zeitgemäßesten Form, die Bestätigung einer Wahrheit, die mehr ist als ein abgekürzter

---

1 http://www.ena.lu/ 21.11.2009

Ausdruck einer geographischen Aussage oder einer geschichtlichen Feststellung, die für einige Jahrhunderte Gültigkeit hat. Die Türkei gehört zu Europa: Das ist vielmehr vor allem die Erinnerung an die gewaltige Persönlichkeit Atatürks, dessen Wirken uns in diesem Lande auf Schritt und Tritt zum Bewusstsein gebracht wird, und an die von ihm bewirkte radikal europäische Erneuerung des türkischen Staates in allen seinen Lebensäußerungen. Das Ereignis hat seinesgleichen nicht in der Geschichte der Ausstrahlungen europäischer Kultur und Politik, ja wir fühlen hier eine Wesensverwandtschaft mit dem modernsten europäischen Geschehen: der europäischen Einigung. Ist es nicht Geist von unserem Geist, den wir hier verspüren: jene aufgeklärte, rationale, schonungslos realistische Haltung; der methodische Gebrauch modernen Wissens, der Wert, der auf Schulung und Erziehung gelegt wird; die fortschrittliche und willenskräftige Dynamik; die unbefangene Pragmatik in der Wahl der Mittel. Was ist daher natürlicher als dass sich Europa - das Europa, das der freie Ausdruck seiner selbst ist - und die Türkei in ihren Aktionen und Reaktionen identifizieren: militärisch, politisch und wirtschaftlich.

Die Türkei gehört zu Europa: das heißt nach den heute gültigen Maßstäben, dass sie ein verfassungsmäßiges Verhältnis zu der Europäischen Gemeinschaft herstellt. Wie diese Gemeinschaft selbst, so ist auch jenes Verhältnis von dem Gedanken der Evolution beherrscht.

Dennoch steht auch die Türkei vor schwierigen Problemen: Die bereits angelaufene Industrialisierung muss weitergeführt, die maximale Nutzung der Rohstoffvorkommen gesichert, die Landwirtschaft ausgebaut werden. Dies alles ist nötig, weil es zu einem modernen Staat gehört und auch um die Zukunft des türkischen Volkes zu sichern, das so schnell wächst wie kaum ein anderes Volk der Erde. Die Aufgabe ist schwer, und sie wird sicher nicht von heute auf morgen zu lösen sein. Aber Ihre Regierung, Ihr Volk haben sie mit bewundernswertem Mut angefasst und dürfen heute schon mit Stolz die ersten Erfolge verzeichnen.

Weitere Erfolge stehen Ihnen bevor, gewiss gefördert durch Ihr Zusammengehen mit der Gemeinschaft, die mithelfen wird, damit Ihre Ziele, vor allem die des Fünfjahresplans, voll erreicht werden. Mit Inkrafttreten des Abkommens werden auch die darin vereinbarten wirtschaftlichen und finanziellen Vorteile, die eine beträchtliche Hilfe darstellen, es der Türkei möglich machen, ihren Export in die Europäische Wirtschaftsgemeinschaft zu verstärken und ihre Produktionskapazitäten auszubauen. Das Abkommen sieht darüber hinaus vor, dass die Türkei in naher Zukunft ihre Beziehungen zur Gemeinschaft noch intensivieren soll und zu einer echten Wirtschaftsunion gelangen kann, in der wir nach wie vor das Zeichen einer echten Integration sehen. So ist die Assoziierung nicht nur für die Türkei von Nutzen, sie kommt auch den Interessen der Gemeinschaft entgegen.

Wir stehen also am Beginn einer Ära enger Zusammenarbeit zwischen der Türkei und der Gemeinschaft. Beide Seiten werden sich im Assoziationsrat begegnen und dort als gleichberechtigte Partner ihre Sorgen besprechen und sich in diesem neuen Geiste um die Beilegung etwa auftauchender Schwierigkeiten bemühen. Getragen von den gleichen

Vorstellungen werden sie gemeinsam überlegen, wie sie diese im Rahmen der Assoziation verwirklichen können. Und eines Tages soll der letzte Schritt vollzogen werden: Die Türkei soll vollberechtigtes Mitglied der Gemeinschaft sein. Dieser Wunsch und die Tatsache, dass wir in ihm mit unseren türkischen Freunden einig sind, sind der stärkste Ausdruck unserer Gemeinsamkeit.

Einleitung

Metin Aksoy

Die Beitrittsverhandlungen der Türkei mit der Europäischen Union wurden am 3. Oktober 2005 aufgenommen. In ihrer Entscheidung begrüßen die Staats- und Regierungschefs die entscheidenden Fortschritte, die die Türkei in ihrem weit reichenden Reformprozess erzielt hat"[1]. "Der Europäische Rat verweist auf seine früheren Schlussfolgerungen zur Türkei: In Helsinki hat er festgestellt, dass die Türkei ein beitrittswilliges Land ist, das auf der Grundlage derselben Kriterien, die auch für die übrigen beitrittswilligen Länder gelten, Mitglied der Union werden soll, und auf einer späteren Tagung ist er zu folgendem Schluss gelangt: Entscheidet der Europäische Rat im Dezember 2004 auf der Grundlage eines Berichts und einer Empfehlung der Kommission, dass die Türkei die politischen Kriterien von Kopenhagen erfüllt, so wird die Europäische Union die Beitrittsverhandlungen mit der Türkei ohne Verzug eröffnen[2]." Nach diesem Bericht wurden die Verhandlungen mit der Türkei begonnen. Allerdings war dieser Weg nach Europa für die Türkei nicht so einfach wie für ein anderes EU Mitgliedsland. In der Nacht vom 3. auf 4. Oktober haben die Verhandlungen angefangen, und das veröffentlichte Ziel ist der Vollmitgliedschaft der Türkei, obwohl ein offener Ausgang der Verhandlungen genannt wird. Es gibt kein anderes Thema als die mögliche EU-Mitgliedschaft der Türkei, das in Europa ein so großes Interesse erzeugt, und die europäische Gesellschaft in einer ähnlichen Situation auch spaltet.

Die öffentliche Debatten sind sehr unterschiedlich: Bedenken werden geäußert im Hinblick auf wirtschaftliche Mängel, die kulturellen Unterschiede, die politischen Probleme, die geographische Situation und letztlich die Aufnahmefähigkeit der EU. Die Türkei kann besonders nach dem Zusammenbruch der Sowjetunion als Sonderkandidat der bisherigen Erweiterungspolitik bezeichnet werden. Es ist daher von größtem Interesse, die Debatte aus den fünfziger Jahren als noch immer heikles Thema zu untersuchen, da ein Großteil der europäischen Bevölkerung sich gegen einen Beitritt ausspricht.

Nach der ersten Bewerbung im Jahr 1959 haben sich die Beziehungen im Rahme des 1963 unterzeichneten Ankara-Abkommen erweitert. 1963 hatte der damalige Kommissionspräsident der EWG, Walter Hallstein, festgestellt: "Die Türkei gehört zu Europa. Und eines Tages soll der letzte Schritt vollzogen werden: Die Türkei soll vollberechtigtes Mitglied der Europäischen Gemeinschaft werden."

---

1 Europäische Rat (Brüssel) vom 16.17.Dezember 2004; Schlussfolgerungen des Vorsitzes, Punkt 18 unter:
   http://www.consilium.europa.eu/ueDocs/cms_Data/docs/pressData/de/ec/83221.pdf 21.09.2009
2 Ebenda, S.18

Die Verwirklichung der Assoziation war in drei Phasen geplant. Die erste Phase wurde als die Vorbereitungsphase bezeichnet. Sie enthielt grundsätzliche Ziele des Vertrages, die zweite Phase war als Übergangs- und Endphase konzipiert und beinhaltete die Intensivierung der Wirtschaftsbeziehungen und die Förderung der wirtschaftlichen und sozialen Entwicklung in der Türkei, Zollpräferenzen für türkische Agrarprodukte, schrittweise Herstellung der Freizügigkeit für Personen, Dienstleistungen und Kapital, sowie einen 5-Jahres-Kredit der EIB über 175 Mio. US $, der allerdings auf Grund bestehender struktureller Mängel nur teilweise ausgeschöpft werden konnte[3]. Ziel der dritten Phase war die Vollmitgliedschaft.

Hohe Einfuhrbeschränkungen der EWG im Textilbereich und geringe Ausnützung der landwirtschaftlichen Exportkontingente seitens der Türkei führten zu einem stetig wachsenden Handelsbilanzdefizit der Türkei. Daraus folgte 1970 eine Unterzeichnung eines Zusatzprotokolls. In einer eingeleiteten Übergangsphase erhielten die türkischen Industriewaren - allerdings mit Ausnahme der für den türkischen Export sehr wichtigen Textil- und Erdölerzeugnisse - freien Zugang zum EWG-Raum. Eine neue Finanzhilfe in Höhe von 195 Mio. US $ wurde bereitgestellt[4]. Mit dem Zusatzprotokoll hatten die Beziehungen am Anfang der 70er Jahre ein Frühlingswetter erlebt. Aber es folgte im Jahr 1974 die Zypern-Operation, zusätzlich eine schwere wirtschaftliche und politische Krise in der Türkei. Alle diese Probleme haben sich auf die Beziehungen deutlich negativ ausgewirkt. Die EG versprach, für eine neue Gestaltung der türkischen Wirtschaft und Politik Unterstützung, um die Verhältnisse in der Türkei stabil zu halten. Aber die Türkei konnte die im Vertrag vereinbarte Finanzhilfe nicht erhalten, weil die Beziehungen aus politischen Gründen gestört waren.

Es waren viele Probleme in den Beziehungen zu verzeichnen, welche die in Aussicht genommene Annäherung behinderten:

Die Ölkrise hat auch die Türkei an den Rand der Zahlungsunfähigkeit gebracht. Danach hat die Türkei wieder Hilfe vom IWF erhalten, um ihre Wirtschaft neu aufzubauen. Die Sozialdemokratische Partei (CHP) kam im Jahr 1978 unter dem Vorsitz von Bülent Ecevit an der Macht. Aus wirtschaftlichen Gründen wurden die Beziehungen für fünf Jahre auf Eis gelegt. Allerdings wurden die Wünsche der Regierung um ein wirtschaftliches Unterstützungspaket nicht akzeptiert. Diese Zeiten waren für die türkische Außenpolitik von großem Schaden, Ausdruck eines Albtraums.

Erst nach dem Regierungswechsel gab es einen Neuanfang:

Die Beziehungen wurden wieder aufgenommen. Es wurde u.a. beschlossen, dass für die agrarischen Erzeugnisse der Zollsatz bis 1987 aufgehoben werden solle. Weiterhin wurde auch das vierte Finanzprotokoll ausgearbeitet. Dadurch sollte die türkische Wirtschaft

---

3 Marcin Cecot, Europäische Perzeptionen über einen EU –Beitritt der Türkei, Universität Wien Europastudien Wien, Postgradualer Lehrgang M.E.S. Wien, August 2004, S. 5
4 Ebenda , S. 5

finanziell unterstützt werden, um einen leichteren Eintritt in die Zollunion zu ermöglichen[5]. Während der Vorbereitungs- und Übergangsphase haben in der Türkei drei Militärputsche stattgefunden (1960, 1971, 1980), die sich auf die Beziehungen mit der EG negativ auswirkten. Insbesondere der letzte Militärputsch führte bei den EG-Ländern zu einem Misstrauen gegenüber der Beständigkeit und der Dauerhaftigkeit der Demokratie in der Türkei[6]. Die EG hat aus diesen politischen Entwicklungen der Türkei die Konsequenzen gezogen und hat sich zum einen geweigert, die 6OO Mio. ECU zu zahlen, welches das vierte Finanzprotokoll ab 1981 vorsah, und zum anderen wurden die Beziehungen für längere Zeit eingestellt. Eine Ministertagung des Assoziationsrates fand daher erst am 16.09.1986 wieder statt[7].

Auch die am 1.12.1986 vorgesehene Freizügigkeit der türkischen Arbeitnehmer in der EG wurde nicht gewährleistet, weil die Europäer eine türkische Völkerwanderung befürchteten[8]. Mit der Regierung Özal begannen erste Schritte hin in Richtung Demokratie, die von den Westeuropäern allgemein anerkannt wurden. Gleichzeitig konzentrierte sich die Aufmerksamkeit der westeuropäischen Organisationen, insbesondere des Europarats und der EU, auf das Problem der Wahrung der Menschenrechte. Die Hauptansatzpunkte der westeuropäischen Kritik bildeten die Fortdauer des Kriegsrechts und die Weiterführung von verfahrensmäßig zweifelhaften Massenprozessen der Militärgerichte.[9] Von 1984 bis 1985 häufte sich im Europäischen Parlament die Kritik, die die Vollwertigkeit der türkischen Demokratie, die Minderheiten in der Türkei, Menschenrechte und die Probleme mit Zypern und dem Ägäischen Meer beinhaltete.[10] Erst Anfang der 80er Jahre war ein Wendepunkt in den Beziehungen festzustellen, weil Griechenland schon die Vollmitgliedschaft erhalten hatte. Griechenland hatte in allen Bereichen durch Intervention die für die Türkei vorgesehene finanzielle Unterstützung von der EG gestoppt.

Im Jahr 1983 fanden in der Türkei wieder freie Wahlen statt. Nach dem Wahlsieg des Premierministers Turgut Özal setzte schließlich die Normalisierung der Beziehungen ein. 1986 richtete die Türkei ein Staatsministerium für EG-Angelegenheiten für die Koordinierung der Politik gegenüber der Gemeinschaft und die Vorbereitung des türkischen Beitritts ein. Am 14. April 1987 schliesslich reichte die Türkei in Brüssel ihren offiziellen Beitrittsantrag ein, der in der Türkei euphorisch gefeiert, in der Gemeinschaft aber mit großer Zurückhaltung aufgenommen wurde. Erst am 18. Dezember 1989 veröffentlichte die Kommission der Europäischen Gemeinschaft in Brüssel ihre Reaktion

---

5 Gümrükcü, Harun, EG- Türkei- Beziehungen unter dem Aspekt von Bevölkerungswachstum, Beschäftigung und Auswanderung, Hamburg 1989, S.23
6 Akkaya, Cigdem; Die Beziehungen zwischen der EU und der Tuerkei – Vergangenheit, Gegenwart und Zukunft. In: Zentrum für Türkeistudien. 1996, Essen, S.1
7 Ebenda, S.1
8 Höhler, Gerd, Skeptiker befürchten Anpassungsprobleme für gesamte Wirtschaft/ Fundamentalisten kämpfen gegen Europa-Abkommen, Frankfurter Rundschau, 12.12.1995, S.2
9 Birant, Mehmet Ali; Türkiye'nin Ortak pazar macerasi (EG-Abenteuer der Türkei) 1959- 90, 8. Aufl. Milliyet yayinlari; 53, Istanbul 1990. Mehr dazu, Mehmet Ali Birand, Großer Europa Kampf der Türkei von 31 Juli 1959- bis Dezember 2004 (Tükiye'nin Büyük Avrupa Kavgasi, 31 Temmuz 1959'dan 17 Aralik 2004'e), Dogan Verlag , 2005
10 Süddeutsche Zeitung; 26. 2 1984

auf den türkischen Antrag. Der Bescheid fiel nicht wohlwollend aus. Zwar wurde die grundsätzliche Beitrittsfähigkeit der Türkei nicht in Frage gestellt, aber man hob lediglich hervor, die Gemeinschaft werde eines Tages mit der Türkei in Beitrittsverhandlungen treten. Im Übrigen ließ die Brüsseler Behörde keinen Zweifel daran, dass zum gegebenen Zeitpunkt die Türkei weder politisch noch wirtschaftlich für eine Mitgliedschaft in der Europäischen Gemeinschaft reif sei.

Gewiss, das Land habe erhebliche ökonomische Fortschritte gemacht. Dennoch wurde der Finger auf die zahlreichen Ungleichgewichte und Unterschiede gelegt, die zu den EG-Ländern bestanden. Nach dieser Ablehnung haben sich die Beziehungen wieder abgekühlt. Der bedeutendste Ablehnungsgrund war die festgestellte Veränderung des Weltsystems. Dadurch verlor die Türkei für die EG-Länder ihre politisch strategische Bedeutung. Die EG richtete ihre Interessen zu den nach der Sowjet-Union entstandenen osteuropäischen Ländern. Für die Mitgliedstaaten entstand dadurch eine neue politische Konstellation. Eine Normalisierung der Beziehungen trat erst durch die Erweiterung der Zollunion ein. Die EG Länder beabsichtigten, den türkischen Markt zu erreichen. Dieses Ziel wurde im Jahr 1995 verwirklicht, als die Türkei der Zollunion beitrat, obwohl ihre Wirtschaft nicht für eine Zollunion vorbereitet war. Diese positive Entwicklung hatte sich nicht lange fortgesetzt. Auf dem Gipfel der Europäischen Union in Luxemburg wurden die Beitrittskandidaten bekanntgegeben. Die Türkei wurde nicht berücksichtigt. Das war wieder ein Schock für die Türkei.

Seit dem Luxemburg-Gipfel lässt sich eine Kehrtwende in den Beziehungen der Türkei zur EU ablesen. Nach der Ablehnung änderte die Türkei ihre Politik, nahm eine zurückhaltende Position ein und setzte Verhandlungen, welche generell gegen die Interessen der Türkei gerichtet waren, aus.[11] Aber durch das Erdbeben im Jahr 1999 mit der großen Hilfsbereitschaft der europäischen Länder wurden die Beziehungen wieder normalisiert, und der Türkei auf dem Helsinki-Gipfel der Status eines Beitrittslandes gegeben. Der Helsinki-Gipfel im Jahr 1999 erzielte einen Durchbruch in den Beziehungen zwischen der Türkei und der EU, denn vierzig Jahre nach der Antragstellung auf Assoziierung erhielt die Türkei beim Gipfeltreffen der EU-Staats- und Regierungschefs am 10./11.12.1999 in Helsinki den offiziellen Status eines Beitrittskandidaten zur Europäischen Union.[12] Durch die Entscheidung, die Türkei als Kandidaten anzuerkennen, konnte die politische Eiszeit, die seit dem Gipfel von Luxemburg 1997 angebrochen war, überwunden werden.[13] Die Türkei wurde zu einem beitrittswilligen Land ernannt, welches auf der Grundlage derselben Kriterien, die auch für die übrigen Beitrittsländer gelten, Mitglied der Union werden könne.[14] Schließlich beschloss der Europäische Rat von Kopenhagen auf Grundlage eines Berichts und einer Empfehlung der Kommission die unverzügliche Eröffnung der Beitrittsverhandlungen, sofern der Europaische Rat im

---

11 Sebnem Basdere; 2002, S. 32
12 Europäischer Rat (Helsinki) 10. und 11. Dezember 1999; Schlussfolgerungen des Vorsitzes, Siehe auch unter: http://europa.eu.int/council/off/conclu/dec99/dec99_de.htm.
13 Faruk Şen; Ist die Europäische Union bereit für den Beitritt der Türkei? anlässlich der Sitzung des Parlamentarischen Forums Europäische Verfassung; 20.10.2004, Berlin
14 Europäischer Rat (Helsinki) S. 4

Dezember 2004 der Türkei die Erfüllung der politischen Kriterien von Kopenhagen attestieren würde[15]. Die Türkei stimmte diesen Bedingungen zu. Somit konnten die Verhandlungen am 3. Oktober 2005 unbefristet beginnen.

Das war eine kurze geschichtliche Erläuterung der Beziehungen zwischen die Türkei und der EU. Nach der Gründung der Türkischen Republik hatte die Türkei mit Mustaf Kemal Atatürk die Republiken der westlichen Länder Europas als Vorbild genommen. Seine Reformen im Land richteten sich nach Westen. Das war das Ziel einer strategischen Außenpolitik der neuen Republik. Auch nach dem II. Weltkrieg hatte die Türkei ihre Richtung nach Westen ausgebaut, indem sie den westlichen europäischen Organisationen beigetreten ist. Die EWG war deshalb auch ein Ziel der Türkischen Republik, der Antrag auf Beitritt wurde am 31. Juli 1959 gestellt. Allerdings wartet sie seitdem auf eine Vollmitgliedschaft.

In unserem Buch versuchen wir, eine Analyse der Beziehungen vorzunehmen und auch Lösungsvorschläge für die zukünftige Ausgestaltung zu entwickeln. Es bleibt zu hoffen, dass die Diskussionen zu diesem Thema mit neuen Argumenten und Visionen bereichert werden.

Literaturverzeichnis

Akkaya, Cigdem ; Die Beziehungen zwischen der EU und der Türkei – Vergangenheit, Gegenwart und Zukunft. In: Zentrum für Türkeistudien. 1996, Essen.

Europäischer Rat (Helsinki) 10. und 11. Dezember 1999; Schlussfolgerungen des Vorsitzes, Siehe auch unter: http://europa.eu.int/council/off/conclu/dec99/dec99_de.htm.

Europäische Rat (Brüssel) vom 16./17.Dezember 2004; Schlussfolgerungen des Vorsitzes, Punkt 18 unter;
http://www.consilium.europa.eu/ueDocs/cms_Data/docs/pressData/de/ec/83221.pdf

Faruk Şen; Ist die Europäische Union bereit für den Beitritt der Türkei? anlässlich der Sitzung des Parlamentarischen Forums Europäische Verfassung; 20.10.2004, Berlin

Höhler, Gerd, Skeptiker befürchten Anpassungsprobleme für gesamte Wirtschaft, Fundamentalisten kämpfen gegen Europa-Abkommen, Frankfurter Rundschau, 12.12.1995

Harun Gümrükcü,: EG- Türkei- Beziehungen unter dem Aspekt von Bevölkerungswachstum, Beschäftigung und Auswanderung, Hamburg 1989.

---

[15] Richard Seeber, Florian Mast, EU Mitglied Türkei? , Apostolos Katsikaris (Hrsg.) Türkei Europa, 2006, Magnus Verlag Essen. S, 193

Mehmet Ali Birant; Türkiye'nin Ortak pazar macerasi (EG-Abenteuer der Türkei) 1959-90, 8. Aufl. Milliyet yayinlari; 53, Istanbul 1990.

Marcin Cecot, Europäische Perzeptionen über einen EU –Beitritt der Türkei, Universität Wien Europastudien Wien, Postgradualer Lehrgang M.E.S. Wien, August 2004, S. 5.

Richard Seeber, Florian Mast, EU Mitglied Türkei? , Apostolos Katsikaris (Hrsg.) Türkei Europa, 2006, Magnus Verlag Essen.

Süddeutsche Zeitung; 26. 2 1984

Historischer Überblick über die Beziehungen zwischen der EU und der Türkei

Metin Aksoy

Die Beziehungen mit der Türkei und der Europäische Gemeinschaft haben im Jahr 1959 begonnen. Artikel 237 des EWG Vertrages gibt jedem europäischen Land das Recht, einen Beitrittsantrag zu stellen. Somit stellten Griechenland (8.Juni 1959) und die Türkei (31. Juli 1959) ihre Anträge auf Assoziierung mit der europäischen Wirtschaftsgemeinschaft[1]. Mit diesem Antrag hatte die Türkei eine Mitgliedschaft in die EWG geplant. Wie den Worten des damaligen EG-Kommissionspräsidenten Walter Hallstein zu entnehmen war, „*Die Türkei ist ein Teil Europas*", kam es vorwiegend aus politischen Gründen lediglich zur Einigung über das Ankara-Abkommen. Es bildet den juristischen Grundstein für die EG-Assoziation der Türkei[2]. Aufgabe des Abkommens war „eine beständige und ausgewogene Verstärkung der Handels- und Wirtschaftsbeziehungen zwischen den Vertragsparteien unter voller Berücksichtigung der Notwendigkeit, dass hierbei der beschleunigte Aufbau der türkischen Wirtschaft sowie die Hebung des Beschäftigungsstandes und der Lebensbedingungen des türkischen Volkes gewährleistet werden".[3]

Die Assoziation sollte in drei Phasen erfolgen: In einer Vorbereitungs-, Übergangs- und Endphase.[4] In der Vorbereitungsphase sollte die Türkei ihre Wirtschaft mit Hilfe der Gemeinschaft entsprechend ausrichten, um den zukünftigen Verpflichtungen in der Übergangs- und Endphase nachzukommen (Art. 3).

Dazu gehörten einseitige Finanzhilfen der EWG an ihren Partner, später auch die Erleichterung des Zugangs türkischer Arbeitskräfte zu den EWG-Ländern.[5] Laut Plan

---

1 Yeşilyurt Gündüz Zuhal, Der Einfluss der Europäischen Union auf die Demokratisierung der Türkei, KAS/ Auslands- Information 9/04, Berlin, S. 47. Mehr dazu siehe: Ankara Abkommen; Abkommen zur Grundlage einer Assoziation zwischen der europäischen Gemeinschaft und der Türkei (64/733/EWG) vom 12. Sept. 1963 in: EG (Hrsg.) Handbuch für Europäische Wirtschaft, 59. Lieferung, Februar 1965, S. 17. Oder siehe auch unter: http://www.weltpolitik.net/texte/policy/ tuerkei_eu/walter_hallstein.pdf, 17.3.2008
2 Österreichische Zeitschrift für Politikwissenschaft, 51.Jahrgang; 2/2004, S. 157. Oder siehe auch unter: http://www.tcberlinbe.de/de/eu/geschichte.htm, 17.8.2009.
3 Ankara-Abkommen: http://www.weltpolitik.net/texte/policy/tuerkei_eu/walter_hallstein.pdf, 10.6.2008. Dazu siehe auch: ZfP, 51. Jg., 2/2009, S. 157.
4 Ebenda, 10.5.2003. Dazu siehe auch: Karl-Theodor zu Guttenberg, Akademie für Politik und Zeitgeschehen; Hans Seidel Stiftung: Die Beziehungen zwischen der Türkei und der EU – eine „Privilegierte Partnerschaft". 33; S. 7
5 ZfP, 51. Jg., 2/2004, S. 157, dazu siehe auch; Constantine Arvanitopoulos, Turkeys Accession to the European Union: An Unusual Candidacy (The Constantinos Karamanlis Institute for Democracy Series on European and International Affairs), Springer Verlag 2009, S. 195

sollte die Vorbereitungsphase zumindest fünf Jahre lang dauern und konnte auf maximal 10 Jahre verlängert werden, wenn der Assoziationsrat zustimmte.

Die zweite Phase war die Übergangsphase mit einer vorgesehenen Dauer von 12 Jahren, wobei beide Vertragsparteien gegenseitige und gegeneinander ausgewogene Verpflichtungen eingingen, welche die schrittweise Einrichtung einer Zollunion zwischen der EWG und der Türkei sowie die Annäherung der türkischen Wirtschaftspolitik an diejenige der Gemeinschaft gewährleisten sollten (Art.4).[6]

Zuletzt eröffnet sich die Endphase, deren Ziel in der Vollmitgliedschaft liegt. Durch die Assoziation sollte die Wirtschaftspolitik der beiden Seiten verstärkt abgestimmt werden (Art.5). Eingeplant war, dass die Türkei Verpflichtungen aus dem Vertrag zur Gründung der Gemeinschaft vollständig übernimmt, während die Vertragsparteien die Möglichkeiten eines Beitritts der Türkei zur Gemeinschaft prüfen (Art. 28).[7]

Der Assoziationsvertrag sieht vor, dass die im Prinzip autonome Wirtschaftspolitik der Beteiligten sich an gemeinsamen Zielen wie einem beständigen und ausgewogenen Wachstum, dem Zahlungsbilanzgleichgewicht und der Preisniveaustabilität orientierte.[8] Die Währungspolitik sollte zur Realisierung der Ziele des Abkommens dienen (Art.17 und 18). Die Zollunion umfasst den gesamten Warenaustausch, strebt die Beseitigung jeglicher Importrestriktionen zwischen der Gemeinschaft und der Türkei an und beinhaltet neben dem gewerblichen Warenverkehr auch die Landwirtschaft und den Handel mit Agrarprodukten.[9]

Der in Anlehnung an den EWG-Vertrag formulierte Assoziationsvertrag, in dem vereinbart wurde, die Beschränkungen der Niederlassungsfreiheit und des freien Dienstleistungsverkehrs zu beseitigen und den freien Kapitalverkehr zu erleichtern (Art.13 und 14),[10] sieht auch Regelungen zur schrittweisen Herstellung der Freizügigkeit von Arbeitskräften vor.[11] Ferner zielt das Assoziationsabkommen auf die Übernahme des gemeinsamen Zolltarifs (GZT) der Gemeinschaft durch die Türkei ab. Des Weiteren wollte man die verkehrspolitische Komponente des EWG-Vertrages und die Grundsätze der Bestimmungen dieses Vertrages über die Steuern, den Wettbewerb und die Angleichung der Rechtsvorschriften im Rahmen der Assoziation zur Anwendung bringen (Art 15und 16).[12]

---

6 Bozkurt, Mahmut, 1995, S. 7
7 Ankara-Abkommen:
 http://www.weltpolitik.net/texte/policy/tuerkei_eu/walter_hallstein.pdf, 10.6 .2004. Siehe auch unter: Ankara-Abkommen, 1963 S. 24
8 Bozkurt, Mahmut, 1995, S. 13. Mehr dazu siehe; Avrupa Birliği ve Türkiye (Europäische Union und die Türkei) Beta Verlag, Januar 2005, 657
9 Ebenda, S. 13
10 Ankara- Abkommen, 1963, S. 26
11 Bozkurt, Mahmut, 1995, S. 14
12 Ebenda, S. 14

Mehrere Interessensgruppen, Parteien und Gewerkschaften sowie die Eliten des Landes unterstützten mehrheitlich das Abkommen mit der EWG. Zur Förderung der türkischen Wirtschaft wurde in der Vorbereitungsphase seitens der Gemeinschaft ein Kredit in Höhe von 175 Mio. Rechnungseinheiten (RE) gewährt und Importkontingente mit begünstigten Zolltarifen für die klassischen Exportprodukte wie Haselnüsse, Tabak, getrocknete Feigen und Rosinen eingeräumt.[13]

Zur Erlangung dieses Ziels hat die Türkei in den letzten Jahren immense Anstrengungen zur Demokratisierung und zur Erfüllung der Bedingungen realisiert und ist heute demokratischer und rechtsstaatlicher denn je[14]. Die Türkei gilt dennoch als der am schwersten zu integrierenden Staat seit Beginn des europäischen Einigungsprozesses.

Das Zusatzprotokoll aus dem Jahre 1970 beschreibt detailliert den Ablauf zur Erreichung der Zollunion. Darin wurden auch alle Einzelheiten der Übergangsphase festgelegt. Damit begannen die Gespräche in Brüssel und wurden am 13. November 1970 mit der Unterzeichnung des Zusatzprotokolls abgeschlossen. Dieses beschreibt detailliert den Ablauf hin zur Errichtung der Zollunion und sieht bei Inkrafttreten für Einfuhren aus der Türkei (mit einigen Ausnahmen, darunter auch Gewebe) eine Abschaffung von Zöllen und mengenmäßigen Beschränkungen seitens der EWG vor.[15] In Übereinstimmung mit einem Zeitplan zur Annäherung der türkischen Gesetzgebung an diejenige der EU im Wirtschaftsbereich gelten für die Türkei gleiche Vorgaben. Darüber hinaus sieht das Zusatzprotokoll vor, innerhalb der nächsten 12 bis 22 Jahre zwischen den beiden Unterzeichnungspartnern Freizügigkeit im Personenverkehr herbeizuführen.[16]

Im Zusatzprotokoll erfolgte eine Festlegung der Einzelheiten der Übergangsphase. Vor allem wurden die geplanten Schritte zur Realisierung der Zollunion zwischen der Türkei und der EWG detailliert beschrieben.[17] Die Gemeinschaft gewährte vor dem Beschluss des Zusatzprotokolls bzw. der Übergangsphase bereits durch das Interimsabkommen von 1971 für fast alle türkischen gewerblichen Güter freien Zugang zu EWG-Märkten.[18]

Wäre das Zusatzprotokoll zur Gänze umgesetzt worden, hätte man den freien Waren- und Dienstleistungsverkehr und die Annäherung der türkischen Gesetzgebung an die der EG in einer Vielzahl von Bereichen am Ende des 22-jährigen Zeitplanes erreicht.[19] Die

---

13 Manegold, Dirk/Probst, Fr./Uhlmann, F: Agrarwirtschaft und Agrarpolitik der Türkei unter Aspekten eines EG-BeitrittS. Frankfurt 1989, S. 6.
14 Ebenda; S. 48
15 Bozkurt, Mahmut, 1995, S. 15. Dazu siehe auch unter: Zusatzprotokoll und Finanzprotokoll, Verordnung (EWG) Nr. 2760/72 des Rates vom 19. Dezember 1972. In: Europäische Gemeinschaft, 1978a, S. 581-683 Mehr dazu siehe auch unter:
   http://www.tcberlinbe.de/de/eu/geschichte.htm, 17.7.2009
16 http://www.tcberlinbe.de/de/eu/geschichte.htm 17.6.2009
17 Bozkurt, Mahmut, 1995, S. 15. Mehr dazu siehe unter: http://www.weltpolitik.net/Sachgebiete/ Europ%E4sche%20Union/Vertiefung/Erweiterung/Dossier/Beitritt_der_T%FCrkei/Grundlagen/Die%20Entwicklung%20der%20t%FCrkischen%20EU-Beitrittsperspektive.html, 29.5.2009.
18 http://www.otw.co.at/otw/index.php/g/a/164, 25.4.2009
19 http://www.tcberlinbe.de/de/eu/geschichte.htm, 17.2.2009. Mehr dazu siehe: Bozkurt, Mahmut,

Übergangsphase endete mit der Zollunion durch das 1996 in Kraft getretene Zollabkommen zwischen der EU und der Türkei.

In der Zeit nach dem Zusatzprotokoll waren die Beziehungen in den 70iger Jahren aus politischen Gründen sehr distanziert. Erst am 24. Januar 1980 hat die Türkei den Schwerpunkt ihrer Wirtschaftspolitik, basierend auf einem autarken importorientierten Modell, verlagert und den Kräften des Marktes Tür und Tor geöffnet. Danach und nach den Wahlen im Jahr 1983 normalisierten sich die nach der Intervention des Militärs[20] am 12. September 1980 praktisch zum Stillstand gekommenen Beziehungen zwischen der Türkei und der Gemeinschaft.

Mit der Regierung Özal begannen erste Schritte Richtung Demokratie, die von den Westeuropäern allgemein anerkannt wurden. Gleichzeitig konzentrierte sich die Aufmerksamkeit der westeuropäischen Organisationen, insbesondere des Europarats und der EU, auf das Problem der Wahrung der Menschenrechte. Hauptansatzpunkte der westeuropäischen Kritik bildeten die Fortdauer des Kriegsrechts und die Weiterführung von verfahrensmäßig zweifelhaften Massenprozessen der Militärgerichte.[21] Von 1984 bis 1985 häufte sich im Europäischen Parlament die Kritik, welche die Vollwertigkeit der türkischen Demokratie, die Minderheiten in der Türkei, Menschenrechte und die Probleme mit Zypern und dem Ägäischen Meer beinhaltete.[22]

Um den Kritiken am eingeschränkt demokratischen Charakter der türkischen Parlamentswahlen von 1983 entgegenzuwirken, setzte die Regierung Özal allgemeine Kommunalwahlen durch, an denen am 25. März 1984 alle Parteien des Landes unbehelligt teilnahmen. Diese Wahlen, die den Willen der Bevölkerung demonstrierten, bestätigten die führende Rolle der Mutterlandspartei. Damit entsprach die Regierung dem demokratischen Willen des Volkes.

Zu Beginn seiner Regierungszeit hielt sich Özal in Fragen der inneren Sicherheit zurück. Vermutlich wollte er einerseits jeden Konflikt mit der militärischen Führung und Staatspräsident Evren vermeiden, andererseits bot sich ihm durch dieses Vorgehen die Möglichkeit, seine ganze Energie auf die Verbesserung der wirtschaftlichen Rahmenbedingungen bzw. die Durchsetzung des marktwirtschaftlichen Kurses zu konzentrieren.[23]

1995, S. 16
20 Helge Lerider,"Militär und Politik in der Türkei,, Erich Reiter, (Hrsg.) Sicherheitspolitische und strategische Aspekte eines Beitritts der Türkei zur Europaische Union, LIT Verlag, Wien 2006 , S. 67
21 Birant, Mehmet Ali: Türkiye'nin Ortak pazar macerasi (EG-Abenteuer der Türkei) 1959-90. 8. Aufl., Milliyet yayinlari; 53, Istanbul 1990
22 Süddeutsche Zeitung, 26.2.1984. Mehr dazu siehe auch, Saban Calis; Die Türkei und Europäische Union, İdantität , Politische Akteurs und Aenderungen, Nobel Verlag İstanbul 2008, S. 240
23 Bozkurt, Mahmut: Die Beziehungen der Türkei zur Europäischen Union. Main 1995, S. 67.

Nach der Stabilisierung der innenpolitischen Lage versuchte die Türkei, ihr Verhältnis zur EU wiederzubeleben, das Anfang der 80er Jahre fast unterbrochen war.[24]

Schließlich normalisierten sich die Beziehungen zwischen der EU und der Türkei seit dem Jahr 1985. Anzeichen dafür ließen sich an offiziellen und inoffiziellen gegenseitigen Besuchen von türkischen und westeuropäischen Politikern ablesen. Diese Entwicklungen wirkten sich positiv auf die Assoziation aus. Westeuropäische Politiker verwiesen immer wieder auf die Bedeutung der Türkei für das westliche Bündnis, die ohnedies einen festen Platz in Westeuropa habe. Wegen des erlangten Status der Redemokratisierung könne man an eine allmähliche Normalisierung der Assoziation denken. Von türkischer Seite wurden solche Äußerungen sehr positiv aufgenommen und die Erklärung abgegeben, dass die Türkei ihre Zukunft in Westeuropa sähe. Die türkische Regierung beabsichtige eine Mitgliedschaft in der Europäischen Union.[25]

Die Entwicklungen vor und während der Assoziationsratssitzungen zeigten den geringen Bewegungsspielraum der Gemeinschaft, welche auf türkische Maßnahmen zur Vollendung der Zollunion nicht mit der entsprechenden Finanzhilfe und der Freizügigkeit der Arbeitnehmer reagieren konnte. Zusätzlich versuchte Griechenland, jeden Schritt zur Normalisierung der Beziehungen in den EG-Gremien zu verhindern.[26]

Deshalb entstand in der türkischen Öffentlichkeit und in der Regierung Özal die Auffassung, dass die Assoziation keine lohnende Perspektive für die Entwicklung der Beziehungen böte. Der einzige Weg für eine weitere Normalisierung des Verhältnisses bestehe im Beitritt der Türkei zur EG[27]. Zusätzlich drängten die Großunternehmer und EG-Befürworter die Regierung dazu, einen baldigen EG-Beitrittsantrag zu stellen. Am 24. November 1986 einigte sich der EG-Ministerrat auf ein Verhandlungsangebot an die Türkei.

Die Ablehnung der Freizügigkeit verstärkte in der Türkei naturgemäß den Wunsch nach der EG-Mitgliedschaft. Im Rahmen der Haushaltsdebatte kündigte Ministerpräsident Özal an, dass die Regierung innerhalb des Jahres 1987 einen Antrag auf EG-Vollmitgliedschaft stellen werde.[28] Nach türkischer Auffassung sollte die Lösung des Problems, die endgültige Regelung der Freizügigkeit, im Kontext der Beitrittsverhandlungen gefunden werden.

Die Ablehnung des Wunsches nach Freizügigkeit der Arbeitnehmer bedeutete für die Türkei eine weitere Demütigung durch Westeuropa. Nach Özals Ansicht verstieß Brüssel

---

24 Ramoglu, Kemal: Die politischen und wirtschaftlichen Aspekte der Beziehungen zwischen der EG und der Türkei seit den 60er bis 1992. Bonn 1994, S. 212.
25 Kramer, Heinz: Der türkische EG-Beitrittsantrag und der griechische Faktor. In: Europa-Archiv, 2/1987, S. 121
26 Bozkurt, Mahmut, 1995, S. 73.
27 Saban Calis, 2008, S. 240
28 Karluk, Ridvan S.:Avrupa Topluluklari ve Türkiye (Die Europäische Gemeinschaft und die Türkei). Istanbul 1990, S. 204.

damit gegen einen rechtsverbindlichen Vertrag. Bereits im Jahr darauf trat Ankara erneut auf die EWG zu, diesmal mit der Maximalforderung, nämlich dem Antrag auf Vollmitgliedschaft. Grundlage dafür war nicht nur Art. 237 der Römischen Verträge von 1958, sondern vielmehr das Assoziierungsabkommen von 1963 selbst.[29] Günstig erschien dieser Zeitpunkt nur Öezal, der damit von innenpolitischen Schwierigkeiten ablenken wollte. Gemäß seiner Devise, ein Zeitalter zu überspringen, wünschte er, ohne die vereinbarte Zollunion abzuwarten, direkt ins europäische Haus zu marschieren. Ein Grund für den Vollmitgliedschaftsantrag der Türkei lag in der Aufnahme Spaniens, Portugals und Griechenlands, des Erzrivalen der Türkei, in die EG begründet. Die pro-europäischen Kräfte in der Türkei trugen sich mit der Sorge, dass das Land aufgrund der Süderweiterung ins Abseits geraten könnte.[30]

Eine abgeschlossene Süderweiterung der EG käme der Türkei nicht zugute, da das Land zur Stabilisierung seines Demokratisierungsprozesses auf westliche Hilfe angewiesen sei. Auch fürchtete die Türkei den Ausschluss vom entstehenden europäischen Binnenmarkt[31] und die wirtschaftliche Konkurrenz Griechenlands, Spaniens und Portugals.

Insbesondere auf dem Agrarsektor wiesen diese Länder ähnliche Strukturen wie die Türkei auf. Ebenso wie mit dem Assoziationsantrag (s.o.) müsse die Türkei ihre wirtschaftliche Konkurrenzfähigkeit erhalten.[32] Der immer wieder erhobene Vorwurf an die Türkei, ihre Europapolitik stelle nur einen Reflex[33] auf ihre griechische Europapolitik dar, ist berechtigt, jedoch besitzt die Türkei gute Gründe, das Ägäisgleichgewicht zu erhalten. Nach Meinung Ankaras agierte Griechenland seit seinem Beitritt mit allen Mitteln zum Schaden der Türkei.[34]

Die Türkei warf der EG vor, die eingegangenen Verpflichtungen ihr gegenüber nicht erfüllt zu haben, und hoffte, noch offene Probleme in den Beitrittsverhandlungen lösen zu können.[35] Am 14. April 1987 stellte die türkische Regierung den Antrag auf Vollmitgliedschaft in der Europäischen Gemeinschaft. Griechenland zögerte – einmal mehr – nicht, seine Ablehnung offen auszusprechen, weil die ersten Reaktionen der sozialistischen Fraktion im Europäischen Parlament deutlich negativ ausfielen. Man war sich mit dem Europäischen Gewerkschaftsbund darin einig, dass vor einer eventuellen Mitgliedschaft der Türkei weitere erhebliche innenpolitische Schritte in Richtung auf eine liberale demokratische Ordnung notwendig seien. Immerhin leitete der Ministerrat gegen

---

29 Steinbach, Udo,1996, S. 266.
30 Bozkurt, Mahmut, 1995, S. 103.
31 Cankorel, B.: Der EG-Beitrittsantrag aus Sicht der türkischen Regierung. In: Türkei. Europäische Integration, 1990.
32 Ramoglu, Kemal, Bonn 1994, S. 215.
33 Rumpf, Christian: Die Beziehungen zwischen der Türkei und der EG. Bericht über die Tagung des AEI vom 17. bis 19. April 1986 in Augsburg. In: Europäische Integration. Mitteilungen. 11/1986,
S. 3-4.
34 Bozkurt, Mahmut, 1995, S. 104. Mehr Dazu siehe Şaban Çalış, 2008, S. 356
35 Ramoglu, Kemal,1994, S. 215

den erklärten Willen des griechischen Vertreters den Antrag auf seiner Sitzung am 27. April 1987 ohne weitere Erörterung an die Kommission weiter.[36]

Am 18. Dezember 1989 veröffentlichte die Kommission der Europäischen Gemeinschaft in Brüssel ihre Reaktion auf den türkischen Antrag. Der Bescheid fiel nicht eben wohlwollend aus. Zwar wurde die grundsätzliche Beitrittsfähigkeit der Türkei nicht in Frage gestellt, aber man hob lediglich hervor, die Gemeinschaft werde eines Tages mit der Türkei in Beitrittsverhandlungen treten. Im Übrigen ließ die Brüsseler Behörde keinen Zweifel daran, dass zum gegebenen Zeitpunkt die Türkei weder politisch noch wirtschaftlich für eine Mitgliedschaft in der Europäischen Gemeinschaft reif sei. Gewiss, das Land habe erhebliche ökonomische Fortschritte gemacht, aber dennoch wurde der Finger auf die zahlreichen Ungleichgewichte und Unterschiede, die zu den EG-Ländern bestanden, gelegt.

In den Jahren nach der erneuten Ablehnung des Beitrittsgesuchs herrschte zwischen der Türkei und der EU vorübergehend Funkstille, was wohl auch mit den umwälzenden Ereignissen der Jahre 1989/1990 zusammenhing. Dennoch wurde das Ziel der Vollendung der Zollunion nicht aus den Augen verloren. Sie trat am 1. Januar 1996 in Kraft, die Assoziierung konnte in die Endphase übergehen. In diesem Zuge wurden sämtliche Zölle zwischen der Türkei und der Europäischen Union (EU) abgebaut, und es konnte ein gemeinsamer Außenzoll errichtet werden. Die Türkei wertete die Einführung der Zollunion als weiteren Meilenstein auf ihrem Weg zur Vollmitgliedschaft in der EU.[37]

„Guten Morgen, Europa", *„Hallo Europa"*: Manche Schlagzeilen in der türkischen Presse lasen sich am Morgen des 1. Januar 1996 beinahe identisch[38]. Die *„Europhorie"* am Neujahrstag galt dem Vertrag zur Zollunion mit der EU, der zum Jahreswechsel in Kraft trat. Doch die Freude dürfte vielen Türken bald vergangen sein.[39]

Denn die Zollunion der EU mit der Türkei ist keineswegs ein „ausgewogener Wirtschaftsvertrag", wie etwa der Deutsche Industrie- und Handelstag (DIHT) mit Engelszungen bei den Europa-Parlamentariern um Zustimmung warb.[40] Der lange geschlossene Markt sei „offen", warben auch die EU-Außenminister Ende Oktober für eine frohe Exportzukunft. "So billig kriegen wir die Türkei nicht wieder„ hieße es euphorisch im Außenwirtschaftsausschuss des EP. Darüber empörte sich die grüne Fraktionschefin Claudia Roth.[41]

---

36 Steinbach, Udo, 1996, S. 267
37 http://www.istanbulpost.net/04/07/03/yazicioglu.htm 11.10.2008
38 Metin Aksoy, Die Türkei auf dem Weg in die EU, Die Beziehungen zwischen der Türkei und Europäischen Union- insbesondere 1990 bis Ende 2004, Peter Lang Verlag, Frankfurt am Main, 2007, S. 39
39 Hans, Plattner, 1999, S. 89
40 http://www.oeko-net.de/kommune/kommune2-96/k29612.htm, 12.10.2008. Mehr dazu Siehe, Metin Aksoy, 2007, S. 39
41 Ebenda , S. 1

Der von dem Assoziationsrat EU-Türkei zur Vertiefung der Beziehungen zwischen der Türkei und der Europäischen Union gefasste Beschluss zur Feststellung der Anwendungsgrundlagen der Zollunion vom 6. März 1995 wurde derzeit in verschiedener Weise interpretiert.[42] Danach habe die Türkei mit dem Beitritt zur Zollunion den Traum des Jahrhunderts verwirklicht.[43] „Indessen soll die Türkei nach der optimistischen Ansicht durch die Zollunion einseitige Konzessionen gewähren, so dass sich eine neue Kapitulationsphase eröffnet."[44] „In einer weiteren Forderung, welche der zweiten nahe steht, verlangt die Zollunion Zugeständnisse, die unseren vitalen Interessen zuwiderlaufen. Auch ist ein Entgegenkommen bei legitimen Erwartungen der Türkei gegenüber nicht zu erwarten."[45]

Auf dem Treffen des Assoziationsrates am 29. April 1997 hat die EU die Qualifikation der Türkei für eine Mitgliedschaft in der EU bestätigt und die Kommission gebeten, eine Empfehlung für die Vertiefung der Beziehungen zwischen der Türkei und der EU vorzubereiten.[46] Gleichzeitig wurde angegeben, dass die Entwicklung dieser Beziehung von einer Reihe von Faktoren, die in einem Zusammenhang mit Griechenland, Zypern und den Menschenrechten stehen, abhängig sei.[47] Dennoch hat die Kommission in ihrem Bericht Agenda 2000, der am 16. Juli 1997 veröffentlicht wurde, die Türkei nicht in den Erweiterungsprozess einbezogen.

Während der Bericht zwar einerseits einräumt, dass sich die Entwicklung der Zollunion zufriedenstellend gestalte, und zeige, dass die Türkei sich den Normen der EU in zahlreichen Bereichen anpassen könne, wiederholt er aber die gleichen politischen und wirtschaftlichen Argumente gegen die Türkei und weist nicht auf das von der Türkei angestrebte Ziel der Vollmitgliedschaft hin.[48] Auf dem Luxemburg-Gipfel wurde als Wirtschaftsthema der gemeinsame Währungsfonds und als politisches Thema die EU-Erweiterung besprochen.

---

42 http://www.geo.uni-augsburg.de/sozgeo/gp/gp10/demirci.htm   08.07.2009. Mehr dazu siehe; Hüseyin Bağcı, Zeitgeist Global Politics and Turkey, Orion Verlag, 2008.
43 http://www.geo.uni-augsburg.de/sozgeo/gp/gp10/demirci.htm, 09.06.2009 Siehe auch unter; http://www.weltpolitik.net/Sachgebiete/Europ%E4ische%20Union/Vertiefung/Erweiterung/ Dossier/Beitritt_der_T%EU-Beitrittsperspektive.html, 26.05.2009
44 http://www.geo.uni-augsburg.de/sozgeo/gp/gp10/demirci.htm, 11.06.2009. Georg Vobruba; Die Dynamik Europas, VS Verlag, März 2005, S.90
45 http://www.geo.uni-augsburg.de/sozgeo/gp/gp10/demirci.htm, 11.06.2009. Siehe auch unter; Ümit Yazicioglu Erwartungen und Probleme hinsichtlich der Integrationsfrage der Türkei in die Europäische Union, Tenea Verlag, 2005, S. 201
46 http://www.tcberlinbe.de/de/eu/geschichte.htm 27.03.2009
47 Ebenda, 27.3.2009
48 Ebenda, 27.3.2009. Dazu siehe auch: Sebnem; Basdere: Zum EU-Bild in der türkischen Öffentlichkeit; Unter besonderer Berücksichtigung der Zeitungskolumnen. Wien 2002, S. 32. Oder auch unter: http://ue.eu.int/ueDocs/cms_Data/docs/pressData/de/ec/00400.D7.htm,. 23.7.2009. Siehe auch: Ugur, Mehmet: Avrupa Birligi ve Türkiye (Europäische Union und die Türkei). Istanbul 2004, S. 300

Unter anderem hat die Europäische Kommission die Agenda 2000 überprüft. Für das Jahr 1998 wurde die Einberufung einer bilateralen Regierungskonferenz beschlossen, um die Verhandlungen mit Zypern, Polen, Estland, der Tschechischen Republik und Slowenien über die Bedingungen ihres Beitritts zur Union und die damit verbundenen Anpassungen der Verträge zu beginnen. Hingegen wurde die Türkei, welche auf den längsten Assoziationsvertrag mit der EU zurückblickt, nicht als zukünftiger Beitrittskandidat erwähnt.[49]

In einem Statement nach dem Gipfel kritisierte die türkische Regierung die Haltung der EU. Es wurde jedoch deutlich gemacht, dass das Ziel der Türkei, eine Vollmitgliedschaft und vollständige Assoziation, weiterhin bestehen würde, dass aber die Entwicklung der bilateralen Beziehungen davon abhinge, inwieweit die EU ihren Verpflichtungen nachkäme und dass bis zu einer geänderten Haltung der EU keine Themen außerhalb des vertraglichen Kontextes der bilateralen Beziehungen mit der EU geführt würden.[50]

Der Helsinki-Gipfel im Jahr 1999 erzielte einen Durchbruch in den Beziehungen zwischen der Türkei und der EU, denn vierzig Jahre nach der Antragstellung auf Assoziierung erhielt die Türkei beim Gipfeltreffen der EU-Staats- und Regierungschefs am 10./11.12.1999 in Helsinki den offiziellen Status eines Beitrittskandidaten zur Europäischen Union.[51] Durch die Entscheidung, die Türkei als Kandidaten anzuerkennen, konnte die politische Eiszeit, die seit dem Gipfel von Luxemburg 1997 angebrochen war, überwunden werden.[52] Die Türkei wurde zu einem beitrittsfähigen Land anerkannt, welches auf der Grundlage derselbe Kriterien, die auch für die übrigen Beitrittsländer gelten, Mitglied der Union werden solle.[53]

Der Europäische Rat begrüßte die jüngsten positiven Entwicklungen in der Türkei, die die Kommission in ihrem Sachstandsbericht festgehalten hat, sowie die Absicht der Türkei, die Reformen zur Erfüllung der Kopenhagener Kriterien fortzusetzen. Der Helsinki-Gipfel brachte der Türkei die gleiche Heranführungsstrategie wie den anderen Beitrittskandidaten, die in Nummern 4 und 9 genannten Probleme sollen abgeschafft werden. Nummer 4 lautet folgendermaßen:

„Der Europäische Rat bestätigt erneut den umfassenden Charakter des Beitrittsprozesses, bei dem nunmehr dreizehn beitrittswillige Länder in einen einzigen Rahmen einbezogen werden. Die beitrittswilligen Länder nehmen gleichberechtigt am Beitrittsprozess teil. Sie müssen die in den Verträgen festgelegten Werte und Ziele der Europäischen Union teilen. Diesbezüglich hebt der Europäische Rat den Grundsatz einer friedlichen Lösung von

---

49 Sebnem, Basdere, 2002, S. 32
50 http://www.tcberlinbe.de/de/eu/geschichte.htm, 27.3.2009
51 Europäischer Rat (Helsinki) 10. und 11. Dezember 1999; Schlussfolgerungen des Vorsitzes. Siehe auch unter: http://europa.eu.int/council/off/conclu/dec99/dec99_de.htm. 15.8.2009
52 Faruk, Şen: Ist die Europäische Union bereit für den Beitritt der Türkei? Anlässlich der Sitzung des Parlamentarischen Forums Europäische Verfassung, Berlin, 20.10.2004
53 Europäischer Rat (Helsinki) S. 4. Siehe auch: unter: http://europa.eu.int/council/off/conclu/dec99/dec99_de.htm 17.09.2009

Streitigkeiten gemäß der Charta der Vereinten Nationen hervor und fordert die beitrittswilligen Länder auf, alles daran zu setzen, etwaige ungelöste Grenzstreitigkeiten und andere damit zusammenhängende Fragen zu lösen."

Ist keine Lösung zu erreichen, sollten sie den Streitfall innerhalb einer angemessenen Frist dem Internationalen Gerichtshof vorlegen. Der Europäische Rat wird die Situation hinsichtlich ungelöster Streitfälle, insbesondere im Hinblick auf die Auswirkungen auf den Beitrittsprozess und mit dem Ziel, ihre Beilegung durch den Internationalen Gerichtshof zu fördern, spätestens Ende 2004 überprüfen. Darüber hinaus weist der Europäische Rat darauf hin, dass die Erfüllung der vom Europäischen Rat (Kopenhagen) festgelegten politischen Kriterien eine Voraussetzung für die Aufnahme von Beitrittsverhandlungen ist, und dass die Erfüllung sämtlicher Kriterien von Kopenhagen die Grundlage für einen Beitritt zur Union sei.[54] Die Nummer 9 ist dem Zypern-Konflikt gewidmet und zeigt auf, dass die Lösung des Problems den Beitritt der Türkei zur EU erleichtern würde.

Im Dezember 2000 verabschiedete der Europäische Rat die erste Beitrittspartnerschaft mit der Türkei, welche am 8. März 2001 in Kraft trat. Darin wurde der Türkei ein Reformkatalog vorgelegt, den sie auf ihrem Weg in die EU zu erfüllen habe. Außerdem wurde beschlossen, dass die türkische Regierung einen Zeitplan für die Umsetzung der Ziele der Beitrittspartnerschaft erstellen müsse. Am 19. Mai 2003 wurde die zweite Beitrittspartnerschaft mit der Türkei beschlossen.

Anders als bei den meisten anderen Beitrittskandidaten hat die Debatte über die Erfüllung der politischen Kriterien von Kopenhagen im Fall der Türkei historische Vorläufer. Spätestens seit dem dritten Militärputsch von 1980 werden die politischen Verhältnisse in der Türkei von der EU und ihren Institutionen kritisiert.[55] Bemängelt werden vor allem ein unzureichender Reifegrad der türkischen Demokratie, Verletzungen von Menschenrechten und Vereinigungsfreiheit, die Anwendung von Folter und Gewalt durch staatliche Ordnungsorgane sowie die Unterdrückung jeglicher Versuche, die Interessen der Minderheiten zur Geltung zu bringen.[56]

Die europäische Diskussion über den Umgang mit der Türkei unterlag politischen Schwankungen, die unter anderem verhindert haben, dass die EU einen eindeutigen Maßnahmenkatalog entwickelt hat, an dessen Realisierung sie Fortschritte der Türkei auf dem Weg zu einer europäischen Demokratie messen könnte.[57]

---

54 Ebenda. S. 4.
55 Kramer, Heinz: Die Türkei und die Kopenhagener Kriterien, Die Europäische Union vor der Entscheidung. November 2002, Berlin, S. 13. Oder auch unter: http://www.swp-berlin.org/common/ get_document.php?id=626, 13.3.2004
56 Ebenda, S. 13. Oder unter: Ugur, Mehmet: The European Union and Turkey. An Anchor/ Credibility Dilemma. Aldershot u.a. 1999, S. 21
57 SWP Studie: Die Türkei und die Kopenhagener Kriterien. Die Europäische Union vor der Entscheidung. November 2002, Berlin, S. 13

Die folgenden Überlegungen versuchen, der konzeptionellen Unschärfe der Kriterien wenigstens ansatzweise durch Ziehen von Konturen abzuhelfen und so der politischen Debatte über deren Erfüllung oder Nicht-Erfüllung einen objektiveren Rahmen zu geben.[58] Konkret sollen die Zustände in der Türkei und einzelne Maßnahmen seit dem Beschluss von Helsinki daraufhin überprüft werden, ob die Türkei im Sinne der Kopenhagener Kriterien näher an Europa herangerückt sei. Dabei kann für ein besseres Verständnis der dargestellten Entwicklung nicht darauf verzichtet werden, in der gebotenen Kürze auf strukturelle Hintergründe der türkischen Verhältnisse einzugehen.

Die Türkei unternahm beachtliche Maßnahmen, um die wirtschaftlichen Kriterien zu erfüllen. Anfang der achtziger Jahre überwog eine sehr protektionistische Wirtschaftspolitik, die sich hauptsächlich am kapitalistischen Wirtschaftssystem ausrichtete. Allerdings unterstanden viele Wirtschaftsbereiche staatlicher Kontrolle. Als Folge des Ölpreisschocks in den siebziger Jahren, der weltwirtschaftlichen Rezession und etlicher staatlicher Krisen drohte die Wirtschaft zusammenzubrechen. Die Türkei sah sich daher gezwungen, die Vorgaben von IWF (Internationaler Währungsfonds) und der Weltbank zu akzeptieren, damit sie dringend nötige Unterstützung erhält. Seitdem gilt das Land als Stammkunde von IWF und Weltbank. Die Programme wurden aber nur teilweise verwirklicht und führten daher auch nur zu einer teilweisen Liberalisierung und marktwirtschaftlichen Orientierung.

Seither jedoch verzeichnet die türkische Wirtschaft wieder einen Aufwärtstrend mit hohen wirtschaftlichen Wachstumsraten (10,1 Prozent BIP-Wachstum 1. Quartal 2003 zu 1. Quartal 2004 auf Jahresbasis).[59] Trotzdem nimmt die Arbeitslosigkeit im Lande weiter zu (12,4 Prozent im ersten Quartal 2004). Besonders zwischen 2002 und 2004 erlebte die türkische Wirtschaft Einbrüche, die weit höher lagen als die der europäischen Länder.

Seit 2001 besteht eine enge Zusammenarbeit mit dem IWF, die darauf ausgerichtet ist, die Kriterien zu erfüllen, welche die EU von ihren Beitrittskandidaten verlangt: Mehr Marktwirtschaft, weniger Einfluss der Politik auf die Wirtschaft, Reformen, die strukturelle Schwächen beseitigen, wie sie in der türkischen Bankbranche bestanden haben.[60] Die im Einvernehmen mit EU und IWF eingeleiteten Strukturreformen (u.a. Autonomie der Zentralbank, Transparenz des Bankenwesens und staatlichen Ausschreibungsverfahrens, Öffnung der Märkte für Telekommunikation und Energie, Reformen im Sozialversicherungssystem und in der landwirtschaftlichen Subventionspolitik) werden konsequent fortgesetzt.[61]

---

58 Kramer, Heinz, 2002, Oder auch unter:
http://www.swp-berlin.org/common /get_document.php?id =626, 11.4.2008
59 http://www.bpb.de/themen/MX6HNP,0,0,Wirtschaftliche_und_soziale_%DCberforderung_der-_EU.html. 27.2.2009.
60 Leggewie, Claus, S. 126
61 http://www.auswaertiges-amt.de/www/de/laenderinfos/laender/laender_ausgabe_html?type_id-=12&land_id=176, 13.2.2005

Auf dem Gipfel von Kopenhagen wurden auch wirtschaftliche Kriterien, die ein Land erfüllen müsse, bevor es EU-Mitglied werden könne, festgelegt. Dazu zählen die Schaffung einer funktionsfähigen Marktwirtschaft und die Fähigkeit, dem Wettbewerbsdruck und den Marktkräften innerhalb der Union standzuhalten.[62] Bei beiden wirtschaftlichen Kriterien bestätigte die Kommission die Fortschritte der Türkei.

Im Dezember 2002 beschloss der Europäische Rat von Kopenhagen ein offizielles Datum für die Eröffnung der Beitrittsverhandlungen und schließlich, die Beitrittsverhandlungen einzuleiten, sofern der Europäische Rat im Dezember 2004 zum Schluss komme, dass die Türkei die politischen Kriterien von Kopenhagen erfülle. Darüber hinaus wurden die finanziellen Vorbeitrittsunterstützungen weiterhin signifikant erhöht, die Beitrittspartnerschaft verstärkt und die Zollunion erweitert und vertieft[63]. Daraufhin hat der Europaische Rat am 17. Dezember 2004 sich auf den möglichen Verhandlungsbeginn mit der Türkei geeinigt. Gestützt auf einen positiven Fortschrittsbericht der Europaischen Kommission vom 6. Oktober 2004 empfahl der Europaische Rat schließlich die Aufnahme der Beitrittsverhandlungen mit der Türkei ab Oktober 2005[64]. Voraussetzung war der Kommissionsbericht, der die Grundlage für die Entscheidung des Europäischen Rates über die Aufnahme von Beitrittsverhandlungen mit der Türkei bildete[65]. Der Europäische Rat hat aber auch beschlossen, dass die Verhandlungen erst nach Festlegung des nächsten Finanzrahmens für den Zeitraum ab 2014 abgeschlossen werden könnten, da ein Beitritt der Türkei den Haushalt erheblich belasten würde[66].

Die EU begann am 12. Juni 2006 konkrete Beitrittsverhandlungen mit der Türkei. Der Verhandlungsrahmen umfasst 35 Kapitel. Jedes Kapitel muss vom Rat einstimmig eröffnet und geschlossen werden. Der Rat beschließt u.a. die Öffnung und Schließung des Kapitels über Wissenschaft und Forschung. Ende des Jahres 2008 hat das Europaische Parlament den Bericht zu den Fortschritten der Türkei im Rahmen der Beitrittsvorbereitungen angenommen und kommt zu dem Schluss, dass die Fortschritte in den Bereichen Redefreiheit, Minderheitenrechte, Korruption und Gewalt gegen Frauen unzureichend seien. Eine ähnliche Stellungnahme stammt auch am 6. November 2007. Die Kommission hatte damals ihren jährlichen Erweiterungsbericht zum Fortschritt der Beitrittsgespräche mit der Türkei vorgelegt[67]. Die Kommission hatte empfohlen, keine weiteren Verhandlungen über Angelegenheiten in den Bereichen Justiz und Grundrechte aufzunehmen, solange das türkische Strafrecht nicht reformiert sei[68]. Auf der anderen

---

62 Siehe Kommissions-Bericht 2004
63 Europäische Rat (Kopenhagen) vom 12. Und 13. Dezember 2002, "Schlussfolgerungen des Vorsitzes" Punkt 18-20
64 Europäische RAT (Brüssel) vom 16. 17. Dezember 2004 „Schlussfolgerungen des Vorsitzes", Punkt; 18
65 Kommission der EU ; Regelmäßiger Bericht über die Fortschritte der Türkei auf dem Weg zum Beitritt 2004, (COM(2004)656final).
66 Europäische RAT (Brüssel) vom 16. 17. Dezember 2004 „Schlussfolgerungen des Vorsitzes", Punkt; 31
67 http://www.euractiv.com/de/erweiterung/beziehungen-zwischen-eu-trkei/article-130598 5.9.2009
68 Ebenda, S.1

Seite haben Eröffnung der Verhandlungen in verschieden Bereichen wie Statistik und Finanzkontrolle, Gesundheit und Verkehr stattgefunden.

Die Beitrittsverhandlungen lösten eine ganze Reihe von Diskussionen aus. Diese werden in den folgenden Beiträgen erörtert. Aber letztlich hängt die Frage des Beitritts zur Europäischen Union vom eigenen Handeln der Türkei ab.

Literaturverzeichnis

Cankorel, B.: Der EG-Beitrittsantrag aus Sicht der türkischen Regierung. In: Türkei. Europäische Integration, 1990.

Constantine Arvanitopoulos, Turkeys Accession to the European Union: An Unusual Candidacy (The Constantinos Karamanlis Institute for Democracy Series on European and International Affairs), Springer Verlag 2009

Europäischer Rat (Helsinki) 10. und 11. Dezember 1999; Schlussfolgerungen des Vorsitzes. Unter; http://europa.eu.int/council/off/conclu/dec99/dec99_de.htm. 15.8.2009 11/1986

Europäische Rat (Kopenhagen) vom 12. und 13. Dezember 2002, "Schlussfolgerungen des Vorsitzes" Punkt 18-20.

Faruk, Şen: Ist die Europäische Union bereit für den Beitritt der Türkei? Anlässlich der Sitzung des Parlamentarischen Forums Europäische Verfassung, 20.10.2004, Berlin.

Georg Vobruba; Die Dynamik Europas, VS Verlag, März 2005

Helge Lerider, "Militär und Politik in der Türkei,, Erich Reiter, (Hrsg.) Sicherheitspolitische und strategische Aspekte eines Beitritts der Türkei zur Europaische Union, LIT Verlag, Wien 2006

Hüseyin Bağcı, Zeitgeist Global Politics and Turkey, Orion Verlag, 2008.

Kramer, Heinz: Die Türkei und die Kopenhagener Kriterien, Die Europäische Union vor der Entscheidung. November 2002, Berlin

Kramer, Heinz: Der türkische EG-Beitrittsantrag und der griechische Faktor. In: Europa-Archiv, 2/1987, S. 121.

Karluk, Ridvan S.: Avrupa Topluluklari ve Türkiye (Die Europäische Gemeinschaft und die Türkei).Istanbul 1990

Kommission der EU ; Regelmäßiger Bericht über die Fortschritte der Türkei auf dem Weg zum Beitritt 2004, (COM(2004)656final).

Karl-Theodor zu Guttenberg, Akademie für Politik und Zeitgeschehen; Hans Seidel Stiftung: Die Beziehungen zwischen der Türkei und der EU – eine „privilegierte Partnerschaft". Österreichische Zeitschrift für Politikwissenschaft, 51.Jahrgang; 2/2004

Manegold, Dirk/Probst, Fr./Uhlmann, F: Agrarwirtschaft und Agrarpolitik der Türkei unter Aspekten eines EG-Beitritts. Frankfurt 1989

Metin Aksoy, Die Türkei auf dem Weg in die EU, Die Beziehungen zwischen der Türkei und Europaischen Union- insbesondere 1990 bis Ende 2004, Peter Lang Verlag, Frankfurt am Main, 2007

Rumpf, Christian: Die Beziehungen zwischen der Türkei und der EG. Bericht über die Tagung des AEI vom 17. bis 19. April 1986 in Augsburg. In: Europäische Integration, Mitteilungen.

Ramoglu, Kemal: Die politischen und wirtschaftlichen Aspekte der Beziehungen zwischen der EG und der Türkei seit den 60er Jahren bis 1992. Bonn 1994

Yazar ; Avrupa Birliği ve Türkiye(Europäische Union und die Türkei) Beta Verlag, Jauar 2005, 657

SWP Studie: Die Türkei und die Kopenhagener Kriterien. Die Europäische Union vor der Entscheidung. November 2002, Berlin

Saban Calis; Die Türkei und die Europäische Union, İdentität , Politische Akteure und Änderungen, Nobel Verlag İstanbul 2008

Ugur, Mehmet: The European Union and Turkey. An Anchor Credibility Dilemma. Aldershot u.a. 1999

Ümit Yazicioglu, Erwartungen und Probleme hinsichtlich der Integrationsfrage der Türkei in die Europaische Union, Tenea Verlag, 2005

Yeşilyurt Gündüz Zuhal, Der Einfluss der Europäischen Union auf die Demokratisierung der Türkei, KAS/ Auslands- Information 9/04, Berlin

Zusatzprotokoll und Finanzprotokoll, Verordnung (EWG) Nr. 2760/72 des Rates vom 19. Dezember 1972. In: Europäische Gemeinschaft, 1978, S. 581-683

http://www.weltpolitik.net/texte/policy/tuerkei_eu/walter_hallstein.pdf

http://www.tcberlinbe.de/de/eu/geschichte.htm

http://europa.eu.int/council/off/conclu/dec99/dec99_de.htm.http://www.weltpolitik.net/
Sachgebiete/Europ%E4sche%20Union/Vertiefung/Erweiterung/Dossier/Beitritt_der_T%F
Crkei/Grundlagen/Die%20Entwicklung%20der%20t%FCrkischen%20EU-
Beitrittsperspektive.html

http://www.otw.co.at/otw/index.php/g/a/164

http://www.tcberlinbe.de/de/eu/geschichte.htm

http://www.geo.uni-augsburg.de/sozgeo/gp/gp10/demirci1.htm.

http://www.tcberlinbe.de/de/eu/geschichte.htm

http://europa.eu.int/council/off/conclu/dec99/dec99_de.htm

http://www.istanbulpost.net/04/07/03/yazicioglu.htm

http://www.oeko-net.de/kommune/kommune2-96/k296_12.htm

http://www.geo.uni-augsburg.de/sozgeo/gp/gp10/demirci1.htm

http://www.weltpolitik.net/Sachgebiete/Europ%E4ische%20Union/Vertiefung/
Erweiterung/Dossier/Beitritt_der_T%EU-Beitrittsperspektive.html

http://www.euractiv.com/de/erweiterung/beziehungen-zwischen-eu-trkei/article-130598

http://www.istanbulpost.net/04/07/03/yazicioglu.htm

http://www.oeko-net.de/kommune/kommune2-96/k296_12.htm

http://www.geo.uni-augsburg.de/sozgeo/gp/gp10/demirci1.htm

http://www.weltpolitik.net/Sachgebiete/Europ%E4ische%20Union/Vertiefung/
Erweiterung/D

http://www.bpb.de/themen/MX6HNP,0,0,Wirtschaftliche_und_soziale_%DCberforderun
g_der_EU.html

http://www.auswaertiges-amt.de/www/de/laenderinfos/laender/laender_ausgabe_
html?type_id=12&land_id=176

Die türkischen Fortschritte im Hinblick auf die Beitrittskriterien

Metin Aksoy

In den sogenannten Kopenhagenkriterien sind vom Europäischen Rat im Jahr 1992 drei Bedingungen für die Aufnahme in die EU gestellt: Damit ein Land der Europäischen Union beitreten kann, muss es nach Artikel 49 EU-Vertrag als europäischer Staat anerkannt werden und nach Artikel 6 EU-Vertrag die Grundsatze des Vertrages, der Demokratie, Achtung der Freiheit und der Menschenrechte und Grundfreiheiten sowie der Rechtsstaatlichkeit, erfüllen[1]. Darüber hinaus legt Artikel (1) EGV fest, dass die Mitgliedstaaten und die Gemeinschaft eine Wirtschaftspolitik betreiben, die dem Grundsatz einer offenen Markwirtschaft mit freiem Wettbewerb verpflichtet ist[2].

Auf dem Gipfeltreffen in Kopenhagen 1992 fasste die EU diese Bedingungen mit Blick auf die Länder Mittel- und Osteuropas in einen Kriterienkatalog zusammen. Seitdem werden folgende Voraussetzungen bei jedem Beitrittsantrag geprüft[3].

1. Politische Kriterien
Die Beitrittsländer müssen für eine institutionelle Stabilität, die Wahrung der Demokratie sowie für eine rechtsstaatliche Ordnung garantieren. Gleiches gilt für die Menschenrechte und den Schutz von Minderheiten.
2. Wirtschaftliche Kriterien
Die Beitrittsländer müssen über eine stabile Marktwirtschaft verfügen und dem Wettbewerbsdruck innerhalb des europäischen Binnenmarktes standhalten können.
3. "Acquis-Kriterien"
Die Beitrittsländer müssen bereit sein, ihre Verwaltungen und alle ihre Gesetze dem EU-Recht anzupassen. Das bedeutet die Übernahme des sog. "gemeinschaftlichen Besitzstandes" – rund 80.000 Seiten Rechtstexte[4].

Diese Kriterien müssen nach Abschluss von Beitrittsverhandlungen mit einem Kandidaten erfüllt sein. Der Europäische Rat (ER) Kopenhagen hat im Dezember 2002 beschlossen, auf der Grundlage eines Berichts und einer Empfehlung der Europäischen Kommission Ende 2004 über den Beginn von Beitrittsverhandlungen mit der Türkei zu beginnen. Nach diesem Bericht hat die Türkei mit der EU Vollmitgliedschaftsverhandlungen angefangen.

---

1 Werner Weidenfeld, Wolfgang Wessels, Europa von A bis Z, Taschenbuch der Europäischen Integration, Nomos verlag, Institut für Europäische Politik, Nomos Verlag, 10 Auflage, 2007, S. 121
2 Ebenda, S. 121
3 Ebenda, S. 121
4 http://www.frsh.de/unterricht/tuerkei/Kopenhagener%20Kriterien.pdf 13.10.2009

Die Europäische Kommission prüft und bewertet - wie bei allen anderen Kandidatenländern - in jährlichen Fortschrittsberichten. Für die Türkei bedeutete dies, dass aktuelle Fortschrittsberichte zahlreiche zusätzliche Entwicklungen gefordert, manche auch lobend hervorgehoben hatten. Im Rahmen der politischen Kriterien hat der Kommissionsbericht diese als erfüllt angesehen. Der im Oktober 2009 veröffentlichte Fortschrittsbericht analysierte diese Kriterien. Beim Thema Demokratie und Rechtsstaatlichkeit wurden Maßnahmen gegen türkische Kriminelle lobend hervorgehoben:

> So haben die Ermittlungen gegen das mutmaßlich kriminelle Netzwerk Ergenekon zur Erhebung schwerer strafrechtlicher Vorwürfe geführt, unter anderem gegenüber Militäroffizieren. Dies ist für die Türkei eine Chance, das Vertrauen in das ordnungsgemäße Funktionieren ihrer demokratischen Institutionen und des Rechtsstaats zu stärken. Es ist jedoch wichtig, dass bei künftigen Verfahren in diesem Zusammenhang die rechtsstaatlichen Abläufe uneingeschränkt eingehalten und vor allem die Rechte der Beschuldigten geachtet werden[5].

Nach der Hervorhebung der Maßnahmen gegen Kriminelle kritisierte die Kommission die Situation der politischen Parteien. Es wurde verlangt, die Rechtsvorschriften über politische Parteien dem Niveau der europäischen Union anzupassen.

Im Justizwesen wurden Fortschritte lobend hervorgehoben. Diese Bemühungen müssten allerdings fortgesetzt werden, und es herrscht weiter Besorgnis in Bezug auf die Unabhängigkeit, Unparteilichkeit und Effektivität der Justiz, vor allem hinsichtlich der Zusammensetzung des Hohen Rats der Richter und Staatsanwälte sowie hinsichtlich der Errichtung der regionalen Berufungsgerichte[6]. Ein anderer Kritikpunkt bezog sich auf die vorhandene Korruption in der Türkei. Die Türkei habe zwar viele Reformen mit dem Ziel der Bekämpfung der Korruption verabschiedet. Aber die Kommission verlangte, dass die Türkei ihre Korruptionsbekämpfungsstrategie fortführe und in den Bereichen Ermittlungen, Anklageerhebung, Strafverfolgung und Verurteilung mehr Erfolge vorweisen müsse.

Bei den *Menschenrechten und dem Minderheitenschutz* wurden wieder zuerst einige Fortschritte bei der Einhaltung der internationalen Menschenrechtsnormen festgestellt. Allerdings bei der Ratifizierung des Fakultativprotokolls zum UN-Übereinkommen gegen Folter (OPCAT) und bei der Umsetzung einiger Urteile des Europäischen Gerichtshofs für Menschenrechte, die Gesetzesänderungen erfordern, wurden Mängel angeführt. Die EU-Kommission empfahl, auch den institutionellen Rahmen für die Förderung und Durchsetzung der Menschenrechte zu verbessern und verlangte, eine Ombudsstelle einzurichten.

---

5 Komission der Europäischen Gemeinschaften, Mitteilung der Komission an das Europäische parlament und den Rat Erweiterungsstrategie und wichtigste Herausforderungen 2009 – 2010, KOM(2009) 533, Brüssel, 14.10.2009,S.79. Siehe unter:http://ec.europa.eu/enlargement/pdf/key_documents/2009/strategy_paper_2009_de.pdf 18.10.2009

6 KOM(2009) 533, S. 79

Bei der Folter und Misshandlungen kritisierte die Kommission den türkischen Rechtsrahmen, der umfassende Schutzmaßnahmen gegen *Folter und Misshandlung* enthält. Es fehle hier an einer Nulltoleranzpolitik der Regierung, die uneingeschränkt umzusetzen sei. Die fehlende Untersuchungspflicht bei Folter- und Misshandlungsvorwürfen sowie die Straffreiheit für die Täter werfen weiterhin große Besorgnis auf. Weiter empfahl die Kommission, um die Fortschritte in diesem Bereich genau beurteilen zu können, dass die Türkei die Veröffentlichung des Berichts des Europaratsausschusses zur Verhütung von Folter unverzüglich genehmigen müsse.

Auch bezüglich der *Strafvollzugsanstalten* sind wieder Fortschritte hervorgehoben worden. Kritik ergab sich aus der hohen Überbelegung der Anstalten und des hohen Anteils von Untersuchungshäftlingen. Bei der *Meinungsfreiheit* verlangte die Kommission Abschaffungen des Artikels 301 des türkischen Strafgesetzbuches und auch eine Reihe anderer Artikel des Gesetzbuchs als Grundlage für Strafverfahren und Urteile. Das türkische Recht garantiere keine ausreichende Meinungsfreiheit im Einklang mit der Europäischen Menschenrechtskonvention und der Rechtsprechung des Europäischen Gerichtshofs für Menschenrechte[7]. *Die Religionsfreiheit* fordere eine Unterstützung des Dialogs der Regierung mit den Aleviten und nicht-muslimischen Religionsgemeinschaften. Die Kommission empfiehlt in diesem Zusammenhang:

> Die spezifischen Probleme dieser Gemeinschaften müssen jedoch noch gelöst werden. Das Stiftungsgesetz geht nicht auf Liegenschaften ein, die nach einer Beschlagnahme an Dritte verkauft wurden. Ungelöst bleiben auch die Fälle, in denen es sich um Eigentum von Stiftungen handelt, welche vor Annahme der neuen Gesetzgebung aus einer Fusion entstanden sind. Es kommt immer noch zu Übergriffen auf Angehörige religiöser Minderheiten. Ein mit der Europäischen Menschenrechtskonvention übereinstimmender Rechtsrahmen müsse noch geschaffen werden, um sicherzustellen, dass die nicht-muslimischen Religionsgemeinschaften und die Aleviten keinerlei ungebührlichen Einschränkungen unterworfen sind, vor allem im Zusammenhang mit der Ausbildung von Geistlichen. Es bedarf weiterer Anstrengungen, um Rahmenbedingungen zu schaffen, die einer uneingeschränkten Achtung der Religionsfreiheit in der Praxis förderlich sind[8].

Die *Rechte von Frauen* und die Gleichstellung der Geschlechter seien verbessert worden. Allerdings sei der Rechtsrahmen in allen Aspekten in die Praxis umzusetzen und die Unterschiede zwischen Männern und Frauen zu beseitigen, die hinsichtlich der Teilhabe am Wirtschaftsleben, der wirtschaftlichen Chancen, der Übertragung politischer Verantwortung und des Zugangs zur Bildung bestehen. Kritisiert wurden weiter, dass häusliche Gewalt, Ehrenmorde, Frühehen und Zwangsheirat in einigen Landesteilen immer noch gravierende Probleme darstellten.

---

7 KOM(2009) 533, S. 80
8 Ebenda, S. 80

Die Lage im Bereich der Minderheitenrechte blieb unverändert. Einige Fortschritte wurden bei den kulturellen Rechten erzielt, vor allem durch die Einführung eines nationalen Fernsehkanals, der auf Kurdisch sendet. Allerdings bestehen noch Einschränkungen insbesondere im Hinblick auf die Verwendung anderer Sprachen als Türkisch im privaten Rundfunk, im politischen Leben, im Bildungswesen und bei der Inanspruchnahme öffentlicher Dienstleistungen. Der Rechtsrahmen für die Verwendung anderer Sprachen als Türkisch lässt restriktive Auslegungen zu und wird nicht einheitlich angewandt. Hinsichtlich der Lage der Roma, die häufig einer diskriminierenden Behandlung ausgesetzt sind, wurden keine Fortschritte erzielt. Es werden weiterhin Roma-Viertel abgerissen, ohne dass alternativer Wohnraum zur Verfügung gestellt wird[9].

Im Hinblick auf den Bereich *regionale Fragen und internationale Verpflichtungen* unterstützt die Kommission die Bemühungen der Türkei bei der Lösung der Zypern-Frage. Aber die Kommission verlangt, das Zusatzprotokoll zum Assoziationsabkommen vollständig umzusetzen und sämtliche Hindernisse für den freien Warenverkehr, einschließlich der Beschränkungen bei den direkten Verkehrsverbindungen mit Zypern, zu verwirklichen.

Die türkische Wirtschaft erlebte einen Abschwung infolge der sinkenden in- und ausländischen Nachfrage; betroffen waren vor allem die Investitionen. Die Auswirkungen der Krise beschränkten sich allerdings größtenteils auf den Realsektor der Wirtschaft, was auch auf vorhergehende Strukturreformen und antizyklische Maßnahmen zurückzuführen war. Die makroökonomische Stabilität blieb weitgehend gewahrt. Die Inflation ging erheblich zurück, da vor allem der durch den Energiebedarf verursachte Druck und die zuvor lebhafte Wirtschaftstätigkeit nachließen. Die Arbeitslosigkeit stieg erheblich an. Unter den schwierigen wirtschaftlichen Rahmenbedingungen haben sich die Strukturreformen etwas verlangsamt, vor allem in der ersten Jahreshälfte 2009. Die Unsicherheit des Investitionsklimas wurde durch das Fehlen glaubwürdiger finanzpolitischer Pläne und Anker verstärkt.

Im Zusammenhang mit den wirtschaftlichen Kriterien ist festzuhalten, dass die Türkei eine funktionierende Marktwirtschaft aufzuweisen hat. Das Land dürfte mittelfristig in der Lage sein, dem Wettbewerbsdruck und den Marktkräften in der Union standzuhalten, sofern es sein umfassendes Reformprogramm fortsetzt, um strukturelle Defizite zu beseitigen. Der Konsens über die wesentlichen Elemente der Wirtschaftspolitik blieb trotz der derzeit schwierigen Rahmenbedingungen gewahrt. Um der deutlichen Rezession entgegenzuwirken, ging die Türkei auf die Nachfrage nach einer expansiven Politik ein und bettete letztere in eine breiter angelegte Entwicklungsstrategie ein, die höhere öffentliche Investitionen, die Schaffung von Arbeitsplätzen und sektorale Reformen beinhaltet. Einige

---

9 KOM(2009) 533, S.81

Fortschritte wurden durch die Weiterentwicklung des Humankapitals und die Modernisierung des Sachkapitals des Landes erzielt, wenngleich die Wirtschaftskrise eine Herausforderung für diesen Prozess bedeutet. Der Zugang zu Außenfinanzierungen blieb gewährleistet und die hohen offiziellen Währungsreserven sanken nur geringfügig. Die außenwirtschaftlichen Ungleichgewichte wurden erheblich reduziert und der Inflationsdruck ließ nach. Die Privatisierung wurde durch einige größere Transaktionen fortgesetzt, vor allem im Energiesektor. Trotz mehrerer Phasen weltweiter finanzieller Instabilität erwies sich der türkische Finanzsektor als bemerkenswert widerstandsfähig.

Die Türkei diversifizierte den Handel mit Hilfe der Erschließung neuer Märkte, wodurch die Auswirkungen der Krise teilweise gemildert wurden. Doch auch wenn die finanzpolitischen Krisenbewältigungsmaßnahmen den wirtschaftlichen Abschwung in gewissem Maß abgefedert haben, können sie die Nutzeffekte, die in den Vorjahren durch eine finanzpolitische Konsolidierung und eine mittelfristig nachhaltige Politik erzielt wurden, gefährden, wenn sie nicht rechtzeitig wieder aufgehoben werden. Die Maßnahmen zur Erhöhung der finanzpolitischen Transparenz wurden ausgesetzt und in einigen Fällen sogar rückgängig gemacht. Die Arbeitsmarktlage wurde immer schwieriger und die Arbeitslosigkeit stieg drastisch an. Die Schaffung von Arbeitsplätzen wird nach wie vor durch das Missverhältnis zwischen vorhandenen und benötigten Qualifikationen, verhältnismäßig hohe Sozialabgaben und rigide Beschäftigungspraktiken erschwert.

Trotz verschiedener neuer Initiativen der türkischen Regierung erschwert die Wirtschaftskrise den Zugang der KMU zu Finanzierungen und verlangsamt die sektorale Transformation der türkischen Wirtschaft. Bei der Gewährung staatlicher Beihilfen fehlt es an Transparenz. Der Markteintritt wurde durch die Annahme neuer Rechtsvorschriften erleichtert, doch beim Marktaustritt bestehen noch Hindernisse. Die rechtlichen Rahmenbedingungen, vor allem die Gerichtsverfahren, werfen weiterhin praktische Probleme auf und behindern die Verbesserung des Wirtschaftsumfelds. Die Türkei verabschiedete einen umfassenden Aktionsplan zur Bekämpfung der informellen Wirtschaft, die nach wie vor eine große Herausforderung darstellt[10].

Zur Erfüllung der Kopenhagen-Kriterien hat die Türkei viele Reformen durchgeführt. Nach dem Bericht der EU- Kommission kann gefolgert werden, dass die Türkei auf dem Weg in die Mitgliedschaft der Europäischen Union viele Schritte gemacht hat. Sie reichen allerdings noch nicht aus, um ein Vollmitgliedschaft zu erhalten. Die Türkei benötigt in der Zukunft eine größere Unterstützung bei den Reformen. Die Europäische Union hat die Aufgabe, den Reformprozess zu stützen und weiterhin zu begleiten. Innerhalb der Türkei gibt es eine ganze Reihe von Gegnern, welche die Reformen kritisieren. Wenn eine Vollmitgliedschaft in der Europäischen Union immer wieder in Abrede gestellt wird,

---

10 KOM(2009) 533, S. 81-82

werden die Reformgegner in ihren Anliegen unterstützt. Eine solche Kritik schadet der Regierungspolitik bei ihren Anstrengungen, die Notwendigkeit der Reformen hervorzuheben und Reformen auf den Weg zu bringen. Besonders im Hinblick auf die politischen Kriterien ist dies ein sehr bedeutsames Argument. Bei den wirtschaftlichen Kriterien soll die türkische Wirtschaft sich mehr entwickeln, um in der EU wettbewerbsfähig zu sein. Allerdings stellt sich hier die Frage, wie sie sich entwickeln soll. Hier braucht die Türkei finanzielle Unterstützung von der EU. Die türkische Wirtschaft hat im Jahr 2001 eine große Krise erlebt, von der sie sich bis heute noch nicht ganz erholt hat.

Literaturverzeichnis

Kommission der Europäschen Gemeinschaften, Mitteilung der Kommission an das Europäeische Parlament und den Rat, Erweiterungsstrategie und wichtigste Herausforderungen 2009 – 2010, KOM(2009) 533, Brüssel, 14.10.2009, S.79. Siehe unter: http://ec.europa.eu/enlargement/pdf/key_documents/2009/strategy_paper_2009_de.pdf (18.10.2009)

Werner Weidenfeld, Wolfgang Wessels, Europa von A bis Z, Taschenbuch der Europäischen Integration, Nomos Verlag, Institut für Europäische Politik, Nomos Verlag, 10. Auflage, 2007

http://www.frsh.de/unterricht/tuerkei/Kopenhagener%20Kriterien.pdf (13.10.2009)

Demokratie und Menschenrechte in der Türkei

Ali Ayata*

Einleitung

Die Kritiken gegen eine Mitgliedschaft der Türkei in der EU beruhen vielleicht aus rationaler Sicht am meisten auf der Kritik an der Verletzung der Demokratie und dem ungenügenden Schutz der Menschenrechte. Die Türkei, die die Phase der Demokratisierung noch nicht abschließen konnte, bekommt seit Jahren ein schlechtes Zeugnis betreffend Menschenrechte. Faktoren gibt es viele: Die häufige Aussetzung demokratischer Rechte, das Fehlen einer demokratischen Kultur in der Gesellschaft – womit gemeint ist, dass sich die Demokratie außerhalb des engeren Bereiches der Politik nicht als kulturelle Gewohnheit durchgesetzt hat-, die fehlende Anpassung der Administration und der zeitgenössischen Gesetzgebung an demokratische Normen und andere. Die Einschränkung der Freiheit, die durch die Sicherheitsmaßnahmen zur Bekämpfung des Terrorismus entstanden ist, und die Reflektion mancher Rechtsverletzungen führten dazu, dass der Türkei ein negatives Image zugeschrieben wurde. Morde durch unbekannte Täter, Folter und weitere Taten, die die Freiheit einschränken, wurden lange Zeit als ein negatives Merkmal der Türkei angesehen.[1]

EU-Kandidat Türkei ist dasjenige Land, über das man in Europa am meisten diskutiert, und ganz deutlich werden die Diskussionen umso intensiver, je konkreter die türkische Beitrittsoption wird und dementsprechend je näher der EU-Beitritt des Landes rückt. Ist die Türkei wirklich ein europäisches Land? Sollte sie in die Europäische Union aufgenommen werden? Gibt es so etwas wie die „natürlichen Grenzen" des europäischen Kontinentes? Ist die EU mit dem europäischen Kontinent gleichzusetzen? Was ist die gemeinsame europäische Identität, und gehört die Türkei dazu? Ist die EU ein christlicher Staatenbund? Solche Fragen, die während des Ost-West-Konfliktes in den türkisch-europäischen Beziehungen kaum eine Rolle spielten, beschäftigten seit den 90er Jahren zahlreiche europäische und türkische Entscheidungsträger. Seitdem die europäische Staatengemeinschaft nicht länger nur als eine wirtschaftliche und politische Kooperationsform, sondern auch als ein kulturelles Integrationsprojekt begriffen wird, sind solche Fragen unvermeidlich geworden.

---

* Ali Ayata ist Assist. Prof. Dr. an der Universität Bilecik (Türkei) Fakultät für Wirtschaft und Verwaltungswissenschaften Abteilung für Öffentliche Verwaltung.
1 Yusuf Aslan: Die Türkei: Von der West-Integration zur Ost-Wendung? Institutioneller Verwestlichungsprozess in der türkischen Geschichte und dessen Auswirkungen auf die türkische Außenpolitik unter besonderer Berücksichtigung der Beziehungen der Türkei zum Europarat der NATO und der EU. Frankfurt am Main 1998, S. 114.

Seit der Anerkennung der Türkei als ein offizieller Beitrittskandidat der Europäischen Union nach der Tagung des Europäischen Rats in Helsinki (1999) und der Aufnahme der Türkei in die Heranführungsstrategie, in der sich auch die anderen Beitrittskandidaten der EU befanden, kann deutlich beobachtet werden, dass die türkischen Entscheidungsträger umfangreiche Reformen in die Tat umsetzen konnten, die das Ziel haben, das Land entsprechend den EU-Normen zu reformieren und das politische System des Landes zu transformieren, um die politischen EU-Beitrittskriterien von Kopenhagen zu erfüllen. Nach der Anerkennung der Türkei als offizieller EU-Beitrittskandidat und zukünftiges Mitglied der EU realisierten die türkischen Regierungen eine rasche und umfassende Systemtransformation, um die politischen Kriterien von Kopenhagen erfüllen zu können. Die EU-Kriterien von Kopenhagen lassen sich in drei Bereichen kategorisieren: 1) politische Kriterien, 2) wirtschaftliche Kriterien, 3) Administrative Kriterien. Die politischen Kriterien setzen die Etablierung der bestimmten politischen Standards in dem betreffenden Staat voraus. Diese erfordern die funktionierende Existenz einer Demokratie, der Rechtsstaatlichkeit und des funktionierenden Rechtssystems, der Einhaltung der Menschenrechte und der Minderheitenrechte. Die wirtschaftlichen Kriterien bedingen eine funktionsfähige Marktwirtschaft, die die Kapazität beinhalten soll, gegenüber dem Konkurrenzdruck der Marktwirtschaften der anderen EU-Mitgliedsstaaten zu widerstehen. Darüber hinaus erwähnen die Kriterien, die als administrative Kriterien bezeichnet werden können, das Erfordernis, das Gemeinschaftsrecht und die weiteren administrativen und rechtlichen Prozeduren der EU zu übernehmen und anzueignen. Jedes beitrittswillige Land muss diese Kriterien größtenteils erfüllt haben, um der EU beitreten zu können.

Im Reformprozess verwirklichte die Türkei zahlreiche Transformationen in ihrem politischen System, politischen Leben und in anderen gesellschaftlichen Bereichen, die diese betreffen. Andererseits wurde bei der Akzeptanz des türkischen Beitrittes zur Europäischen Union auf der Gipfelkonferenz in Helsinki vom 10. bis 11. Dezember 1999 folgendes zu der Entscheidung gesagt: *„ ... Die in dem Entwicklungsbericht der Kommission des Europarates aufgeführten positiven Entwicklungen in der Türkei und die Absicht der Fortsetzung der Reformen der Türkei, um die Harmonie zu den Kopenhagener Kriterien herzustellen, wurde sehr begrüßt. Der Türkei liegen genau dieselben Kriterien zum Beitritt vor wie den anderen Mitgliedstaaten und sie wird demzufolge ein Vollmitglied der Union. Nach der gültigen Europa-Strategie wird auch die Türkei genau wie die anderen Mitgliedsländer vor der Beteiligung in Richtung der Einigung und der Unterstützung der Reformen aus dieser Strategie ihren Nutzen ziehen. Durch die Strategie und ihre politischen Kriterien, besonders mit der Betonung der Erfüllung der Menschenrechte aus Sicht der § 4 und 9(a), werden geeignete Beobachtungs- und Versuchsmechanismen gegründet, die den politischen Dialog in einem bestimmten Ausmaß vorantreiben."*[2]

Trotz der zahlreichen bereits erfolgten Gesetzesänderungen kann der Demokratisierung noch kein optimales Zeugnis ausgestellt werden, aber ist die Lage der Länder, die in der EU als Mitglieder akzeptiert werden, wirklich um so viel besser als die der Türkei?

---

2 Mustafa Erdoğan; Türkiye AB Eşiğinde mi? http://www.liberal-dt.org.tr/guncel/Erdogan/me_AB2.htm

Standen Spanien und Portugal nicht noch bis vor ein paar Jahrzehnten unter einer Militärdiktatur? Besaßen die Länder Osteuropas bis gestern nicht noch Regime, die aus Sicht der Menschenrechte verschlossen waren und Druck ausübten? Waren die Änderung der Regierungen in diesen Ländern und die Anpassung der Demokratie an EU-Normen, die in kurzer Zeit vorgenommen wurden, aus dieser Sicht ausreichend? Warum wird die Türkei als ein Hindernis angesehen, während der Sicherung der Grundsätze der Demokratie bei Spanien, Portugal und Griechenland als ausreichend betrachtet werden? Die EU muss für die Förderung der Demokratisierung in der Türkei dieselbe Toleranz zeigen, wie sie es auch für die anderen Mitglieder tut.[3] Anstatt, dass die EU manche Probleme der Türkei als Hindernis ansieht, sollte sie die Erweiterung als eine Chance ansehen, die Probleme durch Zusammenarbeit zu lösen. Während der Türkei auf der Gipfelkonferenz in Luxemburg gesagt wurde „Lös erst deine Probleme und danach werden wir zusammenarbeiten", kam man in Helsinki zur Aussage: „Wir lösen die Probleme zusammen".[4] Eine Funktion der Europäischen Union müsste auch die einer „Führungskraft" sein, um ein Land oder einen Mitgliedstaat anzuleiten, die Demokratisierung oder den wirtschaftlichen Wohlstand zu erreichen. Wenn die Europäische Union die demokratische Situation als ein Problem in den Vordergrund stellt, muss sie es der Türkei ermöglichen, die Zusammenarbeit mit der EU zu erweitern, um eine ideale Demokratie einführen zu können. Das ist der einzige Weg, der den europäischen Zukunftsvisionen entspricht, und nicht das Fernhalten der Türkei.

Die „Hausaufgaben" der Türkei

Besonders nach 1999 vermochte es die Türkei, zahlreiche wirtschaftliche und politische Verbesserungen zu realisieren. Dies hängt unmittelbar mit der Verringerung des Terrorismus und der damit verbundenen Ängste in der Türkei zusammen. Mit der Gefangennahme des PKK-Führers Abdullah Öcalan in der griechischen Botschaft in Kenia[5] im Februar 1999 und dem im Juni 1999 gegen diese abgeschlossenen Gerichtsverfahren konnte der separatistische Terrorismus weitgehend eingedämmt werden. Dadurch konnte die Demokratisierung der Türkei schneller voranschreiten. Der Europäische Rat in Helsinki vom Dezember 1999 akzeptierte die Kandidatur der Türkei für die EU-Mitgliedschaft auf derselben Grundlage wie die anderen Kandidaturen und nahm die Türkei in die Beitrittsstrategie auf. Die EU erstellte für die Türkei eine Beitrittspartnerschaft, in der sie die kurz- (binnen eines Jahres zu erledigenden) und mittelfristigen Aufgaben des Landes im Rahmen der Kopenhagener Kriterien aufzählte. Als Antwort darauf sollte die Türkei ihr Nationales Programm schreiben, in dem sie ihren Zeitplan für diese „Hausaufgaben" darlegt. Im Juli 2000 erstellte die türkische Regierung den Demirok-Bericht, der die für die Anpassung an die politischen Kriterien notwendigen politischen Reformen beinhaltete. Im Rahmen der Vorschläge dieses Berichtes leitete die Regierung

---

3 Akdoğan Yalçın, Kırk Yıllık Düş "Avrupa Birliğinin Siyasal Geleceği ve Türkiye", İstanbul, Alfa Yayınları, 2004, S. 53
4 Atilla Eralp: Helsinki Zirvesi Neler Getirdi? Yeni Türkiye, Sayı 35, 2000, S. 498
5 Hürriyet, 17.02.199

einen Reformprozess ein. Im Dezember 1999 wurde das Beamtengesetz revidiert. Am 22. Juni 1999 war bereits Artikel 143 revidiert und der militärische Richter aus den Staatssicherheitsgerichten durch einen zivilen Richter ersetzt worden. Im November 1999 wurden die Artikel 243 und 245 des Strafgesetzbuches revidiert und die Strafen für die Misshandlung Verhafteter und für Gewalt gegen sie erhöht. Von 1998 bis 2000 erstellte die Menschenrechtskommission der Türkischen Großen Nationalversammlung neun Berichte zur Lage der Polizeibehörden und der Befragungstechniken.

Die lang- und mittelfristigen „Hausaufgaben", die der Türkei mit dem Dokument der Gemeinschaft zum Beitritt vorgeschrieben wurden, behandeln generell die Themen Demokratisierung und die politische Situation. Kurzfristig sind folgende Aufgaben zu lösen: Lösung der Zypern-Frage, Garantie der Meinungsfreiheit, Ergreifung von Maßnahmen im Zusammenhang mit der Beeinträchtigung der Menschenrechte, Aufhebung von Hindernissen bei Veröffentlichung in der Muttersprache usw. Während diese Ziele bekannt gegeben wurden, hat die Türkei darauf reagiert, dass ein Zusammenhang zwischen den Beitrittsverhandlungen und der Zypern-Frage gesehen wird. Auch aus diesem Grund wurde auf das Thema mit einer „weichen" Erklärung reagiert, die jede klare Stellungnahme vermeidet. In dem Dokument wird besonders eine Fortsetzung der wirtschaftlichen und finanziellen Reformen mit Unterstützung der IMF und der Weltbank gefordert, wobei auch die sozialen Auswirkungen beachtet werden sollten. Die für Beschäftigung und Sozialpolitik bekannt gegebenen kurzfristigen Ziele hingegen werden strategisch festgesetzt, um eine Anpassung an die Union zu sichern. Bei der Frage der Kinderarbeit wird eine verstärkte Bekämpfung derselben verlangt. Um die Rechte der Arbeitnehmer im Allgemeinen zu sichern, wird die Garantie der gewerkschaftlichen Rechte gefordert.[6]

Die mittelfristigen politischen Ziele sind folgende: Eine friedliche Lösung der Grenzfragen und ähnlicher Probleme, Reformen des Grundgesetzes, Überarbeitung der Stellung des Nationalen Sicherheitskongresses im Grundgesetz, Aufhebung des Ausnahmezustands im Osten, Gleichheit von Mann und Frau und Garantie der kulturellen Vielfalt. Die mittelfristigen Ziele der Beschäftigung und der Wirtschaft waren diese: Vollendung der Privatisierung und der Reformen, Aufhebung bezüglich der Unterscheidung der Frau am Arbeitsplatz und Verbot der Diskriminierung nach Rasse, Konfession, Geschlecht, ethnischen Wurzeln, Alter und Behinderung, Unterstützung der administrativen Entscheidungen, die die Öffentlichkeit schützen, Garantie sozialer Mindeststandards bei der Beschäftigung, eine positive Entwicklung der Beschäftigungsstrategie, die mit der Europäischen Beschäftigungspolitik harmonieren soll, mit dem Ziel der Sicherung der Vollbeschäftigung, Beobachtung der sozialen Entwicklungen und des Rentenmarktes, Entwicklung von Reformen, die das soziale Sicherheitssystem stärken und finanziell tragbar sind, wodurch die soziale Sicherheit gestärkt wird.

Die Gesamtheit der Grundrechte zu ändern, ist eine Aufgabe, die länger dauern wird, und diese wird, wenn nötig, auch nach dem Beitritt weiter fortgesetzt werden. In den Fällen, in

---

6 Aksoy Metin, Die Türkei auf dem Weg in die EU "Die Beziehungen zwischen der Türkei und der Europäischen Union - insbesondere von 1990 bis Ende 2004", Peter Lang Verlang, 2007, S. 78

denen die Gesetze mit bestimmten EU-Kriterien harmonieren müssen, damit mit den Beitrittsverhandlungen begonnen werden kann, wird empfohlen, die notwendigen Veränderungen in einer zügigen Art und Weise und mit der Geschicklichkeit der „Harmonischen Gesetzespakete" zu verwirklichen. Jedoch ist auch vorgesehen, die Notwendigkeit von Veränderungen dazu zu nutzen, längerfristig die Grundrechte in ihrer Gesamtheit zu überarbeiten. Die Regierung wird die Entwicklung und Erweiterung der Meinungsfreiheit vorrangig behandeln. Die Stärkung der Zivilgesellschaft und die Unterstützung ihrer Teilnahme am demokratischen Leben werden weitergehen. In diesem Rahmen wird die zuständige Gesetzgebung mit den Bestimmungen der Europäischen Menschenrechtskonvention harmonisiert werden. Fälle von Folter und schlechter Behandlung durch staatliche Organe werden aufgezeigt; in diesen Fällen soll eine Null-Toleranz-Politik verfolgt werden. Aus diesem Grund werden die eingeführten Gesetze und die zu ihrer Durchsetzung vorgesehenen Maßnahmen in der Administration mit besonderer Sorgfalt überprüft. Die Kenntnisse der Parlamentsabgeordneten über Menschenrechte werden optimiert. Es wird der Urteilsreform, die der Grundsatz während der Demokratisierung ist, besonderes Gewicht verliehen. Bezüglich der Bedingungen in Haftanstalten und Gefängnissen wird gewährleistet, dass die Maßnahmen, die im Hinblick auf Einhaltung der Menschenrechte beschlossen worden sind, auch tatsächlich umgesetzt werden.[7]

Die Regierung glaubt, dass sie alle Menschenrechte, grundlegende Freiheiten und kulturellen Rechte als Ganzes sichern soll, ohne eine Unterscheidung zwischen den Individuen zu machen, und dass das eine grundlegende Aufgabe jeder Regierung ist. In diesem Rahmen wurden die Freiheit der Gedanken, des Körpers, des Glaubens und der Konfession nach den Regeln des § 9 der Europäischen Konvention für Menschenrechte strengstens gesichert. Die Grundsätze über die Freiheit des Gottesdienstes, die auch vom Europäischen Gerichtshof für Menschenrechte und im 1. Protokoll festgehalten wurden, nehmen die verschiedenen Glaubensrichtungen und Konfessionen in sich auf und werden so vereinfacht. Der Sicherstellung der Anwendung der Gleichheit von Mann und Frau wird Vorrang gewährt. Veröffentlichungen türkischer Staatsangehöriger in ihrer traditionellen Sprache und ihrem Dialekt oder das Lehren dieser Sprache oder dieses Dialektes werden durch die Anwendung der Beschlüsse gesichert. Die Aufgaben des Nationalen Sicherheitsrates und ihres Generalsekretariats werden durch die Änderungen im Grundgesetz erneut bekannt gegeben.

---

[7] Wedel, Heidi: EU-Beitrittsprozess – Hoffnungsschimmer für die Menschenrechte in der Türkei. In: Deutsches Institut für Menschenrechte et al. (Hrsg.): Menschenrechte 2004, Frankfurt am Main 2003, S.77-89.

Bisherige Ergebnisse der türkischen Kandidatur

Die Beziehungen zwischen der EU und der Türkei sind seit längerer Zeit starken Belastungen ausgesetzt. Diese rühren im Wesentlichen daher, dass die Türkei sich von der EU ungerecht behandelt fühlt. Immer wieder sieht sie sich in ihren Ambitionen auf einen Beitritt zur Union von den Europäern enttäuscht. Da für weite Kreise der türkischen Öffentlichkeit der Beitritt mit der Anerkennung als Europäer identisch ist, wird die Zurückhaltung der EU stets als Verneinung der türkischen Identität als eine europäische interpretiert. Die Türkei sieht sich in ihrem Wunsch, Teil Europas zu sein. Diese zutiefst psychologische Komponente der türkischen Einstellung im Verhältnis zur EU erklärt die Heftigkeit der Reaktionen in der Türkei ebenso wie die mitunter als besessen anmutenden Anstrengungen türkischer Politiker, die Europäer zur Akzeptierung des türkischen Wunsches zu drängen. Das europäische Interesse an einer engen Bindung zur Türkei in der Perspektive eines späteren Beitritts zur EU sowie das türkische Streben in dieselbe Richtung bedingen allerdings auch ein besonderes europäisches Interesse an den inneren Verhältnissen der Türkei. Dieses ist durchwegs von deutlich kritischer Natur, was in türkischen Kreisen häufig mit Missfallen aufgenommen wird. Es ist der Vorwurf zu hören, die EU würde mit zweierlei Maß messen, wenn es um die Verurteilung von Missständen in der Türkei gehe. Besonders oft wird dabei auf das Versagen der Europäer in Bosnien hingewiesen, wo die EU und ihre Mitglieder zum „serbischen Völkermord" an den bosnischen Muslimen auffallend geschwiegen hätten. Problematische Methoden der Bekämpfung politischen Terrors etwa in Nordirland würden in der europäischen Öffentlichkeit genauso wenig angeprangert wie die französische Haltung gegenüber ethnischen Minderheiten in Frankreich, während die Türkei in ihrem legitimen Kampf gegen den separatistischen Terror der kurdischen PKK von europäischer Seite nichts als Kritik erfahre.

So berechtigt derartige türkische Gegenvorwürfe mitunter sein mögen, so können sie doch nicht davon ablenken, dass deutliche Kritik an schwerwiegenden Mängeln des türkischen demokratischen Prozesses, an der unzureichenden Verwirklichung von Menschenrechten oder an der Behandlung der kurdischen Minderheit nicht nur in Europa und von europäischen Institutionen artikuliert wird, sondern zunehmend deutlicher auch in der Türkei und von türkischen Gruppen. Ebenso wenig kann abgestritten werden, dass die inneren Defizite der Türkei einen Beitritt zur EU derzeit nicht erlauben. Dabei ist das besondere türkische Problem nicht so sehr der Umstand, dass es Missstände gibt, sondern die in Europa einzigartige Kumulation von inneren Missständen. Diese ist im erheblichen Maß systembedingt, d.h. eine Folge des starren Festhaltens an einer rigiden Version der offiziellen türkischen Staatsideologie.[8] Der Kemalismus ist seinem Ursprung und seinem Wesen nach nicht demokratisch, sondern nationalistisch-autoritär. Unter der andauernden Vorherrschaft der Militärführung und des Staatsapparates konnten diese Grundzüge über die Jahrzehnte konserviert werden. Der Prozess demokratischer Entwicklung stieß u.a. immer wieder an diese Grenzen. Die Entwicklung einer offenen Bürgergesellschaft wurde in der Türkei so erheblich hinausgezögert und kann noch keineswegs als abgeschlossen

---

8 Udo Steinbach, Die Türkei im 20. Jahrhundert, Bergisch-Gladbach: Lübbe Vgl., 1996, S. 313-396.

betrachtet werden. Der in den letzten 20 Jahren enorm beschleunigte wirtschaftliche und soziale Wandel trägt einerseits zur Aushöhlung der kemalistischen Ideologie bei, macht andererseits die Ausbildung neuer liberaler, demokratischer Strukturen nicht einfacher.

Die türkischen Entscheidungsträger bemühen sich seit der Anerkennung der Türkei als offizieller Beitrittskandidat der EU viel intensiver um die Erfüllung der politischen Beitrittskriterien der Union. Im Hinblick auf ihren politischen Standards stellte die EU fast seit dem Beginn der Beziehungen der Türkei zur EWG/EG/EU gewisse Defizite fest. Seit dem Staatsstreich von 1980 wird beobachtet, dass die politischen Themen, vor allem Themen wie Menschenrechte, Demokratie und Rechtsstaatlichkeit, in den Türkei-EU-Beziehungen zunehmend eine relevante Rolle spielen.[9] Bei der negativen Beurteilung des 1987 gestellten Beitrittsantrages der Türkei begründete die EU-Kommission ihr Urteil neben den wirtschaftlichen Defiziten und dem türkisch-griechischen Konflikt auch direkt mit den Demokratiedefiziten und der problematischen Menschenrechtslage in der Türkei. Im Prozess der Zollunion waren Themen wie Demokratiedefizite und Menschenrechtsfragen wiederum problematische Bereiche. Mit der zunehmenden Tendenz in der EU, die Türkei als ein Beitrittsland und zukünftiges Mitglied der Union wahrzunehmen, vergrößerte sich der politische Druck auf die türkischen Entscheidungsträger. Die Erfolge der ehemals sozialistischen Osteuropäer bei ihren politischen und wirtschaftlichen Reform- und Systemtransformationsprozessen bildeten in diesem Zeitraum weitere Maßstäbe und Vergleichsmöglichkeiten für die Führungseliten in der EU. In dem regelmäßigen Bericht von 1998 über die Türkei wies die EU-Kommission auf die Anomalien in der Funktionsweise der öffentlichen Hand, das Anhalten der Menschenrechtsverletzungen und wichtige Mängel in der Behandlung der Minderheiten hin und bezeichnete die fehlende zivile Kontrollmöglichkeit des Militärs und seine aktive Rolle im politischen Entscheidungssystem über den Nationalen Sicherheitsrat (NSR) als beunruhigend.[10] In diesem Bericht kritisierte die Kommission die Türkei auf latenter Weise auch in Bezug auf die Streitigkeiten mit den Nachbarländern, wobei Zypernkonflikt und Ägäiskonflikte mit Griechenland bezeichnet werden.

Die Reformen sollen nicht vergessen werden

Die Türkei erlebt in der letzten Zeit sehr viele Reformen. Sie zeigt besonders auf dem Weg zur Entstehung eines Rechtsstaates und bei der freien Bearbeitung einer Rechtsprechung nach europäischen Standards Fortschritte. Die Türkei ist bezüglich der Mitgliedschaft in der EU entschlossen, alle noch bestehenden Hindernisse zu beseitigen. Sie hat in letzter Zeit Gesetze aufgehoben, die seit 40 Jahren gültig waren. Das Große Nationale Parlament der Türkei hat aufgrund der zukünftigen Mitgliedschaft in der Europäischen Union eine starke Performance gezeigt und das „Harmonie-Paket"

---

9 Dağı, İhsan: İnsan Hakları ve Demokratikleşme, Türkiye-Avrupa Birliği ilişkilerinde Siyasal Boyut, in: Eralp, Atilla (Hg.): Türkiye ve Avrupa. Batılılaşma Kalkınma Demokrasi, S. 120-176; S. 126ff.
10 EU-Regelmäßiger Bericht über die Türkei (1998)

veröffentlicht: Damit haben die im Parlament vertretenen Parteien ein Beispiel für Einigkeit gezeigt. Die mit den Wahlen vom 3. November 2002 an die Regierung kommende Partei der Gerechtigkeit und der Entwicklung, die mit diesen Maßnahmen ihren politischen Willen gezeigt hat, beeinflusste damit die Länder, die eine türkische Mitgliedschaft mit Vorbehalten gesehen hatten, in einem großen Ausmaß. Die AKP Partei, die den Vorteil einer Ein-Partei-Regierung nutzte, setzt durch ihren starken Willen wichtige Schritte in Richtung Harmonie zur EU.

Im Rahmen der Reformen wurden die Zuständigkeitsbereiche der Staatssicherheitsgerichte begrenzt und die Dauer der Untersuchungshaft verringert. Die ausnahmslose Abschaffung von Incommunicado-Haft, d.h. Haft ohne Kontakt zur Außenwelt, war ein weiterer wichtiger Beitrag zur Modernisierung des Rechts- und Justizsystems. Für Richter und Rechtsvollzugsbeamte wurden zusätzlich Ausbildungskurse zu Menschenrechtsfragen abgehalten, um die Anwendung der Reform auch in der Praxis zu unterstützen. Im November 2002 wurde der Ausnahmezustand (Sonderverwaltung) in allen verbleibenden Provinzen im Südosten des Landes, den mehrheitlich die türkische Staatsbürger kurdischer Herkunft bewohnen, aufgehoben und somit wurde auch das letzte übrig gebliebene Erbe des Staatsstreichs von 1980 im Verwaltungssystem des Landes abgeschafft. Dies vereinheitlichte die Provinzverwaltung landesweit und war insofern ein beachtlicher Schritt zur Erfüllung des Kriteriums der Rechtsstaatlichkeit. Darüber hinaus rief die Regierung eine „Nulltoleranz- Politik" gegenüber der Folter aus. Im Juni 2002 ratifizierte die TBMM den internationalen Pakt über bürgerliche und politische Rechte und über wirtschaftliche, soziale und kulturelle Rechte der Vereinten Nationen sowie das sechste Protokoll zur Europäischen Menschenrechtskonvention (EMRK) über die Abschaffung der Todesstrafe.[11] Die TBMM verabschiedete darüber hinaus 143 neue Gesetze zur Anpassung an die politischen EU-Beitrittskriterien von Kopenhagen.

Der in der Rechtspraxis häufig angewandte Art. 159 Türk. StGB stellte in seiner Strafandrohung Haftstrafen von 1 bis 6 Jahren in Aussicht, wenn „das Türkentum, die Republik, die Große Nationalversammlung, das moralische Wesen der Regierung, die Ministerien, das Militär und die Sicherheitskräfte des Staates oder das moralische Wesen der Richterschaft" beleidigt, herabgesetzt oder verspottet werden. Dieser Tatbestand war deshalb wegen Beleidigung von Sicherheitskräften leicht erfüllt, wenn man Polizeikräfte der Durchführung diverser Folterpraktiken bezichtigte; er war ein staatliches Instrument, unliebsame und kritische Meinungsäußerungen von Bürgern strafrechtlich zu sanktionieren. Die Regierung reagierte hier im 2. Harmonisierungspaket vom Februar 2002 (Gesetz Nr. 4744) mit einer Reduzierung der Obergrenze des Strafmaßes von 1 bis 3 Jahre, nicht jedoch mit einer engeren und klareren Definition des Tatbestandes. Erst mit dem 3. Harmonisierungspaket vom August 2002 (Gesetz Nr. 4771) folgte ein inhaltlicher Kurswechsel dergestalt, dass bloße Kritik, die die Grenzen der Beleidigung nicht

---

11 EU-Regelmäßiger Bericht über die Fortschritte der Türkei auf dem Weg zum Beitritt (2003), S. 15

überschreite, straffrei sei.[12] Zuletzt wurde mit dem 7. Harmonisierungspaket vom Juli 2003 (Gesetz Nr. 4963) die Mindeststrafe von einem Jahr auf 6 Monate gesenkt.

Eine zweite Änderung zum Strafgesetzbuch schaffte in Art. 312 Türk. StGB die Geldstrafen ab, die für das Rühmen einer strafbaren Handlung, den Aufruf zum Gesetzesverstoß oder das Anstacheln von Feindschaft und Hass aufgrund von Gesellschaftsschicht, Rasse, Religion, oder regionaler Herkunft festgelegt wurden. Diese Änderung beschränkt die Strafbarkeit auf Äußerungen oder Aktivitäten, die geeignet sind, die „öffentliche Ordnung" zu gefährden.[13] Die überfällige Abschaffung des berüchtigten Art. 8 des Antiterrorgesetzes bezüglich „Propaganda gegen die unteilbare Einheit des Staates und der Nation" erfolgte im 6. Reformpaket (Gesetz Nr. 4928) im Juni 2003, was am 19.07.2003 in Kraft trat. Das 3. Harmonisierungspaket vom August 2002 (Gesetz Nr. 4771) brachte eine Lockerung in der restriktiven Politik des türkischen Staates gegenüber Minderheiten. Radio- und Fernsehsendern wurde die Erlaubnis erteilt, Sendungen in „Sprachen und Dialekte, die von türkischen Staatsbürgern traditionell in ihrem täglichen Leben gesprochen werden" auszustrahlen. Diese Sprachen dürfen seitdem in privaten Sprachkursen unterrichtet werden, obwohl festzuhalten ist, dass diese legislativen Öffnungen erheblichen Einschränkungen unterliegen. Die mit den neuen Bestimmungen verbundene offizielle Anerkennung der Existenz von Minderheitensprachen stellt zwar für türkische Verhältnisse einen Tabubruch dar, eine zufrieden stellende Gewährung kultureller Minderheitenrechte jedoch nicht.[14] Im April 2003 wurde ein parlamentarischer Ausschuss für die Integration mit der EU, der EU Harmonisierungsausschuss genannt wird, eingerichtet, dessen Aufgabe darin besteht, Entwicklungen im Integrations- und Beitrittsprozess des Landes zu verfolgen sowie Entwürfe zu Rechtsakten bezüglich der Einhaltung des Besitzstands zu prüfen. Während der Regierungszeit der AKP-Regierung vom Premierminister Erdogan wurden die Aufgaben, die Funktionsweise und die Zusammensetzung des Nationalen Sicherheitsrates (NSR) reformiert. Diese Reform veränderte die Aufgaben, Zuständigkeiten und Arbeitsweise des NSR auf fundamentale Weise und brachte den Rahmen der Beziehungen zwischen den politisch verantwortlichen zivilen Entscheidungsträgern und dem Militär näher an die Praxis in den EU-Staaten.[15] Die Kompetenzen des Generalsekretärs des NSR im Hinblick auf seine Exekutivbefugnisse wurden abgeschafft. Die AKP-Regierung von Erdogan beabsichtigte mit dem letzten Reformpaket für die Anpassung des Landes an die EU Normen, die weiteren übrig gebliebenen kleineren Einflussmöglichkeiten des Militärs in der politischen Praxis – z.B. die Präsenz der Vertreter des Militärs in zivilen Gremien wie dem Hohen Fernseh- und Rundfunkrat (RTÜK) und dem Rat der Hochschulen (YÖK) – ebenfalls abzuschaffen. Darüber hinaus wurde die Urteilskompetenz der Militärgerichte über Zivilisten abgeschafft. Somit wurden die politischen Einflussmöglichkeiten des Militärs in der Praxis de jure verunmöglicht und die Legitimität der politischen Mitbestimmungs-

---

12 Blaser Timo: Die Türkei auf ihrem langen Weg in die Europäische Union GRIN Verlag 2008, S.8-10
13 İbid S. 8-10
14 İbid S. 8-10
15 EU-Regelmäßiger Bericht über die Fortschritte der Türkei auf dem Weg zum Beitritt (2003), S.15.

kompetenzen des Militärs, die nach dem Staatsstreich von 1980 in das Politik- und Rechtssystem des Landes aufgenommen worden waren, endgültig aufgehoben.

Im Januar 2004 löste die Regierung den 1962 per Geheimdekret geschaffenen „Nachgeordneten Ausschuss für Minderheiten" auf, dessen Aufgabe die Sicherheitsüberwachung der Minderheiten war. Zur Lösung der Probleme nichtmuslimischer Minderheiten wurde als neue Institution ein „Bewertungsgremium für Minderheitenfragen" eingerichtet. Dem Gremium gehören Vertreter des Innen-, des Bildungs- und des Außenministeriums sowie des für die Generaldirektion für das Stiftungswesen zuständigen Staatsministeriums an. Die Abteilung für Minderheiten in der Sicherheitsdirektion des Innenministeriums ist jedoch nach wie vor für die Beziehungen zu den Minderheiten zuständig. Die Minderheiten sind in feststellbarer Weise weiterhin gewissen diskriminierenden Praktiken ausgesetzt. Dem EU-Kommissionsbericht 2004 zufolge stoßen Angehörige von Minderheiten auf Schwierigkeiten beim Zugang zu hohen Verwaltungs- und Militärposten.[16] Mit dem 7. Reformpaket (Gesetz Nr. 4963) wurde in Art. 169 Türk. StGB die Bestimmung gestrichen, wonach „Handlungen, die die Machenschaften terroristischer Organisationen in irgendeiner Weise erleichtern", strafbar sind. Art. 7 ATG wurde in der Weise eingeschränkt, dass seine Anwendung auf bloße Meinungsäußerung bei korrekter Anwendung ausgeschlossen sein dürfte.[17] Der Art. 7 ATG wurde geändert, um den Rahmen zu beschränken, in dem Propaganda als strafbares Vergehen verfolgt werden kann, wobei dies im Sinn von „Propaganda, die zu Terrorismus ermutigt" neu definiert wurde.[18] Schließlich ist zu betonen, dass das Parteiengesetz jegliche Propaganda gegen die unteilbare Einheit von Staatsvolk und Staatsgebiet verbietet und dass auch Parteien verboten werden, wenn sie eine solche Propaganda in ihr Programm aufnehmen.

Auch im Bereich der Außenpolitik bzw. der Beziehungen der Türkei zu den benachbarten Staaten fand im Reformprozess eine konkrete Neuorientierung statt. In diesem Zusammenhang bildet besonders die außenpolitische Haltung der AKP-Regierung von Erdogan in der Zypernfrage einen relevanten Schritt in Richtung Harmonisierung mit der GASP der EU. Die Türkei wurde seitens der EU in der Schlussfolgerung des Europäischen Rates von Thessaloniki und in den Beitrittspartnerschaften ermutigt, die Bemühungen des UN-Generalsekretärs um eine Lösung des Konfliktes energisch zu unterstützen. Die AKP-Regierung akzeptierte vor dem Referendum auf Zypern den UN-Plan des ehemalige Generalsekretärs Annan zur Wiedervereinigung der Mittelmeerinsel und unterstützte die pro-europäische nordzypriotische Regierung vom Premierminister Talat trotz der negativen Haltung des nordzypriotischen Präsident Denktaş für die Zustimmung des UN-Plans. Darüber hinaus stellt der regelmäßige Bericht der EU von 2003 fest, dass die Beziehungen zwischen der Türkei und Griechenland sich weiter verbessert haben und die Sondierungskontakte zwischen den beiden Staaten fortgeführt

---

16 EU-Kommissionsbericht, Brüssel, 2004
17 Wedel, Heidi: EU-Beitrittsprozess – Hoffnungsschimmer für die Menschenrechte in der Türkei. In: Deutsches Institut für Menschenrechte et al. (Hrsg.): Menschenrechte 2004, Frankfurt am Main 2003, S.77-89.
18 Yılmaz, Mesut: Die Türkei und die EU-Die Suche nach einer ehrlichen Partnerschaft, Berliner Wissenschaftsverlag, Berlin 2004, S. 33

würden. Ein weiterer positiver Schritt der Türkei war die Änderung der türkischen Politik in der NATO in Bezug auf die europäische Sicherheits- und Verteidigungspolitik, was eine weitere Annäherung der Türkei an die EU ermöglichen konnte. Die türkische Regierung stimmte den Modalitäten der Beteiligung nicht der EU angehörender europäischer Bündnispartner an von der EU unter Rückgriff auf NATO-Einrichtungen geführten Einsätzen zu und trug somit dazu bei, ein wichtiges Problem mit der EU zu lösen, das bislang der tatsächlichen Einleitung der Europäischen Sicherheits- und Verteidigungspolitik entgegenstand[19] und daher die Integration der Türkei an die EU negativ beeinflusste.

Akzeptanz multilateraler Institutionen

Außerhalb innerstaatlicher Anstrengungen der Türkei, die Kopenhagener Kriterien zu erfüllen, bleibt zu prüfen, inwieweit eine Außenöffnung der türkischen Politik feststellbar ist, um in Fragen der Wahrung der Menschenrechte zumindest westliche internationale Bündnisse und Institutionen zu akzeptieren, sie als eigenen Maßstab anzuerkennen und rechtspolitisch zu integrieren. Im Februar 2000 wurde das erste Fakultativprotokoll des Internationalen Paktes über bürgerliche und politische Rechte unterzeichnet, das Berufungsverfahren vorsieht, mit denen das Petitionsrecht des Einzelnen ausgeweitet wird. Im Januar 2004 wurde das Protokoll Nr. 13 zur EMRK, welches die vollständige Abschaffung der Todesstrafe betrifft, unterzeichnet. Im April 2004 unterzeichnete die Türkei das zweite Fakultativprotokoll über die Abschaffung der Todesstrafe.[20] Die bisweilen stattgefundene Anerkennung der Rechtsprechung des Europäischen Gerichtshofs für Menschenrechte (EGMR) führte dazu, dass in der Türkei durch Gesetz eine Menschenrechtsuntersuchungskommission zum Schutz der Menschenrechte institutionalisiert wurde. Auch dabei feilte die türkische Regierung an legislativen Verbesserungen im Hinblick auf Verfahrensbeschleunigungen. Art. 7 des Gesetzes über die Menschenrechtsuntersuchungskommission wurde geändert, in dem der maximale Zeitraum, in dem eine Antwort auf eine Anfrage an die Kommission bezüglich Menschenrechtsverletzungen zu erfolgen hat, von 3 Monaten auf 60 Tage reduziert wurde.

Das 2. Harmonisierungspaket schloss sowohl Änderungen im Rahmen der Urteile des EGMR als auch der Rechte der Strafgefangenen und Verhafteten ein. Art. 13 des Beamtengesetzes wurde geändert, um den Rückgriff auf die Kompensation, die in Übereinstimmung mit den Urteilen des Europäischen Gerichtshofes für Menschenrechte vom Staat für grausame, unmenschliche oder erniedrigende Behandlung unter persönlicher Verantwortung bezahlt werden, zu verhindern. Neben der Anerkennung der internationalen Menschenrechtsabkommen und des EGMR hat die Türkei seit 1999 zur

---

19 EU-Regelmäßiger Bericht über die Fortschritte der Türkei auf dem Weg zum Beitritt (2003), S. 48f
20 Yılmaz, Mesut: Die Türkei und EU-Die Suche nach einer ehrlichen Partnerschaft, Berliner Wissenschaftsverlag, Berlin 2004, S. 59-66

Förderung und Durchsetzung der Menschenrechte zahlreiche Gremien eingerichtet, so etwa die Reformüberwachungsgruppe, die Menschenrechtspräsidentschaft, die Menschenrechtsausschüsse auf und unterhalb der Provinzebene, den Beratenden Ausschuss für Menschenrechte und mehrere Ermittlungsgremien. Darin zeigt sich ein neues Konzept für den Aufbau einer konstruktiven Beziehung zwischen Menschenrechtsorganisationen und dem türkischen Staat, wenngleich die Wirksamkeit dieser Gremien bislang noch sehr begrenzt wird. Seit Januar 2004 hat die Menschenrechtspräsidentschaft ihre Sensibilisierungsarbeit zu Menschenrechtsfragen, die Bearbeitung von Klagen und die Lösung konkreter Fälle intensiviert. Einzelpersonen können nun in Beschwerdebriefkästen ein Formblatt mit einer Fragenliste in Anlehnung an die EMRK einwerfen und so offiziell Klagen über Menschenrechtsverletzungen einreichen. Auf lokaler Ebene stieg die Anzahl an Menschenrechtsausschüssen auf und unterhalb der Provinzebene von 859 auf 931.[21]

Im Februar 2004 hat das Innenministerium ein Ermittlungsbüro für Menschenrechte eingerichtet, das unter anderem mit der Kontrolle der Polizeireviere betraut werden soll. Im Hinblick auf Schulungsmaßnahmen zum Thema Menschenrechte haben die türkischen Behörden zahlreiche Programme für das entsprechende Personal des Innenministeriums, des Justizministeriums, der Gendarmerie und der Polizei durchgeführt. Durch die Umsetzung der gemeinsamen Initiative der Europäischen Kommission und des Europarates konnten 225 Ausbilder geschult werden, die für die Ausbildung von über 9000 Richtern und Staatsanwälten zuständig sind. Die Menschenrechtspräsidentschaft kam in den Genuss von Schulungsmaßnahmen zur Förderung des Menschenrechtsbewusstseins.[22] In Anerkennung der von der Türkei seit 2001 im Bereich der verfassungs- und allgemeinrechtlichen Reformen erzielten Fortschritte beendete die Parlamentarische Versammlung des Europarates das seit 1996 laufende Monitoring-Verfahren über die Türkei. Die Türkei wird nun einem Post-Monitoring-Verfahren unterzogen, das sich auf einige Bereiche konzentriert, die unter die Verpflichtungen der Türkei im Rahmen der EMRK fallen.

Zusammenfassung

Der Unterschied zwischen der Türkei und Ländern der EU liegt vielmehr in dem Toleranzniveau, was als Minderheitenrechte und was als Gefahr wahrgenommen wird. Hierbei muss die Türkei gelassener werden, auch um zukünftige Konflikte zu unterbinden. Was gilt als Bereicherung der kulturellen Gesamtheit des Landes und was gilt als Gefahr für die öffentliche Ordnung? Hierbei sollte die EU ihre Möglichkeiten nutzen, im Rahmen der Beitrittsgespräche ihren Einfluss geltend zu machen, wobei ein konfrontativer Ansatz weniger Erfolg versprechend ist als einer, der der Türkei klar macht, dass die Lösung von Spannungen zwischen Mehrheitsgesellschaft und Minder-

---

21 Leggewie Claus & Giesendorf Sabrina: Konditionierte Demokratisierung, in: Gehört die Türkei zu Europa? Helmut König & Manfred Sicking (Hg.) Transkript Verlag Bielefeld 2005, S. 153
22 İbid S. 155

heiten nur im Sinne des Landes sein kann. Die gegenwärtige Situation von Minderheiten hat sich deutlich verbessert, aber es müssen noch weitere Schritte unternommen werden. Insbesondere in der Umsetzung mangelt es weiterhin, jedoch setzt langsam eine Veränderung in der öffentlichen Denkweise ein.

Demokratien müssen weltanschaulich nicht zwangsläufig neutral sein, d.h. eine strikte institutionelle Trennung von Staat und Religion ist nicht Voraussetzung für eine funktionierende Demokratie. Jedoch muss ein demokratischer Rechtsstaat, der auf Menschenrechte verpflichtet ist, dafür Sorge tragen, keine Religion oder ethnische Minderheit zu diskriminieren. Doch genau das ist im autoritären kemalistischen Laizismusmodell der Fall. Im Ergebnis ist das türkische Laizismusverständnis problematisch und mit den demokratischen Theorien des 21. Jh. kaum vereinbar. Die Regierungsübernahme durch die AKP ist das Ergebnis eines jahrelangen Entwicklungsprozesses. Er ist auf endogene Faktoren zurückzuführen und ohne den Ideologiewandel auf höchster Staatsebene im Lichte der Türkisch-Islamischen Synthese nicht denkbar. Gleichzeitig wurde deutlich, dass ein islamistischer Premierminister nicht gleichbedeutend ist mit der Einführung eines „islamischen Staates". Der enge institutionelle Rahmen, in dem sich islamistische Parteien in der Türkei bewegen können, die Stärke der gesellschaftlich-säkularen Gruppen und die jahrzehntelange Einbindung der Türkei in die westliche Staatengemeinschaft (NATO, Europarat) waren hierfür entscheidend. Die AKP kann als eine hybride politische Formation betrachtet werden, die eine einzigartige klassenübergreifende Synthese aus Reformismus und Konservatismus repräsentiert. Ihr Wahlsieg bei den Parlamentswahlen im November 2002 basiert aber nicht nur auf dem Ideologiewandel, sondern muss auch im Lichte sozioökonomischer Probleme betrachtet werden. Erheblich begünstigt wurde der AKP-Wahlsieg zudem durch die Zehn-Prozent-Hürde. Sie sicherte Erdoğans Partei bei nur einem Drittel der Wählerstimmen fast zwei Drittel der Abgeordnetenplätze. Diese Hürde war von dem Militärregime 1983 errichtet worden, um kommunistische, kurdische und islamistische Parteien aus dem Parlament herauszuhalten. Doch die gezielte Ausgrenzung bestimmter gesellschaftlicher Gruppen aus der politischen Meinungsbildung schwächt nicht nur die demokratische Legitimität des Staates, sondern kann – wie der Wahlsieg der AKP zeigt – auch nicht-kemalistische Kräfte überproportional stark werden lassen und somit kontraproduktiv sein.[23]

Es stellt sich daher die Frage, ob die Kritik an der AKP-Demokratisierungspolitik weniger mit der „islamistischen Gefahr" zusammenhängt, als mit der Sorge des Militärs, dass die EU-Beitrittsverhandlungen als „politischer Hebel" benutzt werden, um die Rolle des türkischen Militärs als autonomen und übergeordneten Akteur im Staatsgefüge zugunsten des Primats der Volkssouveränität zu beschneiden. Die Analysen haben ergeben, dass die Politik der AKP, trotz ihrer gelegentlich islamistischen Rhetorik, in der Summe auf die Axiome Demokratie und Rechtsstaatlichkeit ausgerichtet ist. Damit ist eine wichtige Etappe erreicht worden – nicht nur bei der Demokratisierung der islamistischen Bewegung, sondern auch der Türkei. Aufgrund der umfangreichen Reformen seit der Erlangung des offiziellen Status eines "Beitrittskandidaten" und der entschiedenen

---

23 Agai Bekim: Islam und Kemalismus in der Türkei, Zeitschrift Aus Politik und Zeitgeschichte August 2004, S. 19-20

Absicht der türkischen Regierung, diese Reformen auch durchzusetzen, kann man - ohne die Defizite außer Acht lassen zu wollen - von einer positiven Entwicklung in der Menschenrechtslage in der Türkei sprechen. Zu dieser positiven Entwicklung hat auch die neue Dynamik beigetragen, die aus dem entstehenden Prozess in den Türkei-EU-Beziehungen entstanden ist.[24]

Es ist jedoch festzuhalten, dass es Mängel in der Umsetzung der in den letzten Jahren eingeleiteten Gesetzesänderungen gibt. Es ist bekannt, dass noch beträchtliche Beharrungskräfte in Justiz und Administration existieren, die diese „Reformen von oben" nur widerwillig akzeptieren. Rechte von Minderheiten, Andersdenkenden und religiösen Gruppen müssen von den staatlichen Institutionen und ihren Funktionsträgern auch gelebt und gewährleistet werden. Bis solch ein Denken sich auf breiter Basis durchsetzt, werden noch Jahre vergehen. Die Rekrutierung und der Wechsel von Funktionsträgern geschehen im Allgemeinen nur langsam und es müssen erst Staatsdiener mit der entsprechenden Mentalität heranwachsen, bis Gesetzestext und Realität übereinstimmen. Es ist gut, dass die EU hier eine mahnende und fordernde Position einnimmt. Es muss aber der Prozess in seinem ganzen Verlauf beobachtet werden und nicht nur der gegenwärtige Zustand. Die Türkei hat eine große Strecke zurückgelegt und hat noch einiges vor sich. Die positive Entwicklung wird von den meisten NGOs in diesem Bereich bestätigt. Rückschläge, etwa wenn die türkische Justiz Personen vor Gericht bringt, die nur ihr Recht der freien Meinungsäußerung in Anspruch genommen haben, sind bedenklich, sollten aber nicht mit dem Scheitern des Reformprozesses gleichgestellt werden. So widersetzt sich die Führung Kärntens seit Jahren dem richterlichen Beschluss, zweisprachige Ortsschilder anbringen zu lassen. Ich will hier natürlich nicht die Verhältnisse in der Türkei mit denen in Österreich vergleichen. Dies zeigt aber nur, dass selbstherrliche Aktionen einzelner untergeordneter Institutionen in der Umsetzung von Minderheitenrechten überall vorkommen können. In der Türkei ist dies leider häufiger der Fall als in der EU. Weder die EU sollte so tun, als würde sich die Situation der Menschenrechte in der Türkei wieder verschlechtern, noch die Türkei von sich behaupten, sie hätte bereits europäische Standards erreicht.

Literaturverzeichnis

Agai Bekim: Islam und Kemalismus in der Türkei, Zeitschrift Aus Politik und Zeitgeschichte August 2004

Akdoğan Yalçın, Kırk Yıllık Düş "Avrupa Birliğinin Siyasal Geleceği ve Türkiye", İstanbul, Alfa Yayınları, 2004

---

24 İbid, S. 19-20

Aksoy Metin, Die Türkei auf dem Weg in die EU "Die Beziehungen zwischen der Türkei und der Europäischen Union - insbesondere von 1990 bis Ende 2004", Peter Lang Verlang, 2007

Aslan Yusuf: Die Türkei: Von der West-Integration zur Ost-Wendung? Institutioneller Verwestlichungsprozess in der türkischen Geschichte und dessen Auswirkungen auf die türkische Außenpolitik unter besonderer Berücksichtigung der Beziehungen der Türkei zum Europarat, der NATO und der EU. Frankfurt am Main 1998, S. 114.

Blaser Timo: Die Türkei auf ihrem langen Weg in die Europäische Union GRIN Verlag 2008

Dağı, İhsan: İnsan Hakları ve Demokratikleşme, Türkiye-Avrupa Birliği ilişkilerinde Siyasal Boyut, in: Eralp, Atilla (Hg.): Türkiye ve Avrupa. Batılılaşma Kalkınma Demokrasi

Eralp Atilla: Helsinki Zirvesi Neler Getirdi? Yeni Türkiye, Sayı 35, Eylül – Ekim 2000
Erdoğan Mustafa: Türkiye AB Eşiğindemi?
http://www.liberal-dt.org.tr/guncel/Erdogan/me_AB2.htm

Leggewie Claus & Giesendorf Sabrina: Konditionierte Demokratisierung, in: Gehört die Türkei zu Europa? Helmut König & Manfred Sicking (hg.) Transkript Verlag Bielefeld 2005

Seufert Günter, Kubaseck Christopher, Die Türkei – Politik Geschichte Kultur, München, Beck Verlag, 2004

Steinbach Udo: Die Türkei im 20. Jahrhundert, Bergisch-Gladbach: Lübbe Vgl., 1996

Yılmaz, Mesut: Die Türkei und EU - Die Suche nach einer ehrlichen Partnerschaft, Berliner Wissenschaftsverlag, Berlin 2004

Wedel, Heidi: EU-Beitrittsprozess – Hoffnungsschimmer für die Menschenrechte in der Türkei. In: Deutsches Institut für Menschenrechte et al. (Hrsg.): Menschenrechte 2004, Frankfurt am Main 2003

EU-Regelmäßiger Bericht über die Türkei (1998)
EU-Regelmäßiger Bericht über die Fortschritte der Türkei auf dem Weg zum Beitritt (2003)
EU-Kommissionsbericht 2004, Brüssel
http://www.mfa.gov.tr/MFA_tr/DisPolitika/AnaKonular/Turkiye_AB/trab.htm

Die Kulturelle Debatte im Rahmen der Beziehungen der Europäischen Union zur Türkei

Ludwig Schmahl*

I. Einleitung

Die Türkei hat bereits vor vielen Jahren einen Antrag zwecks Aufnahme als Mitgliedstaat in die Europäische Union gestellt. [1]

Eine ganze Reihe anderer Staaten sind inzwischen Vollmitglied, obwohl diese sich zeitlich weitaus später an die Europäische Union gewandt hatten.

Verzögerungen ergeben sich zunächst aus den Vorgaben für eine Mitgliedsschaft:

- Die sogenannten Kopenhagener Kriterien enthalten Anforderungen an die Kandidaten, welche nachzuweisen sind und sich vor allem auf rechtsstaatliche Regelungen beziehen.

- Ein weiteres Problem ist das Argument der geographischen Lage. Die Türkei gehört nur zu einem geringen Teil zum Kontinent Europa und ist überwiegend Klein Asien zuzurechnen.

- Gravierende Vorbehalte für einen Beitritt ergeben sich aus der kulturellen Debatte: Es werden Bedenken erhoben, die Türkei sei muslimisch geprägt und in ihrer Kultur dem christlich ausgerichteten Europa allzu fern. Die Europäische Union sei eben nicht nur ein Wirtschaftsbündnis, sondern auch eine Wertegemeinschaft christlicher Ausprägung. Durch einen Beitritt der Türkei werde der Anteil der muslimischen Bevölkerung dermaßen steigen, dass eine Verfremdung der europäischen Kultur zu befürchten sei.

Die aufgrund dieser Vorbehalte geführte kulturelle Debatte im Rahmen der Beziehungen der Europäischen Union zur Türkei ist Gegenstand dieses Beitrags. Es soll auch erörtert werden, in wie weit sich diese Debatte in den vergangenen Jahren verändert hat.

---

* Prof. Dr. Ludwig Schmahl , Witelon- Staatliche Fachhochschule in Legnica/ Polen
1 Als die Türkei 1987 einen Antrag auf Vollmitgliedschaft stellte, lehnte die EG/EU diesen Ende 1989 ab, bestätigte aber prinzipiell eine Beitrittsmöglichkeit der Türkei, siehe: Bundeszentrale für politische Bildung: Türkei und EU, Debatte 2004: Cremer und Hippler: Der umstrittene Beitritt: Soll die Türkei Mitglied der Europäischen Union werden? www.bpb.de/themenQE2ZL8,0,Der umstrittene Beitritt.

1. Christlich-muslimische Modellpartnerschaft

In der Rede des amerikanischen Präsidenten Obama am 6. April 2009 im türkischen Parlament [2] hatte dieser nach einem Gespräch mit dem türkischen Präsidenten Abdullah Guel hervorgehoben, die Türkei und die USA könnten eine Modellpartnerschaft zwischen einer christlich und einer muslimisch geprägten Nation aufbauen. Die Beziehungen zwischen beiden Staaten hätten sich zu lange auf Sicherheitsfragen bezogen. Der US-Präsident lobte während seines Türkeibesuches die Zusammenarbeit zwischen den USA und der Türkei. Er sprach sich erneut dafür aus, dass die Türkei EU-Mitglied wird. Die Türkei sei immer ein verantwortlicher Partner in den transatlantischen Beziehungen und für die europäischen Institutionen gewesen. „Europa kann dadurch nur gewinnen", sagte er.

Auch beim EU-USA-Gipfel in Prag hatte der amerikanische Präsident die Teilnehmer zu einer schnellen Aufnahme gedrängt, um ein positives Signal an die islamische Welt zu senden.

Der französische Präsident Nicolas Sarkozy bekräftigte indessen seine Ablehnung einer türkischen EU-Mitgliedschaft. Auch Bundeskanzlerin Angela Merkel äußerte sich zurückhaltend. Über die Aufnahme der Türkei in die Europäische Union ist die Regierungskoalition in Deutschland uneins. Anders als der SPD-Vorsitzende Steinmeier lehnt die Bundeskanzlerin Merkel einen Beitritt des Landes ab. Sie befürwortet stattdessen eine sogenannte privilegierte Partnerschaft. Auf der 60. Frankfurter Buchmesse hat sich Außenminister Steinmeier allerdings erneut für eine Aufnahme der Türkei in die Europäische Union ausgesprochen[3]: Er könne sich schlecht vorstellen, dass Integrationspolitik in Deutschland vollständig sein könne ohne die europäische Integration der Türkei.

EU-Kommissionspräsident Jose Manuel Barroso befürwortete folgerichtig den Vorstoß des amerikanischen Präsidenten, weil dieser den Absichten der Europäischen Union entspreche.[4]

2. Beziehungen der Türkei zur Europäischen Union

Schon 1963 wurde ein Assoziationsabkommen[5] zwischen der Europäischen Wirtschaftsgemeinschaft und der Türkei geschlossen. Darin wird bereits auf eine Beitrittsperspektive Bezug genommen. Im Anschluss auf verschiedene auf dieser Grundlage geschlossener Abkommen der Jahre 1970, 1978 und 1980 wurde im Jahr 1995 eine Zollunion gegründet. Diese ist inzwischen verwirklicht, wenn auch mit fünfzehn Jahren

---

2 Siehe tagesthemen.de/ausland/obamainankara104.html vom 17.04.2009
3 Siehe: www.focuS.de/politik/Deutschland/frankfurter-buchmesse-steinmeier vom 3/31/2009
4 Tagesthemen.de/ausland/obamainankara104.html vom 07.04.2009
5 Assoziationsabkommen EWG-Türkei(1963), Amtsblatt Nr. 217 vom 29.12.1964

Verspätung. Schließlich hat im Dezember 1999 [6] der Europäische Rat in Helsinki der Türkei offiziell den Status eines Beitrittskandidaten verliehen. Dieser Beschluss war Ausdruck der Überzeugung, dass dieses Land die Grundlagen für ein demokratisches System besitzt, auch wenn noch enormer Handlungsbedarf bei der Achtung der Menschenrechte und dem Schutz der Minderheiten bestehe.

Der Beschluss von Helsinki findet eine Fortsetzung in den Schlussfolgerungen des Europäischen Rates von Brüssel vom 16. und 17. Dezember 2004. Darin wurde die Eröffnung der Beitrittsverhandlungen mit der Türkei für den 3. Oktober 2005 festgelegt. [7]

Diese Verhandlungen werden gemäß der von der Kommission in ihrer Empfehlung vom Oktober 2004 vorgeschlagenen Strategie geführt.

3. Entscheidungen der Europäischen Union über Fortschritte im Verfahren über den Betritt der Türkei

In der Mitteilung der Kommission vom 6. Oktober 2004 „Empfehlung der Europäischen Kommission zu den Fortschritten der Türkei auf dem Weg zum Beitritt" [8] stellt die Kommission fest, dass die Türkei nach ihrer Auffassung die politischen Kriterien von Kopenhagen zur Genüge erfülle. Sie empfiehlt daher die Aufnahme der Beitrittsverhandlungen mit diesem Land.

Mit den politischen Reformen sei die Türkei erheblich vorangekommen, vor allem dank der weit reichenden Verfassungs- und Gesetzesaenderungen, die sie in den letzten Jahren im Einklang mit den Prioritäten der Beitrittspartnerschaft bewerkstelligt hat. Dazu gehörten Initiativen zum Erlass eines neuen Strafgesetzbuches, der Beschluss über eine Strafprozessordnung und ein Gesetz über Strafvollzug. Es müssten diese Anstrengungen weiter konsolidiert und ausgebaut werden insbesondere bei der Durchsetzung der Rechtsbestimmungen zum Schutze der Meinungsfreiheit, der Religionsfreiheit, der Frauenrechte, der Normen der internationalen Arbeitsorganisation (IAO) sowie den Gewerkschafts- und Minderheitenrechten.

---

6 "Die Türkei ist ein beitrittswilliges Land, das auf der Grundlage derselben Kriterien, die auch für die übrigen beitrittswilligen Länder gelten, Mitglied der Union werden soll." Siehe Schlussfolgerungen des Vorsitzes des Europäischen Rats von HELSINKI www.eurpar.europa.eu/summits/hell_de.htm

7 Tagung des Rats der Europäischen Union vom 16./17.Dezember 2004, Schlussfolgerungen des Vorsitzes, Nr. 17 ff.,, Dokument Nr. 16238/1/04 REVa

8 KOM(2004)656end. –nicht im Amtsblatt veröffentlicht

Weiter schlug die Kommission vor, die Verhandlungen in enger Anlehnung an eine auf drei Säulen beruhende Strategie zu führen. [9]

- Die erste Säule betrifft die Zusammenarbeit zur verstärkten Unterstützung der Reformprozesse in der Türkei, insbesondere im Hinblick auf eine fortlaufende Erfüllung der politischen Kriterien von Kopenhagen. Dabei kann die Kommission im Falle schwerwiegender und fortgesetzter Verletzung der freiheitlichen und demokratischen Grundsätze, der Achtung der Menschenrechte und Grundfreiheiten sowie der Rechtsstaatlichkeit eine Aussetzung der Verhandlungen empfehlen.

Diese Untersuchungen wurden dadurch erleichtert, dass die EU-Kommission in regelmäßigen Abständen Berichte über die Fortschritte vorlegte, welche einen sachlichen Maßstab für Debatte um einen Beitritt darstellten. [10]

- Bei der zweiten Säule geht es um die spezifische Herangehensweise während der Beitrittsverhandlungen. Sie finden im Rahmen einer Regierungskonferenz statt. Für jedes Verhandlungskapitel legt der Rat die Referenzkriterien für den Abschluss der Verhandlungen fest. Die rechtlichen Verpflichtungen, die sich aus der Übernahme des Besitzstandes ergeben, müssen vor Aufnahme der Verhandlungen über die betreffenden Kapitel erfüllt sein. Der Beitritt der Türkei dürfte mit einschneidenden finanziellen und institutionellen Konsequenzen verbunden sein. Die Verhandlungen könnten daher erst dann abgeschlossen werden, wenn die finanzielle Vorausschau für die Zeit nach 2014 festgelegt sei.

Zwar wurden im Fortschrittsbericht 2006 Mängel bei der Abschaffung der Folter, dem Versuch, Kontrolle über die Armee zu gewinnen, und der Chance auf freie Meinungsäußerung aufgeführt.[11] Durch Beschluss der türkischen Regierung vom 10. Januar 2007 wurde daraufhin beschlossen, für die Türkei einen eigenen, von der EU unabhängigen, Reformplan zur Erfüllung der Beitrittskriterien zu erstellen. Laut diesem Plan soll das Kapitel „Justiz und Grundrecht" und das Kapitel „Justiz, Freiheit und Sicherheit" bis Oktober 2009 abgeschlossen sein, alle anderen Kapitel bis 2013.[12]

Somit könnte der vorgegebene Zeitplan bis 2014 erfüllt werden.

---

9 Siehe: Europa, Tätigkeitsbereiche der Europäischen Union, Zusammenfassungen der Gesetzgebung, Türkei, http://europa.eu/scadplus/leg/de/lvb/e50015.htm
10 Berichte der Kommission: [KOM(98) 711end.]; [KOM91999)513 endg.];
[KOM(2000)713endg.];[KOM(2001)700end.SEK(2001)1756];
[KOM(2002)700endg.SEK(2002)1412]; [KOM(2003)676endg.SEK(2003)1212];
[KOM(2004)656endg.SEK(2004)1201]; [KOM(2005)561endg.SEK(2005)1426];
[KOM(2005)649endg.SEK(2005)1390]
11 Siehe: Frankfurter Allgemeine Zeitung: Beitrittsverhandlungen: EU sagt Treffen mit Türkei und Zypern ab, 2. November 2006
12 Wikipedia: Verhandlungen der Türkei mit der Europäischen Union, Seite 4 (de.wikipedia.org/Wiki/Beitrittsverhandlungen_der_T)

- Die dritte Säule sieht einen wesentlich verstärkten politischen und kulturellen Dialog zwischen den Völkern der Mitgliedstaaten der Union und der Türkei vor. In diesem Dialog soll es um kulturelle und religiöse Unterschiede, um Migrationsfragen, Probleme im Zusammenhang mit den Minderheitenrechten und um Terrorismus gehen. Die wichtigste Rolle müsste dabei die Zivilgesellschaft spielen.

II. Der interkulturelle Dialog

Aufgrund der Unterschiedlichkeit der Kulturen zwischen den Mitgliedstaaten der Europäischen Union und der Türkei wurde von der Kommission ein Dialog gefordert. In einem solchen Dialog müssen sich muslimische und christliche Traditionen und Werte begegnen:

Dabei ist zu bedenken, dass über neunzig Prozent der im In- und Ausland lebenden insgesamt 75 Millionen Türken Muslime sind.[13] Aufgrund der damit verbundenen großen kulturellen Unterschiede ist auch der Forderung nach Integration von Migranten im Bereich der Europäischen Union ein hoher Stellenwert einzuräumen. In Deutschland hat es deshalb eine große Anzahl von Programmen betreffend die Eingliederung von zugewandwerten Arbeitskräften und Flüchtlingen gegeben, welche aus den verschiedensten Ländern unterschiedlicher kultureller Prägung stammen.[14]

1. Der Begriff der Kultur

Kultur ist im weitesten Sinne alles, was der Mensch selbst gestaltend hervorbringt, im Unterschied zu der von ihm nicht geschaffenen und nicht veränderten Natur. [15]Er ist im deutschen Sprachraum seit Ende des 17. Jahrhunderts belegt und bezeichnet sowohl die Bodenbewirtschaftung als auch die „Pflege der geistigen Güter". Es hat sich dabei ein Gegensatz zwischen „Kultur" und „Zivilisation" entwickelt. Immanuel Kant [16] weist die Zivilisation den technischen und praktischen Errungenschaften zu, während er die Moralität der Kultur zuordnet. Wilhelm von Humboldt schließt sich dieser Auffassung an,

---

13 Siehe: Eurasisches Magazin, Ali Ayata: Kann die EU das osmanische Erbe Europas wirklich nicht verkraften?, Ausgabe02-08 (eurasischesmagazin.de/Artikel/?artikelID=20080211)
14 Siehe: Ludwig Schmahl, Integration von Migranten –Intentionen, Programme, Perspektiven, Berichte der FH Bund, 2007, Nr. 34
15 Der Große Duden, Etymologie, Dudenverlag, Mannheim 1963, Artikel Kultur
16 Immanuel Kant: Idee zu einer allgemeinen Geschichte in weltbürgerlicher Absicht 1784, Akademieausgabe, Band 8, Seite 26

indem er Bildung und Entwicklung der Persönlichkeit als Momente der Kultur bezeichnet.[17]

Herausragende europäische Kulturgüter sind zum Beispiel die Errungenschaften der Malkunst sowie der Orchester- und Orgelmusik. Islamische Traditionen bringen vor allem Werke der Teppichknüpf- und der Goldschmiedekunst hervor.

Der Begriff der „Kulturnation" entstand im 19. Jahrhundert als Ausdruck [18]eines weniger durch die Politik als durch Kulturmerkmale vorhandenen Nationalverständnisses. Der Historiker Friedrich Meinecke sah in den kulturellen Gemeinsamkeiten den „Kulturbesitz", den er vor allem den religiösen Gemeinsamkeiten zuordnete.

2. Notwendigkeit des interkulturellen Dialogs

Alle europäischen Staaten weisen kulturelle Merkmale eines christlichen Selbstverständnisses auf, die allerdings auch Unterschiede hervorgebracht haben. Diese mögen sich durch die Ideen der Aufklärung und dem Gedankengut der französischen Revolution von 1794 verändert haben, sind aber heute noch vorwiegend vorhanden.

Die Begegnung mit der muslimischen Kulturwelt erscheint daher vielen Europäern mit christlichem Kulturgut fremd und unverständlich. Aus diesem Spannungsfeld ergeben sich die vorhandenen Vorbehalte gegenüber der muslimischen Kultur und damit auch zum Beitritt der Türkei als fortschrittliches, aber auch muslimisches Land. Es entstehen Ängste und Vorurteile, welche sich zu Initiativen gegen einen Beitritt zur Europäischen Union entwickeln.

Die Bürgerbewegung „pro Hessen" zum Beispiel unterstützt die Petition der Bürgerbewegung „pro Deutschland" gegen einen Beitritt der Türkei zur Europäischen Union. Sie ruft zur konkreten Stimmabgabe auf. [19]

Eine Umfrage der von der deutschen Bundesregung im Jahr 2009 veröffentlichten Shell-Studie bei Staatsbürgern im jugendlichen Alter ergab, dass der weitaus größte Teil der

---

17 Wilhelm von Humboldt, Über die Verschiedenheit des menschlichen Sprachbaues und ihren Einfluss auf die geistige Entwicklung des Menschengeschlechts, 1830-1835, Gesammelte Werke 7, Seite 30
18 Siehe: Wikipedia, Abschnitt KulturBegriffsgeschichte, Kulturnation und Staatsnation, Seite 4 (de.wikipedia.org/wiki/Kultur)
19 Artikel: NEIN zur Aufnahme der Türkei in die EU!; mit Aufforderung zur Stimmabgabe; www.prohessen.de/index.php?page=79

Befragten (61%) einen Beitritt der Türkei zur Europäischen Union ablehnten. [20]Die dafür bestehenden Gründe wurden allerdings nicht angeführt.

Die Ergebnisse belegen aber die bestehenden Vorbehalte, die von den Politikern der Mitgliedstaaten nicht ohne Reaktion hingenommen werden können.

3. Unterschiedlichkeit der christlichen und der muslimischen Kultur

Dialog bedeutet nicht, dass die der Religion zugewiesenen kulturelle Werte verändert werden. Vielmehr gilt es, die Ausprägungen und Gründe für die Kulturen anderer Länder kennen und gegebenenfalls akzeptieren zu lernen.

Die vermehrte Zuwanderung von ausländischen Arbeitskräften nach Deutschland seit den fünfziger Jahren aus Italien, Portugal und Spanien ergaben keine bedeutenden Probleme bei der Integration der Zugezogenen; der Grund lag in den annähernd gleichgelagerten Kulturen, welche der christlichen Tradition entsprechen.

Die Unterschiede zwischen der muslimischen und der christlichen Kultur sind in der Tat demgegenüber bedeutend, vor allem im Hinblick auf gesellschaftliche Werte und Verhaltensregeln, aber auch bezogen auf die Verhaltensweisen im religiösen Bereich.

Während die christliche Tradition zur jüdischen Religion eine ganze Reihe von gemeinsamen Glaubenswahrheiten aufzuweisen hat, ist die dritte monotheistische Religion, der Islam, nur selten mit den Dogmen des Christentums verknüpft. Der als Gott im Christentum angebetete Jesus Christus (der Gesalbte) ist im Islam als Prophet anerkannt. Es wird sogar die Jungfrauengeburt seiner Mutter Maria im Koran für authentisch gehalten. Die Mutter Jesu ist in der 19. Sure weitaus ausführlicher erwähnt als in den Texten der Bibel. Dennoch verbleiben viele trennende religiöse Wahrheiten und Übungen, von denen einige beispielhaft erwähnt werden:

Die religiösen Feste sind grundverschieden. Sie bewirken eine kaum aufzuhebende Trennung der religiösen Praktiken. Das Essen von Schweinefleisch ist im Islam untersagt, ebenso das Trinken von Alkohol. Auch die Beschneidung der Männer und die Intimrasur werden weitgehend als fremd empfunden, obwohl Gründe der Gesundheit und Hygiene dafür sprechen. Die Familienbindungen sind im Islam weitaus stärker. Es deutet sich hier allerdings eine Angleichung an westliche Verhältnisse an.

Entscheidend ist für einen interkulturellen Dialog, dass die Werte der christlichen und muslimischen Welt erfahren werden. „Eine wertelose Gesellschaft ist wertlos!" so

---

20 Rubrik: Die Bundesregierung: Wir bauen Zukunft, entnommen: Statista 2009, das statistische Portal; (siehe: de.statista.com/statistik/diagramm/studie/86277/umfrage/aufnahme-der Türkei-in-die-EU)

beschreibt es der Kölner Weihbischof Dr. Heiner Koch in einem Referat am 15. Februar 2008[21]. Werte machen die menschliche Existenz erst lebenswert.

Dabei ist für die Kultur Europas aber festzustellen, dass die Bevölkerungen einem Wertewandel unterliegen[22]. In der Wissenschaft werden die Begriffe „Werteverfall" oder „Werteverlust" geprägt, die auch als fortschreitende „Individualisierung" bezeichnet werden.[23]

Dennoch müssen diese kulturellen Ausprägungen erkannt werden. Sie können auch ungehindert gelebt werden, soweit es keine Einschränkungen aus den freiheitlichen Verfassungen der Staaten und der Charta der Europäischen Union gibt. [24]Nur mit einer solchen Kenntnis ist es denkbar, Vorbehalte gegenüber fremden Kulturen abzubauen, möglicherweise ganz zu beseitigen.

Wesentlicher Aspekt eines Dialogs ist die Übung und Pflege der Toleranz. Ohne eine solche ist ein gemeinsames Zusammenleben nicht ohne Probleme möglich. In einer wahrhaft humanen Gesellschaft mit ihren verschiedenen Weltanschauungen, angefangen vom Christentum bis zum Islam, zum Relativismus und zum Atheismus, gibt es keinen anderen Weg, gemeinsame, verbindliche Werte zu finden als den des intellektuellen Diskurses, in dem der einzelne seine wertorientierte Prägung in einen Dialog einbringt. Die für wahr gehaltenen Überlieferungen müssen der vernünftigen Erkenntnis und dem entsprechenden Dialog offen stehen, wie auch von christlich-katholischer Seite Papst Benedikt XVI. ausdrücklich hervorgehoben hat.[25]

III. Das Europäische Jahr des interkulturellen Dialogs (2008)

Durch die Entscheidung Nr. 1983 des Europäischen Parlaments und des Rates vom 18. Dezember 2006 [26]wurde das Jahr des interkulturellen Dialogs in der Europäischen Union ausgerufen. Bereits nach dem Wortlaut des Vertrages zur Gründung der Europäischen

---

21 Weihbischof Dr. Heiner Koch: Was unsere Gesellschaft zusammenhält – Wertebildung als gesellschaftliche Innovation, Referat bei der Tagung „eine wertelose Gesellschaft ist wertlos" am 15. Februar 2008, Herausgegeben von der Pressestelle des Erzbistums Köln, PEK
22 Siehe Frank Dulisch/Ludwig Schmahl: Wertewandel und Wertevermittlung, 1996, Schriftenreihe der Fachhochschule des Bundes, Band 26
23 Siehe: Jan W. von Deth: Wertewandel im internationalen Vergleich, ein deutscher Sonderweg? Bundeszentrale für politische Bildung, Aus Politik und Zeitgeschichte (www.bpb.de/publikationen/GK8J4X,),Wertewandel)
24 Anmerkung: Im deutschen Grundgesetz wird die Freiheit des Glaubens, des Gewissens und die Freiheit des religiösen und weltanschaulichen Bekenntnisses in Artikel 4 Absatz 1 als unverletzlich geschützt. Werte dürfen danach ungehindert gelebt werden: siehe Dieter Hesselberger, Das Grundgesetz, Bonn 2003, Anmerkungen 2 folgende
25 Ratzinger, Joseph, Werte in Zeiten des Umbruchs, Freiburg/Breisgau, 2005, Seite 41
26 Amtsblatt der Europäischen Union vom 30.12.2006, L 412/44

Gemeinschaft hat dieser Zusammenschluss die Aufgabe, eine immer engere Union der europäischen Voelker zu verwirklichen sowie einen Beitrag zur Entfaltung der Kulturen der Mitgliedstaaten unter Wahrung ihrer nationalen und regionalen Vielfalt sowie gleichzeitiger Hervorhebung des gemeinsamen kulturellen Erbes zu leisten.

Als Kern der europäischen Integration sei es wichtig, die Mittel für den interkulturellen Dialog zwischen den Bürgern zu schaffen, um die Achtung der kulturellen Vielfalt zu stärken und mit der komplexen Realität in unseren Gesellschaften sowie mit der Koexistenz verschiedener kultureller Identitäten und Überzeugungen umzugehen. [27]

Der Dialog trägt nach dem Wortlaut der Entscheidung des Parlaments und des Rates zur Umsetzung einer Reihe von strategischen Prioritäten der Europäischen Union bei:

1. Er respektiert und fördert die kulturelle Vielfalt in Europa, verbessert das Zusammenleben und fördert einen aktiven und weltoffenen Bürgersinn, der auf den gemeinsamen Werten in der Europäischen Union beruht.

2. Er trägt zur Gewährleistung von Chancengleichheit und Nichtdiskriminierung innerhalb der Union bei.

3. Er dient dem Engagement der Europäischen Union für Solidarität, soziale Gerechtigkeit, der Entwicklung einer sozialen Marktwirtschaft, Zusammenarbeit und verstärkten Zusammenhalt unter Achtung ihrer gemeinsamen Werte.

4. Die initiierten Aktionen des interkulturellen Dialogs sollten unter anderem das gegenseitige Interesse am Austausch von Erfahrungen und Werten von Drittländern widerspiegeln und der gegenseitigen Kenntnis und Achtung sowie dem gegenseitigen Verständnis der jeweiligen Kulturen förderlich sein.

Hauptziel des Jahres des interkulturellen Dialogs war die Förderung

- eines gegenseitigen Verständnisse und ein besseres Zusammenleben,

- eine Ergründung des Nutzens kultureller Vielfalt,

- die Entwicklung einer aktiven europäischen Bürgerschaft und eines europäischen Zusammengehörigkeitsgefühls.

Im Jahr des interkulturellen Dialogs war zunächst eine große Anzahl von Veranstaltungen und Aktionen zu verzeichnen.

---

27 Siehe Erwägungsgründe Nr. 4

Die Abschlusskonferenz des Europäischen Jahres des interkulturellen Dialogs 2008 hat neue Perspektiven des Dialogs in Europa bewirkt: Auf der Tagung in Paris am 17. November 2008 mit dem Titel „Neue Perspektiven des interkulturellen Dialogs in Europa" wurde hervorgehoben, dass politische Entscheidungsträger, an der Basis tätige Organisationen und die Zivilgesellschaft in ganz Europa mobilisiert worden seien. Während des Jahres 2008 fanden 524 Veranstaltungen auf nationaler Ebene statt. 406 Projekte wurden durchgeführt. Die Mitgliedstaaten benannten 91 nationale „Botschafter des interkulturellen Dialogs".[28]

Der Finanzrahmen belief sich auf insgesamt 10 Millionen Euro. Ein Gesamtbetrag von 3 Millionen Euro war für die Kofinanzierung von Aktionen auf Gemeinschaftsebene vorgesehen.[29] Dazu gehörte eine Auftakt- und eine Abschlussveranstaltung der Gemeinschaft, für welche 600.000 Euro veranschlagt wurden.

Auf der Abschlusskonferenz wurde schließlich erörtert, wie die Erfahrungen des Jahres 2008 im Rahmen der Strategien der Europäischen Union, der Regierungen ihrer Mitgliedstaaten sowie langfristig auch kommunaler und regionaler Gebietskörperschaften weiter gefördert werden sollten.

Das Ergebnis lautete:

Die erzielten Fortschritte gilt es zu erhalten und fortzuführen.

Nach Artikel 14 der Entscheidung Nr. 1983/2006/EG unterbreitet die Kommission dem Europäischen Parlament, dem Rat, dem Europäischen Wirtschafts- und Sozialausschuss und dem Ausschuss der Regionen einen Bericht über die Durchführung, die Ergebnisse und die Gesamtbewertung der getroffenen Maßnahmen, welche als Grundlage für künftige politische Konzepte, Maßnahmen und Aktionen der Europäischen Union in diesem Bereich dienen soll.

IV. Die gemeinsamen Werte der Europäischen Union

Im Erwägungsgrund Nr. 10 der zitierten Entscheidung wird auf die gemeinsamen Werte der Europäischen Union ausdrücklich Bezug genommen: Diese ergeben sich aus Artikel 6 des Vertrages über die Europäische Union: Danach beruht die Union auf den Grundsätzen der Freiheit,

---

[28] Siehe: European Year of intercultural Dialogue, an iniative of the European Union, Abschlusskonferenz des Europäischen Jahres des interkulturellen Dialogs 2008: Neue Perspektiven des interkulturellen Dialogs in Europa (www.dialogue2008.eu)

[29] Siehe: Beschränkte Aufforderung zur Einreichung von Vorschlägen –GD ESC/08/07, Europäisches Jahr des interkulturellen Dialogs (2008) Amtsblatt der Europäischen Union vom 11.4.2007, (C 78/21)

der Menschenrechte und Grundfreiheiten sowie der Rechtsstaatlichkeit. Weiterhin achtet die Union die Grundrechte, wie sie in der Europäischen Konvention zum Schutze der Menschenrechte und Grundfreiheiten vom 4. November 1950 gewährleistet sind und wie sie sich aus den gemeinsamen Verfassungstraditionen der Mitgliedstaaten als allgemeine Grundsätze des Gemeinschaftsrechts ergeben.

Diese Werte bilden den Rahmen der Freiheitsrechte aller Bürger der Mitgliedstaaten der Europäischen Union. Die Vielfalt der Kulturen und deren Ausprägungen finden hier ihre Grenze. Insoweit sind sie im Rahmen des Dialogs über die vielfältigen Kulturen in Europa zu berücksichtigen

V. Ergebnisse und Thesen

Die kulturelle Debatte zwischen der Europäischen Union und der Türkei hat sich in den letzten Jahren entscheidend verändert. Damit ist die Türkei einer Mitgliedschaft in der Europäischen Union nähergekommen. Es sind dabei folgende Unterscheidungen zu treffen:

- Nach den Feststellungen der Kommission vom Jahr 2004 hat die Türkei die politischen Kriterien von Kopenhagen voll und ganz erfüllt. Nun gilt es, die weit reichenden Verfassungs- und Gesetzesergänzungen, die im Einklag mit den Prioritäten der Beitrittspartnerschaft stehen, in die geltenden Gesetze einzufügen. Sowohl die Gesetzgebung als auch die Umsetzung müsse nach Auffassung der Kommission weiter konsolidiert werden. Die Beitrittsverhandlungen werden fortgeführt und sollen 2013 abgeschlossen sein.

- Der kulturelle Dialog kann nicht bedeuten, dass die in der Türkei bestehenden Werte des Islam aufgegeben werden müssen. Soweit sie denen der Europäischen Union entsprechen, können diese weiterhin als entscheidende Lebensorientierung wie bei anderen Religionen beibehalten werden.

- Europas kulturelle Vielfalt nimmt zu. Die Erweiterung der Europäischen Union, die Liberalisierung der Arbeitsmärkte und die Globalisierung haben in vielen Ländern zu einem Mehr an Kulturen, eine höhere Zahl an Sprachen und Glaubensbekenntnissen geführt. Aus diesem Grund spielt der interkulturelle Dialog eine immer wichtigere Rolle in der Förderung der europäischen Identität und Staatsbürgerschaft.

Die Initiative der Europäischen Union hat mit dem Jahr des interkulturellen Dialogs 2008 in den Bevölkerungen Europas das Kennenlernen anderer Kulturen und deren Akzeptanz im Rahmen einer vorgegebenen Toleranz entscheidend gefördert.

Das Jahr 2008 bewirkte eine Würdigung des einzigartigen Vorteils, dass Europa eine Vielzahl unterschiedlicher Kulturen aufweist, die erkannt und bewahrt werden müssen. Die Identität Europas liegt auch in diesem Reichtum begründet.[30]

Die kulturellen Identitäten sind daher nicht an andere anzugleichen oder aufzulösen. Es gilt für die Bevölkerungen, diese kennen- und schätzen zu lernen, ohne die eigenen aufzugeben[31].

Literaturverzeichnis

Ali Ayata: Kann die EU das osmanische Erbe Europas wirklich nicht verkraften? Ausgabe 02-08 (eurasischesmagazin.de/Artikel/?artikelID=20080211)

Assoziationsabkommen EWG-Türkei(1963), Amtsblatt Nr. 217 vom 29.12.1964

Amtsblatt der Europäischen Union vom 30.12.2006, L 412/44

Berichte der Kommission:

[KOM(98) 711end.]; [KOM91999)513 endg.];
[KOM(2000)713endg].;[KOM(2001)700end.SEK(2001)1756];
[KOM(2002)700endg.SEK(2002)1412]; [KOM(2003)676endg.SEK(2003)1212];
[KOM(2004)656endg.SEK(2004)1201]; [KOM(2005)561endg.SEK(2005)1426];
[KOM(2005)649endg.SEK(2005)1390]

Cremer und Hippler: Der umstrittene Beitritt: Soll die Türkei Mitglied der Europäischen Union werden? www.bpb.de/themenQE2ZL8,0,Der umstrittene Beitritt.

Beschränkte Aufforderung zur Einreichung von Vorschlägen –GD ESC/08/07, Europäisches Jahr des interkulturellen Dialogs (2008) Amtsblatt der Europäischen Union vom 11.4.2007, (C 78/21)

Der Große Duden, Etymologie, Dudenverlag, Mannheim 1963, Artikel Kultur

---

30 Entschließung des European Cultural Parliament: Sibiu declaration of Intercultural Dialogue and Communicating the European Idea, 6th session of the parliament, October 2007, Sibiu, Rumania
31 Der Verfasser wurde in einer Podiumsdiskussion in der Türk Show, dem ersten deutschtürkischen Fernsehsender im Oktober von einer Zuschauerin gefragt, die gebürtige Türkin war und die deutsche Staatsangehörigkeit hatte: "Bin ich nun Türkin oder Deutsche?' die Antwort des Verfassers: Sie sind Deutsche mit einem türkisch- kulturellen Hintergrund. Und das kann für uns nur eine Bereicherung sein!"

Immanuel Kant: Idee zu einer allgemeinen Geschichte in weltbürgerlicher Absicht 1784, Akademieausgabe, Band8, Seite 26

Dieter Hesselberger, Kommentar: Das Grundgesetz, Bonn 2003.

Entschliessung des European Cultural Parliament: Sibiu declaration of Intercultural Dialogue and Communicating the European Idea, 6th session of the parliament, October 2007, Sibiu, Rumania

European Year of intercultural Dialogue, an iniative of the European Union, Abschlusskonferenz des Europäischen Jahres des interkulturellen Dialogs 2008: Neue Perspektiven des interkulturellen Dialogs in Europa (www.dialogue2008.eu)

Frankfurter Allgemeine Zeitung: Beitrittsverhandlungen: EU sagt Treffen mit Türkei und Zypern ab, 2. November 2006

Jan W. von Deth: Wertewandel im internationalen Vergleich, ein deutscher Sonderweg? Bundeszentral für politische Bildung, Aus Politik und Zeitgeschichte (www.bpb.de/ publikationen/GK8J4X,),Wertewandel)

Ludwig Schmahl, Integration von Migranten –Intentionen, Programme, Perspektiven-, Berichte der FH Bund, 2007, Nr. 34

NEIN zur Aufnahme der Türkei in die EU!, mit Aufforderung zur Stimmabgabe; www.prohessen.de/index.php?page=79

Ratzinger, Joseph, Werte in Zeiten des Umbruchs, Freiburg/Breisgau, 2005, Seite 41

Rubrik: Die Bundesregierung: Wir bauen Zukunft, entnommen: Statista 2009, das statistische Portal; (siehe: de.statista.com/statistik/diagramm/studie/86277/umfrage/ aufnahme-der Türkei-in-die-EU)

Tagung des Rats der Europäischen Union vom 16./17.Dezember 2004, Schlussfolgerungen des Vorsitzes, Nr. 17 ff.,, Dokument Nr. 16238/1/04 REVa

Verhandlungen der Türkei mit der Europäischen Union, Seite 4 (de.wikipedia.org/Wiki/ Beitrittsverhandlungen_der_T)

Wilhelm von Humboldt, über die Verschiedenheit des menschlichen Sprachbaues und ihren Einfluss auf die geistige Entwicklung des Menschengeschlechts, 1830-1835, Gesammelte Werke 7, Seite 30

Wikipedia, Abschnitt Kultur, Begriffsgeschichte, Kulturnation und Staatsnation, Seite 4 (de.wikipedia.org/wiki/Kultur)

Weihbischof Dr. Heiner Koch: Was unsere Gesellschaft zusammenhält – Wertebildung als gesellschaftliche Innovation, Referat bei der Tagung „eine wertelose Gesellschaft ist wertlos" am 15. Februar 2008, herausgegeben von der Pressestelle des Erzbistums Köln, PEK

Frank Dulisch/Ludwig Schmahl: Wertewandel und Wertevermittlung, 1996, Schriftenreihe der Fachhochschule des Bundes, Band 26

www.tagesthemen.de/ausland/obamainankara104.html

www.focus.de/politik/Deutschland/frankfurter-buchmesse-steinmeier

www.tagesthemen.de/ausland/obamainankara104.html

www.eurpar.europa.eu/summits/hel1_de.htm

http://europa.eu/scadplus/leg/de/lvb/e50015.htm

Die Türkei und die europäische Identität

Ludwig Schmahl*

1. Einleitung

In den europäischen Integrationsprozess sind seit dem Jahr 1951 inzwischen siebenundzwanzig Mitgliedstaaten Europas eingebunden. Durch den immer umfangreicheren Bestand europäischer Staaten und der Verstärkung der wirtschaftlichen, rechtlichen und politischen Zusammenarbeit wird die Frage diskutiert, was Europa und die Europäische Union an Inhalten und Werten bestimme.[1]

Zwar sind diese Mitgliedstaaten nur ein Teil der siebenundvierzig des Europarates. Aber nirgendwo kann ein höherer Grad an Integration festgestellt werden als in der Europäischen Union. Es wird sogar der Begriff der „Vereinigten Staaten von Europa" als Zielrichtung in die Diskussion um Europa eingebracht.

Seit etwas vierzig Jahren ist die Frage der europäischen Identität aus dem Debatten um Europa nicht mehr wegzudenken. Auf dem Europäischen Gipfel in Kopenhagen im Jahr 1973[2] sprachen die Staats- und Regierungschefs der Europäischen Wirtschaftsgemeinschaft erstmals in einem offiziellen Dokument von einer europäischen Identität. Infolge der Öffnung der osteuropäischen Länder seit 1989 und der Erweiterungsrunde der Europäischen Union hat sich die Frage nach der europäischen Identität weiter als aktuell entwickelt.

Besonders die Aufnahme von Beitrittsverhandlungen der Europäischen Union mit der Türkei hat europaweit die Debatten um eine europäische Wertegemeinschaft angeheizt. Die Beiträge in der Literatur sind daher zahlreich und vielfältig.[3] Von der Frage:"Europa – aber wo liegt es?" bis zum Entwurf einer „Charta der europäischen Identität"[4] entwickelte sich eine breite Palette der Meinungen und Ansichten.

** Prof. Dr. Ludwig Schmahl , Witelon- Staatliche Fachhochschule in Legnica/ Polen
1 Die Literatur zur Identität Europas ist immens, vergl. Christof Mandry: Auf der Suche nach Identität. Europa-eine christliche Wertegemeinschaft? www.uni-erfurt.de/mobilisierung_ religion/ index.htm; Weidenfeld, Werner: Europa – aber wo liegt es? In: Weidenfeld: Die Identität Europas, Bonn 1985, S.13-42; Heinrichsmeyer, Wilhelm u.a. (Herausgeber) Auf der Suche nach europäischer Identität, Bonn 1995.
2 Dokument über die europäische Identität, in Bulletin der Europäischen Gemeinschaften, Dezember 1973, Nr.12, S. 131 – 134.
3 Siehe weiterhin: Demokratiezentrum Wien: Was ist Europa? Auf der Suche nach einer europäischen Identität: www.demokratiezentrum.org/f25f9a5251eb24f514696a9deac899
4 Beschlossen in Lübeck am 28. Oktober 1995 vom 41. Ordentlichen Kongress der Europa-Union Deutschland

Schon im Jahr 2002 hatte der Präsident des Verfassungskonvents Valerie Giscard D'Estaing über die Türkei gesagt, sie habe „eine andere Lebensweise".[5]

Die Anschläge vom 11. September haben die Debatte über Europa und den Islam erneut angeregt. In diesem Zusammenhang ist die Frage aufgeworfen, ob Europa im Unterschied zur Türkei eine christliche Wertegemeinschaft sei.

Mit diesem Beitrag soll die Frage untersucht werden, ob die Türkei die Kriterien einer europäischen Identität erfüllt. Dabei ist allerdings bereits die Frage offen und anfangs zu erörtern, ob und wie eine europäische Identität überhaupt angenommen werden kann.

Nach Innen betrachtet besitzt Europa keine Identität[6]: Es gibt eine ganze Anzahl von Nationalstaaten mit unterschiedlichen Sprachen und Kulturen, die sich auf dem Kontinent mit dem Namen Europa befinden. Jeder Däne oder Pole definiert sich zunächst aus der Blickrichtung seines eigenen Staatswesens, als Bürger von Dänemark oder Polen mit eigener Sprache, Gesetzen und Traditionen.

Von Außen betrachtet erreicht Europa eine Blickrichtung, welche den Anschein einer Identität vermittelt: Dieser bezieht sich auf die Europäische Union. Sie hat in weitem Masse einen einheitlichen Wirtschaftsraum geschaffen, oft ohne Binnengrenzen mit einer spezifischen Währung, europäischer Rechtssetzung und Kontrolle, einer eigenen Hymne und Flagge sowie einer in den Verträgen erwähnten Unionsbürgerschaft.

Der Blick von außen vermittelt einen Raum des Friedens und des Wohlstandes. Über sechzig Jahre gab es in diesem Raum keine kriegerische Auseinandersetzung. Das ist geschichtlich ein einmaliger Vorgang, der die Frage aufkommen lässt, ob dieser Zusammenschluss eine eigene Identität besitze.

Dabei kann der Begriff „Europäische Identität" nicht pauschal bestimmt werden. Er unterliegt verschiedenen Sichtweisen. Diese beziehen sich räumlich auf den gesamten Kontinent, wobei er sich wegen des hohen Grades der Integration auf den Bereich der Europäischen Union eingrenzen lässt. Weiterhin kann sich Identität auch auf die unterschiedlichsten Kriterien beziehen wie auf politische, wirtschaftliche, kulturelle oder religiöse. Außerdem ist es angebracht, auf die bisherigen Dokumente im Bereich der Europäischen Union zu Fragen der Identität einzugehen.

---

5 Demokratiezentrum Wien: Europäische Identität, a.a.O.
6 Wolfgang Schmale: Geschichte der europäischen Identität, Aus Politik und Zeitgeschichte, Nr.1 2008 (Beilage Das Parlament, Deutscher Bundestag)

2. Kriterien einer Identität

Die Suche nach einer Identität wird bestimmt durch eine Suche nach der Ähnlichkeit einer Gemeinschaft. Der Behauptung einer Vergleichbarkeit der Mitglieder im Innern entspricht jener eines davon abweichenden Andersseins einer davon zu unterscheidenden Menschengruppe. Ausschlaggebend ist die Vergewisserung darüber, was einer sozialen Gruppe so wichtig ist, dass sie es für ihren Zusammenhalt für entscheidend hält.[7] Ausnahmsweise kann aber auch eine Vielfalt von Kriterien zu einer Identität zusammengefasst werden.

Unterscheidungskriterien ergeben sich aus historischen, politischen, kulturellen und religiösen Gemeinsamkeiten.

- **Europa seit dem 15. Jahrhundert: Die historische Sichtweise**

In dieser Zeit entstand für die Europäische Raum die Bezeichnung: „Heiliges Römisches Reich Deutscher Nation", welches bis zum Jahr 1806 in unterschiedlichsten Varianten Bestand hatte. Es galt, die Tradition des antiken römischen Reichs fortzusetzen und die Herrschaften durch Gottes heiligen Willen zu legitimieren.

Im Mittelalter hatte Europa als geographische Bezeichnung existiert. Durch die Entdeckung Amerikas Ende des 15. Jahrhunderts eröffnete sich eine andere Weltsicht. Neben Afrika und Asien kam Amerika als neuer Kontinent hinzu. Es wurde eine neue Bewertung Europas erforderlich, wobei sich die Europäer auf ihre Überlegenheit im Weltensystem besannen.

Durch das Vordringen der Osmanen –Symbol war der Fall Konstantinopels 1453- verstand sich Europa als christliches Territorium, als Gemeinschaft christlicher Staaten, welche durch Heiraten der Herrscherdynastien verbunden und gefestigt wurde.[8]

- **Aufklärung**

Es folgt eine davon abweichende Identität durch die Europäische Kultur der Aufklärung. Die Strukturveränderungen in der folgenden Zeit durch die Entstehung philosophischer Ideen von Herder und Immanuel Kant bis zu Voltaire, die französische Revolution, die Forderung nach Freiheitsrechten durch ein etabliertes Bürgertum schafften einen neuen Identitätsbegriff. Errungenschaften der Ausprägung der europäischen Kultur war nunmehr das große Spektrum der Kunst, Wissenschaft, Gelehrsamkeit, die Expansion in überseeische Gebiete, der natürliche Reichtum, das freiheitliche politische System, welches nach der Beteiligung des Bürgertums an der Staatsmacht verlangte.

---

7 Christof Mandry: Auf der Suche nach Identität, a.a.O. S. 3
8 Wolfgang Schmale: Eckpunkte einer Geschichte Europäischer Identität, in: Julian Nida-Ruemelin / Werner Weidenfeld (Herausgeber) Europäische Identität: Voraussetzungen und Strategien, Baden-Baden 2007

- **Europabewegungen des 20. Jahrhunderts**

Nach dem ersten Weltkrieg in Europa mit seinen verheerenden Folgen wird immer wieder der Ruf nach einer europäischen Einigung erhoben durch eine ganze Anzahl von Europabewegungen. Sie wurden getragen von der Sorge um den Bestand Europas für die Zukunft. Ihren Rückhalt fanden sie in der Literatur und den verschiedenen Europabewegungen und –interessengruppen. In der Zeit zwischen den beiden Weltkriegen wurden verstärkt Menschen in eine Identitätsdebatte einbezogen, die dann letztlich von den Widerstandsgruppen des 2. Weltkrieges und die aufkommenden Föderalisten fortgesetzt wurde.[9]

3. Identitätsentwicklung nach dem zweiten Weltkrieg

Im Anschluss an die Ideen des Widerstandes im Weltkrieg konnten neue soziale Schichten in Politik, Wirtschaft, Kultur und den Kirchen für das Ziel einer europäischen Einigung gewonnen werden. Der erste Schritt für eine Zusammenarbeit der europäischen Staaten wurde durch die Gründung des Europarats 1949 getan. Er schuf das Identitätssymbol der Europaflagge mit den zwölf goldenen Sternen auf blauem Grund. Es symbolisiert Einheit und Harmonie für Europa. Inzwischen gehören dieser internationalen, auf den Kontinent Europa bezogenen Verbindung 47 Staaten an. Die Türkei ist dem Europarat am 9. August 1949 als 13. Mitgliedsstaat beigetreten.

Durch die Initiativen großer europäischer Politiker wie zum Beispiel Robert Schumann, Jean Monnet, Konrad Adenauer und de Gaulle wird ein Prozess der Integration europäischer Staaten mit der Abgabe von Kompetenzen an eine übergeordnete Einrichtung begonnen, der in der Geschichte Europas einmalig ist. Die Entwicklung schreitet von der Gründung der Montanunion 1951 über die der Europäischen Wirtschaftsgemeinschaft und der Europäischen Atomgemeinschaft und der Europäischen Union ständig voran.

- **Suche nach einer europäischen Identität**

Die Europäische Union war bei ihrem Versuch, eine europäische Identität zu finden, nur bedingt erfolgreich: Erst durch den Vertrag von Maastricht seit 1992 ist sie gegründet[10]. Die drei Vorgängergemeinschaften waren anfangs damit beschäftigt, ihren Vertragszweck umzusetzen und hatten keine Ambitionen über eine weitergehende Vergemeinschaftung. Ein erster Schritt war allerdings ein Dokument vom Dezember 1973, welches die Außenminister der EWG-Mitgliedstaaten in Kopenhagen beschlossen, das „Dokument über die europäische Identität". Die Mitgliedstaaten verabredeten darin, ihre außenpolitischen Aktionen besser zu koordinieren. Das Verständnis von europäischer Identität wird nur angedeutet, sie hatte aber in einem politischen Zusammenhang begonnen. Es

---

9 Siehe: Wolfgang Schmale: Geschichte der europäischen Identität, a.a.O. S. 4
10 Amtsblatt der Europäischen Gemeinschaften vom 29. Juli 1992

wird die Absicht festgeschrieben, den dynamischen Charakter des Einigungswerks zu berücksichtigen. Dieser politische Wille wurde in den Folgejahren zum Antrieb einer Reihe institutioneller Entwicklungen und Fortschritte wie die mit der Gründung der Europäischen Union und der Idee einer Unionsbürgerschaft, die Entwicklung einer Grundrechts-Charta, die Fortschreibung Europas mit der Lissabonner Agenda eines „sozialen Europas" und letztlich die Aufnahme von zehn ostmitteleuropäischen neuen Demokratien.[11]

Vor allem der Vertrag von Maastricht stellte die Mitgliedstaaten durch die Entwicklung der 2. und 3. Säule auf eine weitergehende Ebene der Zusammenarbeit, indem die Außenpolitik und die Innen- und Justizpolitik Eingang in die ansonsten supranational ausgerichtete Zusammenarbeit gefunden hatten. Es handelte sich dabei um die umfassendste Änderung der Römischen Verträge.[12]

In diesem „Vertrag über die Europäische Union" vom 7. Februar 1992 wurde der Begriff „Identität" sogar aufgenommen. Im Zusammenhang mit den Zielen der Union wird die Behauptung ihrer Identität auf internationaler Ebene angeführt[13]. Außerdem wird in der Präambel der Charta erwähnt, dass die Identität und Unabhängigkeit Europas durch diese Regelungen gestärkt werden, um Frieden, Sicherheit und Fortschritt in Europa zu fördern.

- **Die Kopenhagener Kriterien**

Im Hinblick auf die Osterweiterung sind die Kopenhagener Kriterien des Europäischen Rates vom 22. Juni 1993[14] von besonderer Bedeutung, da darin die politischen Werte der Gemeinschaft beschrieben werden. Es handelte sich genauer um drei Gruppen von Kriterien, die alle Beitrittsländer erfüllen müssen: Politische, wirtschaftliche und Acquis-Kriterien: Gefordert wird von den Bewerberländern in politischer Hinsicht eine

- demokratische und rechtsstaatliche Ordnung,

- Wahrung der Menschenrechte und Bürgerrechte sowie der Schutz von Minderheiten,

- Zulassung politischer Parteien,

- Struktur der Judikative sowie Korruptionsbekämpfung.

---

11 Ulrike Liebert: Europäische Identität als Projekt, Innen- und Aussenansichten, VS Verlag für Sozialwissenschaften, 2009, Seiten 89 ff.
12 Thomas Läufer, Europäische Gemeinschaft, Europäische Union: Die Vertragstexte von Maastricht, 2. Auflage 1993, Seite 10
13 EU-Vertrag, Artikel B, 2. Spiegelstrich.
14 Mit vollständigem Wortlaut: Wikipedia.org/Wiki/Kopenhagener_Kriterien sowie Bedingungen für den Beitritt zur Europäischen Union: www.bundesregierung.de/Content/DE

Mit Inkrafttreten des Amsterdamer Vertrages am 1. Mai 1999 haben diese politischen Ziele als Verfassungsprinzip Eingang in den Vertrag über die Europäische Union gefunden. Artikel 6 Absatz 1 EU-Vertrag (konsolidierte Fassung) hat folgenden Wortlaut: „Die Union beruht auf den Grundsätzen der Freiheit, der Demokratie, der Achtung der Menschenrechte und Grundfreiheiten sowie der Rechtsstaatlichkeit"[15]. Diese Prinzipien haben sodann einen Niederschlag in der Charta der Grundrechte der Europäischen Union gefunden, in der diese Werte erneut festgeschrieben wurden. Die Proklamation fand im 7. Dezember 2000 auf dem Europäischen Rat in Nizza statt.

- **Die Charta der Europäischen Identität**

Vor dem Europäischen Parlament hatte der Präsident der tschechischen Republik Vaclav Havel am 8. März 1994 eine Charta der Europäischen Identität gefordert. Dazu führte er aus: „Begrüßen würde ich zum Beispiel, wenn die Europäische Union eine eigene Charta verabschiedete, die klar die Ideen zu definieren hätte, auf denen sie beruht, den Sinn, den sie hat, und die Werte, die sie zu verkörpern trachtet."

Der 41. Kongress der Europa-Union Deutschland hatte diese Anregung aufgegriffen und nach längeren Beratungen am 28. Oktober 1995 in Lübeck eine Charta der Europäischen Union verabschiedet.[16]

Diese Aktion ist ein Beleg dafür, dass die Frage nach einer europäischen Identität als dringendes Anliegen der Bürger in Europa angesehen wurde. Im Abschnitt IV wird unter anderem gefordert

< eine knapp gefasste Verfassung der Europäischen Union,

< den weiteren Ausbau der Unionsbürgerschaft,

< eine die europäische Identität fördernde Kultur- und Bildungspolitik, welche die Einheit in Vielfalt und die gemeinsamen Werte allen vermittelt,

< eine Deklaration der politischen Ziele,

< eine gemeinsame Wirtschaftspolitik mit dem Ziel, Arbeit für alle zu schaffen, und letztlich

< eine solidarische Politik, die den europäischen Gemeinsinn stärkt.

---

15 Amtsblatt der Europäischen Gemeinschaften, C 340 vom 10. November 1997
16 Siehe: www.euroa-web.de/euroa/02wwswww/.../chartade.htm

Hier wurde ein Weg für eine europäische Identität aufgezeigt, der letztlich durch die Verhandlungen im Rahmen eines Konvents im Bereich der Europäischen Union fortgesetzt wurde.

- **Die Charta der Grundrechte:**

Die Initiative zu einer Charta der Europäischen Union ging vom Europäischen Rat von Köln (3./4. Juni 1999) aus. In den Schlussfolgerungen (Nr.44) [17]heißt es, der Europäische Rat sei der Auffassung sei, dass im gegenwärtigen Entwicklungsstand der Europäischen Union die auf der Ebene der Union geltenden Grundrechte in einer Charta zusammengefasst und dadurch sichtbar gemacht werden müssten.

Die Arbeit eines dafür einberufenen Konvents stellte einen einmaligen Vorgang dar, indem innerhalb einer relativ kurzen Zeitspanne unter weitgehender Beteiligung des Parlaments und der Mitglied- und Bewerberstaaten ein Entwurf fertiggestellt wurde, der dann –wie bereits angeführt- im Dezember 2000 proklamiert werden konnte.[18]

In der Präambel finden sich bedeutsame Hinweise auf eine europäische Identität:[19]

„Die Voelker Europas sind entschlossen, auf der Grundlage gemeinsamer Werte eine friedliche Zukunft zu teilen, indem sie sich zu einer immer engeren Union verbinden.

In dem Bewusstsein ihres geistig-religiösen Erbes gründet sich die Union auf die unteilbaren und universellen Werte der Würde des Menschen, der Freiheit, der Gleichheit und Solidarität. Sie beruht auf den Grundsätzen der Demokratie und der Rechtsstaatlichkeit. Sie stellt die Person in den Mittelpunkt ihres Handelns, indem sie die Unionsbürgerschaft und einen Raum der Freiheit, der Sicherheit und des Rechts begründet."

Mit dieser Charta hat die Europäische Union einen Weg zur politischen Identität gefunden.

Ein Folgekonvent zur Verabschiedung einer Verfassung für die Europäische Union hatte zwar ebenfalls im Rahmen eines Konvents zu einem Vorschlag geführt. Durch die ablehnenden Referenden in Frankreich und den Niederlanden konnte dieses Vorhaben nicht realisiert werden. Für die Bildung einer europäischen Identität war dies zunächst ein

---

17 Drucksache 150/1/99REVa C AB
18 Siehe: Schmahl, Ludwig: Neue organisatorische Strukturen der Europäischen Union durch den Vertrag von Lissabon, veröffentlicht 2010 in Legnica (Polen) PWSZ im.Witelona, Seite 2 und: Zur Arbeitsweise des Konvents: Kaufmann, Sylvia-Yvonne (Herausgeberin) Grundrechtscharta der Europäischen Union, Mitglieder und Beobachter berichten, 2001
19 Amtsblatt der Europäischen Gemeinschaften vom 18.12.2000, C 364/8

großer Verlust.[20]Allerdings ist die Charter mit Inkrafttreten des Vertrages von Lissabon am 1. Dezember 2009 in Kraft getreten.

4. Identitätsmerkmale gemeinsame politische Grundsätze, Werte, Geschichte, Kultur und Religion:

Die Formulierungen der Charta der Europäischen Union vermitteln wichtige Aussagen über eine europäische Identität: Der Schwerpunkt liegt im politischen Bereich. Insbesondere in der Festschreibung der Grundsätze von Demokratie und der Rechtsstaatlichkeit. Aber auch die universellen Werte wie Menschenwürde, Freiheit, Gleichheit und Solidarität finden ihre Erwähnung und können ohne Einschränkungen hinzugezählt werden. Auch eine gemeinsame Geschichte mag ein Merkmal der Identität sein. Diese war allerdings häufig geprägt durch Machtkämpfe und kriegerische Auseinandersetzungen.

Hierbei stellt sich aber die Frage, inwieweit diese Kriterien spezifisch für den europäischen Raum sind. Sicher sind auch im außereuropäischen Raum solche Kriterien anzutreffen. Sie dürfen aber von ihrer Entwicklung und Ausprägung als typisch europäisch angesehen werden.

Das Identitätsmerkmal der Kultur ist nach dem Wortlaut der Charta zwar bedeutsam. Es wird allerdings insoweit relativiert, als nicht von einer einheitlichen Kultur ausgegangen worden ist. Das entspricht der Beschreibung des europäischen Raums unter dem Gesichtspunkt der Vielfalt der Kulturen[21].

Bedeutsamer ist der Hinweis auf das geistig-religiöse und sittliche Erbe. Im Rahmen der Verhandlungen über den Entwurf des Verfassungsvertrages war die Erwähnung des Gottesbezuges in der Präambel ein wesentlicher Streitpunkt. Die polnische Regierungspartei „Recht und Gerechtigkeit" äußert sich in ihrem Programm zufrieden über das vorläufige Scheitern der Verfassung, weil sie „die Rolle des Christentums bei der Bildung des ethischen und kulturellen Gesichts unseres Kontinents verleugne"[22].

Im Gegensatz war Frankreich für eine säkulare Formulierung der Werte Europas, wie sie letztlich in den Wortlaut aufgenommen wurde.

---

20 Ludwig Schmahl, Neue organisationsrechtliche Strukturen der Europäischen Union durch den Vertrag von Lissabon, Veröffentlichung durch die PWSZ im.Witelona 2010, Abschnitt 3 folgende
21 Nach dem Motto „in Vielfalt geeint" verpflichtet sich die Europäische Gemeinschaft des weiteren zur Wahrung der kulturellen Vielfalt, jedoch unter „gleichzeitiger Hervorhebung des gemeinsamen kulturellen Erbes" (Artikel 151 EG-Vertrag); siehe auch: Europäische Identität und Werte, in: EU News, Policy Positrons & EU Actors online, www.euractiv.com/de/zukunft-eu
22 Europäische Identität und Werte, Auszug vom 18. Juni 2009: Erschienen am 9. Mai 2006, aktualisiert 22. Juni 2007, EU News, a.a.O.Seite 3: Positionen;
Programm 2005 der polnischen Partei „Recht und Gerechtigkeit" (Internet: Fundstelle auf Polnisch)

Der Türkische Premier Recep Tayyip Erdogan hatte des Öfteren unterstrichen, dass die Europäische Union mit der Aufnahme der Türkei beweisen würde, „dass sie nicht wirklich ein christlicher Club ist, sondern ein Ort, an dem sich Kulturen begegnen". [23]Diese Auffassung ist nur in soweit zutreffend, als die Europäische Union in der Tat die Akzeptenz der Vielfalt der Kulturen mit der Aufnahme der Türkei beweisen würde. Dennoch bleibt sie ein Zusammenschluss von Mitgliedsstaaten des europäischen Kontinents, in welchem die christliche Religion geschichts- kulturprägend war und auch noch als gelebte Traditionen bewahrt wird. Die katholische Kirche war in dieser Hinsicht in den Debatten besonders aktiv. In einer Rede vor Vertretern der Europäischen Volkspartei (EVP) wiederholte Papst Benedikt XVI. seine Forderung nach einer stärkeren Anerkennung der christlichen Wurzeln Europas und seiner Rückbesinnung auf die gemeinsamen Werte.[24]

Die Liberalen im Europäischen Parlament (ALDE) vertreten abweichend davon die Auffassung, dass die Europäische Union nicht auf Religion oder Glauben, sondern auf der gegenseitigen Achtung der gemeinsamen demokratischen und anderer Grundwerte beruhen müsse. In seinem Bericht „Building a Political Europe" (2004) [25] stellte der frühere französische Finanzminister Dominique Strauß-Kahn fest, dass auf die Fragen nach dem Warum Europas und seiner Richtung heute niemand eine zufriedenstellende Antwort geben könne. Sein Gebiet sei unklar, die Ziele allgemein. Dies führe zu einer Legitimitätskrise. In der Tat sind die Aussagen aus einer Reflexionsgruppe äußerst vage und allgemein: Als Herzstück wird in dem Bericht die europäische Zivilgesellschaft herausgestellt: Sie bestehe aus einer Kultur von Institutionen, Ideen und Erwartungen, Bräuchen, Gefühlen, Stimmungen, Erinnerungen und Ansichten, die den Stoff bilden, der Europa verbindet.[26] Das wäre allerdings eine so vage Beschreibung, die eine konkrete Formulierung der Europäischen Identität unmöglich machte.

Es hat den Anschein, dass die Frage nach den religiösen Werten äußerst umstritten ist und unterschiedlich beantwortet wird. Hierbei ist aber nicht zu übersehen, dass die christliche Tradition die Geschichte Europas und die Bildung von Werten entscheidend geprägt hat. Der Begriff der Menschenwürde ist anfangs nur durch das Liebesgebot aus der christlichen Botschaft entstanden, indem jeder menschlichen Person der gleiche Wert und die gleiche Würde zugebilligt werden. Die Entwicklung durch die Aufklärung mag den Grundsatz der Menschenwürde konkretisiert haben. Es lassen sich hier aber Kriterien für eine Identität Europas finden, die eben nicht auf andere Kontinente zutreffen, allerdings weltweit Verbreitung gefunden haben. Das hindert aber nicht, sie als Wurzeln europäischer Ideen und Werte zu bezeichnen. Das religiöse Erbe ist daher für Europa ohne Einschränkungen christlich. Mitgliedstaaten wie Polen, Irland, Italien, Spanien und Portugal zeigen heute noch eine stark ausgeprägte praktizierte christliche Kultur. Eine

---

23 Press Review by TUESIAD
24 Rede vom 30. März 2006 im Vatikan vor Vertretern der Europäischen Volkspartei, Fundstelle: EVP-ED Fraktion, Internetseite des Präsidenten der Europäischen Parlaments, 2006.
25 Reflection Group „The Spirit and Cultural Dimension –Concluding remarks" Europäische Kommission EUR 21360 DE, 2004
26 Reflexionsgruppe, a.a.O., Seite 12

dadurch befürchtete Ausgrenzung [27]anderer Religionen wie Judentum und Islam ist damit nicht verbunden.

Die Texte der Verträge und der Charta sprechen ausdrücklich von der Vielfalt der Kulturen. Der Begriff der Kultur enthält jedoch auch die Gestaltung religiöser Werte, so dass eine Dominanz der christlichen Religion für Europa daraus nicht entwickelt werden kann.

5. Die Türkei

Territorial befindet sich die Türkei nur auf einem kleineren Gebiet des Kontinents Europas. Auch wenn sie muslimisch geprägt ist, eine im Vergleich zum Christentum unterschiedliche Kultur aufweist[28], hat sie in ihrer Geschichte seit der Zeit von Kemal Atatürk eine starke Ausrichtung nach den europäischen Staaten entwickelt. Sie ist Mitglied aller wichtigen europäischen Institutionen mit einer Ausnahme: [29]Sie gehört nicht der Europäischen Union an. Die bilateralen Beziehungen begannen bereits im Jahr 1963 mit dem Ankara Abkommen[30]. Darin wurde erstmals auf eine Beitrittsperspektive zur Europäischen Wirtschaftsgemeinschaft Bezug genommen. Im Anschluss an verschiedene auf dieser Grundlage geschlossener Abkommen der Jahre 1970, 1978 und 1980 wurde im Jahr 1995 eine Zollunion gegründet. Diese ist inzwischen verwirklicht. Offizieller Beitrittskandidat wurde die Türkei 1999 durch Beschluss des Europäischen Rats von Helsinki, nachdem sie schon viele Jahre zuvor den Antrag auf Mitgliedschaft gestellt hatte. Dieser Beschluss war Ausdruck der Überzeugung, dass dieses Land die Grundlagen für ein demokratisches System besitze, auch wenn noch enormer Handlungsbedarf bei der Achtung der Menschenrechte und dem Schutz der Minderheiten bestehe. Am 17. Dezember 2004 entschied der Europäische Rat, dass ab dem 3. Oktober 2005 mit der Türkei offizielle Verhandlungen über einen Beitritt zur Europäischen Union aufgenommen werden.[31]

Diese Verhandlungen wurden entsprechend der von der Kommission in ihrer Empfehlung vom Oktober 2004 vorgeschlagenen Strategie geführt.

In der Mitteilung der Kommission vom 6. Oktober 2004 „Empfehlung der Europäischen Kommission zu den Fortschritten der Türkei auf dem Weg zum Beitritt" stellte diese fest,

---

27 Anna Pollmann: Doing Europe – Europas Suche nach einer kollektiven Identität: EU-Verfassung und europäische Identität, http://d-a-s-h.org/dossier
28 Was ist Europa? Auf der Suche nach einer europäischen Identität: www.demokratiezentrum.org /f25f9a5251eb24f514696a9dac899
29 Ekrem Eddy Guezeldere: Juni 2008: Kurden in der Türkei: Kann Völkerrecht zum Frieden führen? Hamburg Diplomica Verlag
30 Assoziationsabkommen EWG-Türkei (1963), Amtsblatt Nr. 217 vom 29.12.1964
31 Siehe: Ludwig Schmahl, die Kulturelle Debatte im Rahmen der Beziehungen der Europäischen Union zur Türkei, 2. Beziehungen der Türkei zur Europäischen Union, Seite 3 folgende

dass die Türkei nach ihrer Auffassung die politischen Kriterien von Kopenhagen zur Genüge erfülle. Aus diesem Grund empfahl sie die Aufnahme der Beitrittsverhandlungen mit diesem Land. Es heißt in der Empfehlung:

Mit den politischen Reformen sei die Türkei erheblich vorangekommen, vor allem wegen der weit reichenden Verfassungs- und Gesetzesaenderungen, die sie in den letzten Jahren im Einklag mit den Prioritäten der Beitrittspartnerschaft bewerkstelligt habe. Dazu gehörten Initiativen zum Erlass eines neuen Strafgesetzbuches, der Beschluss über eine Strafprozessordnung und ein Gesetz über den Strafvollzug. Diese Anstrengungen müssten weiter konsolidiert und ausgebaut werden insbesondere bei der Durchsetzung von Rechtsbestimmungen zum Schutze der Meinungsfreiheit, der Religionsfreiheit, der Frauenrechte, der Normen der internationalen Arbeitsorganisation (IAO) sowie den Gewerkschafts- und Minderheitenrechten.

Die Türkei hat somit als Ergebnis der Rechtslage die politische Identität der Europäischen Union zu beachten und die Kopenhagener Kriterien nachzuweisen. Jedes Bewerberland ist verpflichtet, die in Artikel 6 Absatz 1 EU-Vertrag genannten Grundsätze in ihrem eigenen Staatswesen zu realisieren und deren Verwirklichung zu belegen. Es ist demnach ein nach westeuropäischen Standard entsprechenden Grund- und Menschenrechtsschutz im eigenen Land sicherzustellen.

Dieser Beitrittsprozess hat die Türkei schon bisher stark verändert. Innenpolitisch hat er dazu geführt, dass zahlreiche rechtliche Veränderungen in Kraft getreten sind. Wichtige Beispiele dafür sind das neue Zivilrecht, das seit 2002 gilt, und das reformierte Strafrecht, welches seit 2005 in Kraft ist. Darüber hinaus wurden 2002 und 2003 insgesamt sieben Anpassungspakete verabschiedet.

Als Fallbeispiel für eine Forderung nach einer Gesetzesaenderung wurde wiederholt der Paragraph 301 des türkischen Strafgesetzbuches angeführt[32]. Er ist erst im Jahr 2005 in Rahmen der Strafrechtsreform eingeführt worden. Danach konnte die „Herabwürdigung des Tuerkentums" mit Haftstrafen bis zu zwei Jahren bestraft werden. Die Europäische Union hatte wiederholt eine Änderung bzw. Aufhebung dieser Strafvorschrift gefordert. Die Strafvorschrift kollidiere mit dem Grundsatz der Meinungsaeusserungsfreiheit. Im April 2008 schließlich änderte das türkische Parlament das umstrittene Gesetz: Der Begriff „Beleidigung des Tuerkentums" wurde durch „Beleidigung der Türkischen Nation" ersetzt, das maximale Strafmaß von drei auf zwei Jahre reduziert. Auch die Höchststrafe kann zukünftig zur Bewährung ausgesetzt werden. Über die Anklageerhebung entscheidet nicht mehr der Staatsanwalt, sondern der Justizminister.[33]

---

32 Siehe: Halim Hosny, Ankaras Last mit der Meinungsfreiheit, die Reform des umstrittenen Türkendem-Paragraphen 301, ZDF heute/inhalt/4/O,3672,7229508,00.html
33 Quelle: reuters,dpa vom 29.04.2008

Die Kommission der Europäischen Union hat die Änderung der Vorschrift begrüßt. Ein Sprecher der Kommission betonte, sie erwarte jetzt „weitere Schritte, um ähnliche Artikel im Strafgesetzbuch zu ändern.

6. Ergebnisse und Thesen

- In der Geschichte des Kontinents Europa hat es wiederholt Bestrebungen gegeben, eine Identität, eine Gemeinsamkeit der dort angesiedelten Staaten zu finden.

- Durch die vermehrten Staatenverbindungen im europäischen Raum seit 1951 hat dieses Bemühen eine starke Dynamik erfahren.

- Insbesondere hat es durch das Entstehen einer supranationalen Organisation wie der Europäische Union 1992, aber auch schon seit 1973 Bemühungen gegeben, die europäische Identität zu formulieren.

- Begriffliche Ansätze ergeben sich aus Schlussfolgerungen des Europäischen Rats, den Verträgen (insbesondere Artikel 6 des EU-Vertrages) und vor allem aus dem Text der Präambel der Charta der Europäischen Union.

- Die vom Europäischen Rat verabschiedeten Kriterien, sind vor allem politischer Natur. Sie werden in gleicher Weise in der Präambel der Charta angeführt, wo allerdings zusätzlich auf historische, kulturelle und religiöse Gemeinsamkeiten verwiesen wird.

- Die Türkei ist in der Vergangenheit eng mit der europäischen Geschichte und den existierenden europäischen Institutionen verbunden.

- Sie trägt als Mitglied der NATO einen wesentlichen Beitrag zur Friedenssicherung in Europa bei.

- Hinsichtlich des Merkmals der Kultur versteht sich die Europäische Union als Platz der Vielfalt der Kulturen. Eine in vielen Bereichen abweichende Kultur der Türkei kann für einen Beitritt der Türkei zur Europäischen Union daher kein Hindernis sein.

- Zur europäischen Identität gehört das Merkmal der Christlichkeit. Diese Religion hat den Kontinent über einen Zeitraum von zweitausend Jahren beeinflusst und gestaltet u.a. durch Ausprägungen aller Lebensbereiche, insbesondere der Architektur, der Philosophie, der Literatur, der Musik und der Rechtswissenschaft. Zu den anerkannten Zielen einer demokratischen Ordnung zählt jedoch die Ausübung der Religionsfreiheit, so dass auch eine muslimische Gesellschaft ihren Platz im vereinten Europa finden dürfte.

- Die politischen Kriterien wie Demokratie, Rechtsstaatlichkeit, Wahrung der Menschenrechte sowie Achtung und Schutz von Minderheiten bleibt jedoch ein Kriterium, welches durch ein Toleranzgebot nicht verzichtbar ist.

- Die politischen Kriterien der europäischen Identität sind von jedem Beitrittskandidat zu erbringen, also auch von der Türkei.

- Es bleibt abzuwarten, wann die Kommission die Voraussetzungen der Kopenhagener Kriterien als voll erbracht bewertet.

Literaturverzeichnis

Amtsblatt der Europäischen Gemeinschaften vom 18.12.2000, C 364/8

Amtsblatt der Europäischen Gemeinschaften vom 29. Juli 1992

Amtsblatt der Europäischen Gemeinschaften, C 340 vom 10. November 1997

Assoziationsabkommen EWG-Türkei (1963), Amtsblatt Nr. 217 vom 29.12.1964

Anna Pollmann: Doing Europe – Europas Suche nach einer kollektiven Identität: EU-Verfassung und europäische Identität, http://d-a-s-h.org/dossier

Christof Mandry: Auf der Suche nach Identität, a.a.O. S. 3

EU-Vertrag, Artikel B, 2. Spiegelstrich.

Ekrem Eddy Guezeldere: Juni 2008: Kurden in der Türkei: Kann Völkerrecht zum Frieden führen? Hamburg Diplomica Verlag

Europäische Identität und Werte, Auszug vom 18. Juni 2009: Erschienen am 9. Mai 2006, aktualisiert 22. Juni 2007, EU News,

Programm 2005 der polnischen Partei „Recht und Gerechtigkeit" (Internet: Fundstelle auf Polnisch)

Grundrechtscharta der Europäischen Union, Mitglieder und Beobachter berichten, 2001

Ludwig Schmahl, Die Kulturelle Debatte im Rahmen der Beziehungen der Europäischen Union zur Türkei, Quelle: reuters,dpa vom 29.04.2008

Ludwig Schmahl, Neue organisationsrechtliche Strukturen der Europäischen Union durch den Vertrag von Lissabon, Veröffentlichung durch die PWSZ im.Witelona 2010,

Wikipedia.org/Wiki/Kopenhagener_Kriterien sowie Bedingungen für den Beitritt zur Europäischen Union: www.bundesregierung.de/Content/DE

Europäische Identität und Werte, in: EU News, Policy Positions & EU Actors online, www.euractiv.com/de/zukunft-eu

Press Review by TUESIAD

Rede vom 30. März 2006 im Vatikan vor Vertretern der Europäischen Volkspartei, Fundstelle: EVP-ED Fraktion, Internetseite des Präsidenten der Europäischen Parlaments, 2006.

Reflection Group „The Spirit and Cultural Dimension –Concluding remarks" Europaeische Kommission EUR 21360 DE, 2004

Thomas Läufer, Europäische Gemeinschaft, Europäische Union: Die Vertragstexte von Maastricht, 2. Auflage 1993

Ulrike Liebert: Europäische Identität als Projekt, Innen- und Aussenansichten, VS Verlag für Sozialwissenschaften, 2009

Wolfgang Schmale: Eckpunkte einer Geschichte Europäischer Identität, in: Julian Nida-Ruemelin/Werner Weidenfeld (Herausgeber) Europäische Identität: Voraussetzungen und Strategien, Baden-Baden 2007

Was ist Europa? Auf der Suche nach einer europäischen Identität: www.demokratiezentrum.org/f25f9a5251eb24f514696a9dac899

Wolfgang Schmale: Geschichte der europäischen Identität, Aus Politik und Zeitgeschichte, Nr.1 2008 (Beilage Das Parlament, Deutscher Bundestag)

www.euroa-web.de/euroa/02wwswww/.../chartade.htm

Drucksache 150/1/99REVa C AB

Der Zypern Konflikt und die Türkei

Metin Aksoy

Geschichtlicher Überblick

Zypern war in der Geschichte wegen der strategischen Bedeutung eine wichtige Region gewesen. Viele Länder wollten dieses Gebiet vereinnahmen. Von 1571 bis 1878 war Zypern ein Teil des Osmanischen Reiches. Danach unterlag diese Insel weitgehenden kulturellen und gesellschaftlichen Veränderungen. Mit dem Bau des Suezkanals entdeckten auch die europäischen Kolonialmächte die Bedeutung der Insel. Der Beschluss des Berliner Kongresses 1878 berechtigte schließlich Großbritannien, Zypern zu annektieren. 1925 wurde die Insel britische Kronkolonie. Schon kurz darauf formierten sich zwei Unabhängigkeitbewegungen, die unterschiedliche Ziele verfolgten: Die "Enosis"-Bewegung der griechischen Volksgruppe - der etwa 80 Prozent der Zyprer angehören - machte sich für einen Anschluss an Griechenland stark. Die türkische Minderheit drängte ebenfalls auf eine Unabhängigkeit von der Kolonialmacht Großbritannien, setzte aber auf eine Zweiteilung der Insel[1]. Nach in London und Zürich geführten Verhandlungen zwischen Griechenland, der Türkei und Großbritannien hatte Zypern im Jahre 1960 seine Unabhängigkeit erhalten.

Nachdem Großbritannien die Selbstverwaltung Zyperns vorschlug, wurde nach einigen Unstimmigkeiten zwischen Großbritannien und Zypern der Erzbischof Makarios am 13. Dezember 1959 zum rechtmäßigen Staatspräsidenten gewählt. Vizepräsident wurde der türkische Zypriot Fazil Küzük[2]. Im Anschluss daran wurde Zypern am 16. August 1960 offiziell für unabhängig erklärt und in die UN aufgenommen. Amtssprachen wurden Griechisch und Türkisch, um beiden auf Zypern lebenden Volksgruppen gerecht zu werden. Doch der Frieden zwischen den beiden Völkern währte nicht lange, denn 1963 kam es zu Volksunruhen, als jener der griechischen Volksgruppe angehörende Staatspräsident Makarios eine neue Verfassung verabschieden wollte, welche die Streichung des Vetorechts (Einspruchsrechts) der türkisch-zypriotischen Bevölkerung beinhaltete[3]. Im Jahr 1964 wurden ungefähr 20.000 türkischen Zyprioten als Opfer von ethnischen Säuberungsaktionen in Enklaven untergebracht, und es wurde eine provisorische türkisch-zypriotische Selbstverwaltung aufgebaut[4].

---

1 http://www.tagesschau.de/ausland/meldung50420.html 11.12.2009
2 http://krisen-und-konflikte.de/zypern/ 07.12.2009
3 Ebenda, S. 1
4 Hansjörg Brey, Turkey and the Cyprus question, paper presented to the IAI Conference on "US-European Common Approaches to Turkey", Rom, November 1998. Mehr dazu; Hubert Faustmann, Peristianis Nicos, (Hrsg.) "Britain in Cyprus" Colonialism and Post-Colonialism 1878-2006, Bibliopolis, Möchnesee-Wamel, 2006

Gegen Ende des Jahres 1963 kam es zu gewalttätigen Ausschreitungen zwischen den beiden Gemeinschaften, und am 13. März 1964 drohte İsmet İnönü, einer der Vertragspartner, mit einer einseitigen Militäraktion, sollte das Feuer nicht umgehend eingestellt werden[5]. Makarios ignorierte İnönüs Militärnote, hob aber die Belagerung der türkischen Gebiete auf und ließ Geiseln frei[6]. Diese Bedrohungen konnten jedoch wegen des US-Amerikanischen Vetos durch den so genannten Johnson –Brief gegen die Türkei nicht beseitigt werden. Im Marz 1971 stellte die Armee der schwer angeschlagenen Regierung von Süleyman Demirel ein Ultimatum. Nach erfolglosem Ablauf trat dieser daraufhin zurück. Die dringend erforderliche Sanierung der Wirtschaft konnte weder die 1973 gebildete Koalitionsregierung unter Bülent Ecevit noch eine der nachfolgenden Regierung durchsetzten[7]. Aber die Situation in Zypern verschlechtere sich vor allem für die türkischen Zyprioten, und Makarios wurde durch die Militärjunta in Griechenland durch einen neu eingeführten Plan der Nationalgarde entmachtet und Nikos Sampson an die Macht gebracht, um jene „Enosis" zu verwirklichen. Nach diesen Entwicklungen hatte sich die türkische Regierung zu einer Friedensoperation gegen die Griechisch-Zyprioten entschieden. Damit reagierte Ankara auf den Putschversuch der Athener Militärjunta, die zypriotische Regierung um Erzbischof Makarios abzusetzen und so die Vereinigung der Insel mit Griechenland (die sogenannte "Enosis") voranzutreiben. Die Türkei sah die bilateralen Verträge mit Griechenland und Großbritannien verletzt und startete umgehend eine militärische Invasion Zyperns[8].

Seit 1974 ist die Insel in zwei getrennte Regionen aufgeteilt. Der Sicherheitsrat der Vereinten Nationen hat in der Resolution Nr. 353 daraufhin die territoriale Integrität und Unteilbarkeit der Republik Zypern hervorgehoben und den sofortigen Abzug der türkischen Armee gefordert. Nach der Entscheidung der UN am 13. Mai 1983 erkannten die Zyprischen Griechen als Regierung Zyperns die Verträge und Resolution nicht mehr an, denn sie waren in der ganzen Welt als Regierung Zyperns bekannt und anerkannt [9].

Das türkische Volk Zyperns, das unter diesen Umständen vom Recht der „Self Determination" Gebrauch machte, gab der Welt im Bundesparlament nach einer am 15. November 1983 gefassten Entscheidung die Gründung der Türkischen Republik Nordzypern bekannt[10]. An der Parlamentsentscheidung wirkten 40 Abgeordnete und ein außerhalb des Parlaments ernannter Präsident mit[11]. Durch die Ausrufung einer "Türkischen Republik Nordzypern" 1983 spaltete sich der türkisch besetzte Norden Zyperns vom Rest der Insel ab und begab sich gleichzeitig in die internationale Isolation. Deshalb

---

5 Feroz Ahmad, Geschichte der Türkei, Magnus Verlag, Essen, 2003, S.147
6 Ebenda, S.147
7 Andrea K. Reimer, Die Türkei und die Europäische Union, Eine unendliche Geschichte? Das Parlament, aus Politik und Zeitgeschichte,B10-11/ 3. Marz 2003, S.41
8 Georg Pfeiffer, Der Zypern-Konflikt, 29.04.2002, unter http://www.europa-digital.de/aktuell/ dossier/tuerkei/zypern.shtml 14.11.2009
9 Ali Ayata, Außen- und Sicherheitspolitik der Türkei 1970-2005, Der Weg der Türkei zu einem modernen Staat und ihre Bedeutung für die internationale Staatengemeinschaft, Peter Lang Verlag, Frankfurt am Main 2007, S.28
10 Ali Ayata, S.29
11 Ebenda, S.29

wird die griechisch-zypriotische Regierung mit Ausnahme der Türkei von allen Staaten als einzig legitimierte Volksvertretung der gesamten Insel betrachtet[12]. Die Zypernkrise 1974 und Griechenlands Antrag auf Vollmitgliedschaft in der europäischen Wirtschaftsgemeinschaft 1975 verschlechterten die Beziehungen der Türkei[13] zur Europäischen Gemeinschaft.

Der Zypernkonflikt und die Europäische Union

Griechenland hatte den Zypernkonflikt in den achtziger Jahren auf die europäische Ebene gebracht und das türkische Anliegen für einen Beitritt in die EWG behindert. Aber die Europäische Gemeinschaft versuchte, diesen Konflikt außerhalb der EG zu halten. Diese hatte allerdings ihre Strategie und Politik mit Ende der achtziger Jahre geändert und beteiligte sich an globalen Politiken. Dadurch war auch der Zypern-Konflikt durch die Intentionen Griechenlands ein europäisierter Konflikt geworden. Bei der Änderungen der EG-Politik in der Zypern–Frage spielte der Zerfall der Sowjet Union eine wichtige Rolle. Dieses Ereignis bescherte den EG-Ländern mehr Selbstbewusstsein, denn eine Bedrohung durch den Osten war weggefallen. Aus diesem Grunde wurde auch die Meinung vertreten, die Türkei habe ihre strategische Bedeutung verloren. Der Zypern-Konflikt verlor damit seine große politische Bedeutung. Im April 1988 äußerte der Vorsitzende der EG-Außenminister Genscher anlässlich des Assoziationsrates EG-Türkei, dass die Zypern – Frage die Beziehung der Türkei zur Gemeinschaft berührte[14]. Kurz danach – am 20. Mai 1988- verabschiedete das EP eine Resolution, in der ein Abzug der türkischen Truppen aus Zypern verlangt wurde[15].

Im Weiteren hieß es: Die unrechtmäßige Besetzung eines Teils eines mit der Gemeinschaft assoziierten Landes erschwere die Normalisierung der Beziehungen zur Türkei erheblich. In den zurückliegenden Jahren hatte Griechenland bei jeder Gelegenheit darauf hingewiesen, dass eine Zustimmung Griechenlands zu einem türkischen EG-Beitritt nur zum Preis einer Lösung auf Zypern und einem Abzug der türkischen Okkupanten zu haben sein werde. [16]. Seit der erfolgreichen Europäisierung der Zypern-Frage seitens Griechenlands wurde das Zypern-Problem von einigen Politikern und Wissenschaftlern als ein Hindernis für den türkischen EG-Beitritt hervorgehoben[17]. Andererseits bekam

---

12 Georg Pfeiffer, S.1
13 Ebenda, S.41
14 Mahmut Bozkurt, Die Beziehungen der Türkei zur Europäischen Union, Peterlang Verlag, Frankfurt am Main 1997, S.171
15 Ebenda, S.171
16 Meinardus Roland, Wenig Bewegung in der Zypern-Frage, in Europa Archiv, Folge 1/1990, S. 31. Mehr dazu Siehe, Mahmut Bozkurt, S.171
17 Heinz Kramer, Der Türkische EG-Beitrittsantrag und der griechische Faktor, in, Europa-Archive, Folge 21/1987, S. 609. Mehr dazu siehe, Mahmut Bozkurt, S.172

auch Zypern im Dezember 1989 auf Grund der ungelösten Zypern-Frage eine Absage aus Brüssel. So wurde die Europäisierung der Zypern- Problematik erneut aktuell[18].

Im Jahre 1973 trat ein Assoziationsabkommen Zyperns mit der EWG in Kraft. Ziel war die Herstellung einer Zollunion, deren erste Stufe bis 1977 dauern sollte. Diese Phase wurde wegen der türkischen Zyperninvasion und der Teilung der Insel im Jahre 1974 um acht Jahre verlängert[19]. In diesem Zeitraum traten zwei Finanzprotokolle der EG (das erste mit einem Umfang von 30 Millionen ECU, das zweite mit 44 Mio. ECU) in Kraft. Am 1. Januar 1988 wurde die Vereinbarung zur Herstellung der Zollunion rechtswirksam, und für die Zeit von 1989-1994 wurde ein drittes Finanzprotokoll mit 62 Millionen ECU beschlossen. Schließlich beantragte die Republik Zypern am 3. Juli 1990 offiziell den Beitritt zur (damaligen) EG[20]. Nach Ansicht der türkischen Seite widersprach (und widerspricht noch weiterhin) die Aufnahme Zyperns in eine internationale Organisation, in welcher nicht alle der Garantiemachte Mitglieder sind, den Londoner bzw. Züricher Verträgen und wurde somit als völkerrechtswidrig beurteilt[21]. Die türkischen Zyprioten haben den griechisch-zypriotischen Vollmitgliedschaftsantrag an die EWG reklamiert und entweder eine Ablehnung oder auch eine Beteiligung an diesen Verhandlungen mit der EG gefordert. Der von der Republik Zypern am 3. Juli 1990 gestellte Beitrittsantrag zur EU ist durch die Stellungnahme der Kommission vom 30. Juni 1993 grundsätzlich positiv beschieden worden. Das mit der damaligen EWG im Jahre 1976 getroffene "Gentlemans Agreement" über die Fortführung der türkisch-zypriotischen Exporte nach Großbritannien und Irland wurde nach einer Entscheidung des Gerichtshofes der Europaischen Gemeinschaften (EuGH) vom 5. Juli 1994 für gemeinschaftsrechtswidrig erklärt[22]. Die EU hat mittlerweile auch ihren in diesem Dokument noch enthaltenen Vorbehalt aufgegeben, dass der Zypern-Konflikt vor Aufnahme der Beitrittsverhandlungen gelöst sein müsse[23]. Griechenland koppelte seine Zustimmung hinsichtlich des Abschlusses der Zollunion zwischen der EU und der Türkei an die Frage der Aufnahme der Beitrittsverhandlungen mit der Republik Zypern, und erreichte damit den entscheidenden Durchbruch[24].

---

18 EG- Magazin Nr. ½ 1992, S. 37- 38, Das kleine Wirtschaftswunder im Südteil der Republik Zypern nach 1974, Elemente eines ungewöhnlichen Entwicklungsweges, in, Südosteuropa-Mitteilungen, Jg. 30, Nr. 2/1990, S. 117- 124. Mehr dazu siehe, Mahmut Bozkurt, S.172
19 Jürgen Reuter: Der Zypernkonflikt – Hauptproblem beim EU-Beitritt der geteilten Mittelmeerinsel, Welt-Report, März/April 2003, S.2. Siehe auch unter http://www.juergen-reuter.com/03-Maerz-April-Weltreport-Zypern.pdf 7.12.2009
20 Ebenda, S.2
21 Ian O. Lesser, "Turkey and Security in the Eastern Mediterranean, NATO Looks South, New Challenges and New Strategies in die Mediterranean" Turkey and Security in the Eastern Mediterranean, RAND Corporation Verlag, June 2000, S. 33. Oder auch unter: http://www.rand.org/pubs/monograph_reports/MR1126/MR1126.chap4.pdf 12.12.2009
22 EuGH RS. C-432/92 (Anastasiou), Urteil vom 05.07.1994, Slg. 1994, S. I - 003087
23 Heinz-Jürgen Axt, Zankapfel im Mittelmeer, Zypern vor dem EU-Beitritt, Internationale Politik, 1/1998, S. 23. Auch unter: http://www.internationalepolitik.de/ip/archiv/jahrgang1998/januar98/download/ef9e2ba8285711db98b4253241821cb81cb8/original_Axt_9801.pdf 21.11.2009
24 Ziya Öniş, Greek- Turkisch Relations and the European Union: A Critical Perspective, Mediterranean Politics, Vol. 6, No. 3 (Autumn 2001) S.37

Der Europäische Rat von Cannes (26./27. Juni 1995) hatte bekräftigt, dass die Beitrittsverhandlungen mit Zypern und Malta "sechs Monate nach Abschluss der Regierungskonferenz 1996 unter Berücksichtigung von deren Ergebnissen beginnen müssen". Die EU hatte ebenfalls klargemacht, dass sie von einem Beitritt Gesamtzyperns ausgehe und die Türken-Zyprer in die Beitrittsverhandlungen einbeziehen möchte[25]. Im am 12./13. Dezember 1997 stattgefundenen Luxemburg Gipfel hatte die EU sich für den Beginn von Verhandlunsgespraechen mit den griechischen Zypern entschlossen. Als künftige südliche Grenzregion der Europäischen Union solle Zypern darüber hinaus zur Sicherstellung der Unionspolitiken in den Bereichen Justiz und Inneres beitragen. Nicht zuletzt wird die EU nach dem zypriotischen Beitritt über die weltweit größte Handelsmarine verfügen – Zypern besitzt die sechstgrößte Handelsflotte der Welt[26]. Während die EU bis zum Jahr 1990 versuchte, sich vom Zypern- Konflikt fernzuhalten, spielte sie in der Zeit zwischen 1990 und 1999 eine negative Rolle, was sich ab 1999 mit der Entscheidung des Gipfeltreffens von Helsinki änderte[27].

Der Rat von Helsinki im Dezember 1999 äußerte eine ablehnende Haltung der EU zu einer Aufnahme eines geteilten Zyperns, forderte aber alle beteiligten Parteien auf, eine „einvernehmliche Lösung" für ein geeintes Zypern zu finden[28]. Am 11. November 2002 entschloss sich UN-Generalsekretär Kofi Annan, selbst einen Lösungsvorschlag für die geteilte Insel zu unterbreiten[29]. Auf dem angeführten Gipfel hatte die EU deshalb beschlossen, Lösungspläne des UN-Generalsekretärs zu unterstützen.

Dieser nach seinem Verfasser benannte Plan sollte nach dem Vorbild des Schweizer Föderalismus mit seinen Kantonen und dem schweizerischen Bundesrat beide Völker in einem Gesamtstaat vereinen, ihnen aber auf teilstaatlicher Ebene die Souveränität weiterhin belassen[30]. Nach dieser Initiative trafen Rauf Denktas und Glafkos Klerides am 4. Dezember 2001 zum ersten Mal zusammen. Als Problem rückte allerdings immer wieder die Teilung der Insel ins Zentrum der Diskussion. Im Dezember (2002) stand der Zypernkonflikt auf der Agenda des Kopenhagener EU-Gipfels[31]. Bereits ein Jahrzehnt zuvor, als die damalige EG-Kommission den zypriotischen Beitrittsantrag beantwortete, war vor allem das Zypernproblem ein Stolperstein der Beitrittsbemühungen[32]. Während der dort geführten Gespräche gab Denktas bekannt, dass er in Zukunft eine fortschrittliche Vision verfolgen wolle und dass die türkische Seite bereit dazu sei, Gespräche zu

---

25 Jürgen Reuter; S.2
26 Ebenda, S.2
27 Bahar Rumelili, The European Union's impact on the Greek- Turkish Conflict, Working Paper No. 6, EU Border Conflicts Studies, University of Birmingham, January 2004, S.25
28 Tröndle, Dirk, Referendum auf Zypern – Lösung des Zypernproblems weiterhin ungewiss, Konrad-Adenauer-Stiftung, 11. Mai 2004, abgerufen am: 13. Juni 2004, Siehe unter: http://www.kaS.de/publikationen/2004/4654_dokument.html 11.12.2009
29 Nils Bandele, Essay: Der Annan- Plan und woran er scheiterte, Universität Düsseldorf Philosophische Fakultät Politikwissenschaft, Sozialwissenschaften, HK Kleine Demokratien, S. 9. Siehe unter http://user.phil-fak.uni-duesseldorf.de/~bandelow/kldee10b.pdf 17.11.2009
30 Nils Bandele, S.10
31 Ebenda, S.2
32 Ebenda, S.2

beginnen in der Hoffnung, dass diese zu einer Lösung des Problems und zu einer Anerkennung der Gleichberechtigung der türkischen Seite führen würden[33]. Erste Gespräche wurden am 16. Januar 2002 begonnen. Es folgten viele weitere auf der Suche nach einer Lösung.

"Die Abstimmungsergebnisse sind aber Ausdruck gegenseitigen Misstrauens und gegenseitiger Vorurteile, sowie Befürchtungen. Zudem standen für die politische Elite auf beiden Seiten auch erhebliche politische Pfründe auf dem Spiel. Hauptkonfliktpunkt beider Parteien war die Vorstellung über einen gemeinsamen Staat. Die türkisch-zypriotische Seite legte immer großen Wert auf zwei gleichberechtigte, souveräne Teilstaaten und forderte die Anerkennung beider zypriotischer Ethnien als zwei Völker an. Dies garantierte übrigens der Annan-Plan, was natürlich im Süden auf große Ablehnung stieß. Problematisch zeigte sich auch die Abtretung von Land nach einem möglichen Vertragsabschluss, da im Annan-Plan das Territorium der Nordzyprioten von derzeit 38 auf 28,2% reduziert werden sollte und etwa 90.000 griechisch-zypriotische Flüchtlinge nach einem komplizierten Schlüssel nach und nach wieder in ihre alten Gebäude in den Norden der Insel übersiedeln können sollten.
Deutlich war jedoch von Anfang an, dass auf Grundlage des Annan-Plans der Nordteil der Insel trotz einiger empfindlicher Zugeständnisse in der Summe der klare Gewinner gewesen wäre. Nach über 30 Jahren internationaler Isolation wäre der Norden anerkannt worden und die Bürger hätten als EU-Bürger alle Rechte bekommen. Für den Süden hingegen war kein politischer Anreiz zu einer Einigung gegeben. Ungeachtet des Ausgangs wird Zypern am 1. Mai 2004 EU-Vollmitglied. An dieser Stelle muss sich die EU Kritik gefallen lassen, da sie nun einen Staat mit ungelösten Grenzproblemen in die EU aufgenommen hat. Wieso konnte eine Mitgliedschaft Zyperns in der EU nicht von vornherein für beide Seiten verbindlich an eine Einigung gekoppelt werden? [34]„

Die griechisch-zypriotischen Embargos gegen die türkischen Zyprioten wurden erstmals 1964 von UNO - Generalsekretär U Thant als „regelrechte Belagerung „kritisiert. Im Jahr 2004 erklärte der UNO - Generalsekretär Kofi Annan, dass „mit dem türkisch-zypriotischen Abstimmungsergebnis jeglicher Grund, die Gemeinschaft unter Druck zu setzen und zu isolieren, entfallen sei"[35]. Als Reaktion auf dieses von der Türkei als Ungerechtigkeit empfundene Verhalten von der EU-Seite machte Ankara eine Kehrtwendung bei ihrer Verpflichtung, ihre Flug- und Seehäfen gemäß dem Zusatzprotokoll zum Assoziierungsabkommen zwischen der EU und der Türkei von 1963 für den

---

33 Ali Ayata, S.29
34 Tröndle, Dirk, S.2
35 Zweiter Bericht der Unabhängigen Türkei-Kommission September 2009 Die Türkei in Europa: Den Teufelskreis durchbrechen
http://www.independentcommissiononturkey.org/pdfs /2009_german.pdf 10.12.2009

griechisch-zypriotischen Verkehr zu öffnen[36]. Aus diesem Grunde wurden die Verhandlungen über den Beitritt der Türkei in die EU für einige Zeit gestoppt. Aber die in Süd-Zypern abgehaltenen Wahlen hatten wieder Hoffnungen geweckt, diesen Konflikt lösen zu können. Bei den am 17. Februar 2008 durchgeführten Wahlen hatte Dimitris Christofias gesiegt, der Verhandlungen befürwortete. Mehmet Ali Talat und Dimitris Christofias hatten sich daher im Gebäude der UN-Mission am Rande von Nikosia getroffen. Sie hätten dort, wie ein UN-Sprecher mitteilte, Gespräche geführt. Die Gesprächsatmosphäre sei "sehr freundschaftlich" gewesen. An dem Treffen nahm auch der Chef der UN-Mission auf Zypern, Michael Möller, teil[37]. Das erste Treffen der beiden Politiker seit Christofias' Sieg bei den Parlamentswahlen Anfang Februar sei „sehr wichtig", sagte UN-Sprecher José Diaz im Vorfeld. „Wir hoffen, dass es reelle Chancen auf Fortschritte mit sich bringt[38]." Der neue Präsident Dimitris Christofias und der politische Führer von Nordzypern, Mehmet Ali Talat, vereinbarten die Öffnung der Ledra-Straße in der Altstadt von Nikosia, deren Schließung zu einem Symbol für die Teilung der Insel wurde[39]. Dies waren wichtige Schritte von beiden Seiten, um den Zypern-Konflikt einer Lösung zuzuführen. Es ist vielleicht die letzte Gelegenheit für die Lösung des Zypern- Konflikts, weil Christofias und Talat alte Freunde sind, die für die Lösung dieses Konflikts sind, und sich gegenseitig gut verstehen. Denn es besteht noch immer die Gefahr, dass die Insel geteilt bleibt. Im April 2009 wählten die türkischen Zyprioten eine neue, nationalistischere Regierung, was darauf hindeutet, dass Mehmet Ali Talat ohne eine Beilegung des Konflikts bei den Präsidentschaftswahlen im April 2010 sein Amt an einen Kandidaten verlieren könnte, der sich weniger stark für eine Lösung einsetzt[40]. Das Fehlen eines solchen und endlose Verhandlungen werden aber zu Spannungen auf der Insel führen und den EU-Türkeiprozess auf unbestimmte Zeit blockieren. Wenn alte Freunde wie Talat und Christofias es nicht schaffen, eine föderale Einigung zu erzielen, ist es schwer vorstellbar, wie es irgendjemand anderem innerhalb oder außerhalb Zyperns gelingen könnte, einen neuen Anlauf zu unternehmen[41].

"Ein Nicht – Zustandekommen der Zypern- Lösung in diesem Jahr würde allen Seiten teuer zu stehen kommen. Die EU-Politiker müssen die offensichtlich in beiden zypriotischen Gemeinschaften vertretene Ansicht, der Status quo könne für unbestimmte Zeit aufrecht erhalten werden, in Frage stellen, und zeigen, dass ein Friede durch Kompromisse zahlreiche Vorteile bringen kann. Die türkischen Zyprioten werden die vollen Bürgerrechte erhalten und in die EU integriert, samt allen wirtschaftlichen und politischen Vorteilen, die damit verbunden sind.

---

36 Ebenda, S.20
37 http://www.welt.de/politik/article1824815/Neue_Hoffnung_auf_Wiedervereinigung_ZypernS. html 27.06.2008
38 Ebenda, 28.08.2009
39 Ebenda, 27.06.2008
40 Zweiter Bericht der Unabhängigen Türkei-Kommission September 2009. Die Türkei in Europa, Den Teufelskreis durchbrechen
http://www.independentcommissiononturkey.org/pdfs/2009_german.pdf 10.12.2009
41 Ebenda,S.20

Die griechischen Zyprioten werden ohne Angst vor türkischen Soldaten, die derzeit an einer Linie mitten durch die geteilte Hauptstadt stehen, leben können und sehen, wie die Insel durch den vollen Zugang zur Türkei, der größten Wirtschaft der Region, zu einem echten Angelpunkt im östlichen Mittelmeer wird. Laut einer Studie des Friedensforschungsinstituts Oslo (PRIO) wird die zypriotische Wirtschaft innerhalb von sieben Jahren um zusätzliche zehn Prozentpunkte wachsen. Sowohl Griechenland als auch Zypern werden eine Türkei zum Nachbarn gewinnen, die viel proeuropäischer eingestellt ist und dazu neigen wird, Konflikte in den Hoheitsgewässern der Ägäis und des Mittelmeers beizulegen. Für die Türkei wird sich der Verhandlungsweg zur EU-Mitgliedschaft stärker öffnen, sie wird größeres Ansehen in Europa und für die türkische Sprache den Status einer Amtssprache der EU erlangen. Gleichzeitig wird die finanzielle Belastung durch ihre Garnison in Zypern und die Subvention, die von der türkisch-zypriotischen Verwaltung in Anspruch genommen wird, wegfallen. Die EU könnte dies dadurch tun, dass sie ihr 2004 gegebenen Versprechens realisiert, die türkisch-zypriotische Isolierung durch direkten Handel zu beenden und versucht, jene Hindernisse zu überwinden, die der Landung internationaler Flüge auf dem eigenen Flugplatz der Türkisch-Zyprioten entgegenstehen. Die EU muss sich ihrer Verantwortung für die Ungerechtigkeiten und Absurditäten der bestehenden Situation stellen. Ganz Zypern ist jetzt theoretisch Teil der Europäischen Union. Andererseits ist der acquis communitaire offiziell im Nordteil ausgesetzt. Gleichzeitig aber hat der Europäische Gerichtshof entschieden, dass Urteile von griechisch-zypriotischen Gerichten, die den Norden Zyperns betreffen, in der gesamten Union vollstreckt werden können [42]." "

Allerdings hängt eine mögliche Lösung dieses Konflikts nicht nur von zwei Seiten aus Zypern ab. Beteiligt sind auch die Türkei und Griechenland. Diese Staaten müssen zusammenkommen und einige Lösungsmöglichkeiten diskutieren. Der erste Besuch erfolgte bereits vom griechischen Präsident. Karamanlis. Er war seit 49 Jahren der erste griechische Präsident, der die Türkei besucht hatte. Karamanlis und Erdogan haben aber mehr über wirtschaftliche Themen gesprochen, weniger über das wichtige Problem Zypern. Das war eigentlich ein wichtiges Treffen, um die Beziehungen in der Zukunft zu normalisieren. Aber dieser Besuch war nicht ausreichend, um die wichtigen Konflikte zu diskutieren und zu lösen. Wenigstens wurden die Verhandlungen wieder aufgenommen. Wir hoffen, dass wir in den kommenden Monaten mehr Lösungsfortschritte sehen werden.

---

[42] Zweiter Bericht der Unabhängigen Türkei-Kommission September 2009 Die Türkei in Europa, Den Teufelskreis durchbrechen, S.20

Literaturverzeichnis

Andrea K. Reimer, Die Türkei und die Europaische Union, Eine unendliche Geschichte?, Das Parlament, aus Politik und Zeitgeschichte,B10 11/ 3. Marz 2003, S.41

Ali Ayata, Außen- und Sicherheitspolitik der Türkei 1970-2005, Der Weg der Türkei zu einem modernen Staat und ihre Bedeutung für die internationale Staatengemeinschaft, Peter Lang Verlag, Frankfurt am Main 2007, S. 28

Bahar Rumelili, The European Union's impact on the Greek- Turkish Conflict, Working Paper No. 6, EU Border Conflicts Studies, University of Birmingham, January 2004, S. 25

EuGH Rs. C-432/92 (Anastasiou), Urteil vom 05.07.1994, Slg. 1994, s. I – 003087

EG- Magazin Nr. ½ 1992, s. 37- 38, Das kleine Wirtschaftswunder im Südteil der Republik Zypern nach 1974, Elemente eines ungewöhnlichen Entwicklungsweges, in: Südosteuropa- Mitteilungen, Jg. 30, Nr. 2/1990, S. 117- 124.

Feroz Ahmad, Geschichte der Türkei, Magnus Verlag, Essen, 2003, S. 147.

Georg Pfeiffer, Der Zypern-Konflikt, 29.04.2002, unter http://www.europa-digital.de/ aktuell/dossier/tuerkei/zypern.shtml

Hansjörg Brey, Turkey and the Cyprus question, paper presented to the IAI Conference on "US-European Common Approaches to Turkey", Rom, November 1998.

Hubert Faustmann, Peristianis Nicos, (Hrsg.) "Britain in Cyprus" Colonialism and Post-Colonialism 1878-2006, Bibliopolis, Möchnesee-Wamel, 2006.

Heinz-Jürgen Axt, Zankapfel im Mittelmeer, Zypern vor dem EU-Beitritt, Internationale Politik, 1/1998,s. 23. auch unter:
http://www.internationalepolitik.de/ip/archiv/jahrgang1998/januar98/download/ef9e2ba82
85711db98b4253241821cb81cb8/original_Axt_9801.pdf

Jürgen Reuter: Der Zypernkonflikt – Hauptproblem beim EU-Beitritt der geteilten Mittelmeerinsel, *Welt-Report*, März/April 2003, S.2. Siehe auch unter http://www. juergen-reuter.com/03-Maerz-April-Weltreport-Zypern.pdf

Mahmut Bozkurt, Die Beziehungen der Türkei zur Europäischen Union, Peter Lang Verlag, Frankfurt am Main 1997, s. 171

Meinardus Roland, Wenig Bewegung in der Zypern-Frage, in Europa Archiv, Folge 1/1990,s. 31. Mehr dazu Siehe, Mahmut Bozkurt, s. 171

Nils Bandelow, Essay: Der Annan- Plan und woran er scheiterte, Universität Düsseldorf Philosophische Fakultät Politikwissenschaft, Sozialwissenschaften, HK Kleine Demokratien, S. 9. Siehe unter http://user.phil-fak.uni-duesseldorf.de/~bandelow/kldee10b.pdf

Ian O. Lesser, "Turkey and Security in the Eastern Mediterranean, NATO Looks South, New Challenges and New Strategies in die Mediterranean" Turkey and Security in the Eastern Mediterranean, RAND Corporation Verlag, June 2000, s. 33. http://www.rand.org/pubs/monograph_reports/MR1126/MR1126.chap4.pdf

Tröndle, Dirk, Referendum auf Zypern – Lösung des Zypernproblems weiterhin ungewiss, Konrad-Adenauer-Stiftung, 11. Mai 2004, abgerufen am: 13. Juni 2004. http://www.kas.de/publikationen/2004/4654_dokument.html

Ziya Öniş, Greek- Turkish Relations and the European Union: A Critical Perspective, Mediterranean Politics, Vol. 6, No. 3 (autumn 2001) s. 37

Zweiter Bericht der Unabhängigen Türkei-Kommission September 2009 Die Türkei in Europa, Den Teufelskreis durchbrechen http://www.independentcommissiononturkey.org/pdfs/2009_german.pdf

http://www.welt.de/politik/article1824815/Neue_Hoffnung_auf_Wiedervereinigung_Zyperns.html

http://krisen-und-konflikte.de/zypern/

Der EU-Beitritt der Türkei im Kontext der GASP*

Ali Ayata*

Einleitung

Es war an eine gemeinsame Außenpolitik nach der Gründung der Europäischen Wirtschaftsgemeinschaft nicht zu denken. Zwar war die Idee einer gemeinsamen Außenpolitik bereits 1954 aufgekommen, doch scheiterte die Europäische Verteidigungsgemeinschaft (EVG) am Veto der französischen Nationalversammlung. Die Gemeinsame Außen- und Sicherheitspolitik der Europäischen Union ist aus der Europäischen Politischen Zusammenarbeit hervorgegangen. Die Bemühungen um eine verstärkte außenpolitische Zusammenarbeit wurden erst 1969 wieder aufgegriffen. Eine Koordinierung der Außenpolitik war durch die intensiven Außenwirtschaftsbeziehungen der Union unerlässlich geworden. Sie sollte durch die Europäische Politische Zusammenarbeit (EPZ) gewährleistet werden.[1] Durch die geringe Beteiligung der Kommission und den Zwang der Einstimmigkeit kam der zwischenstaatliche Charakter zum Ausdruck. Allerdings entwickelte sich die EPZ ständig weiter. Sie agierte eindrucksvoll auf verschiedenen Gebieten, wie etwa beim gemeinsamen Abstimmungsverhalten bei den Vereinten Nationen oder beim Dialog mit Drittstaaten. Die Bestimmungen der zwischenstaatlichen Zusammenarbeit auf eine förmliche Grundlage in der Einheitlichen Europäischen Akte wurden erst 1986 gestellt, jedoch änderte sich nichts an der Art der Zusammenarbeit. Im Jahr 1992 wurde mit dem Vertrag von Maastricht das Ziel einer gemeinsamen Außenpolitik in den Vertrag aufgenommen, die Bezeichnung EPZ in Gemeinsame Außen- und Sicherheitspolitik (GASP) geändert[2] Damit sollte auch nach außen eine neue Ausrichtung und Intensivierung dieses Politikbereiches deutlich werden. Im Vertrag von Amsterdam wurde die Vertretung der Standpunkte der Union durch einen Hohen Vertreter eingeführt, dieser wird auf fünf Jahre ernannt und soll eine größere Effizienz und eine bessere Außenwirkung erzielen. Ziel der GASP ist vorrangig die Wahrung der Identität der EU auf internationaler Ebene. Eine gemeinsame Position nach außen soll durch einen permanenten Austausch zwischen den der Mitgliedssaaten erreicht werden.[3]

Die GASP und insbesondere die sich aus ihr mehr und mehr herausbildende Gemeinsame Sicherheits- und Verteidigungspolitik (GSVP bzw. GESVP) sind aufgrund ihrer

---

* Ali Ayata ist Assist. Prof. Dr. an der Universität Bieleck (Türkei) Fakultät für Wirtschaft und Verwaltungswissenschaften Abteilung für öffentliche Verwaltung.
1 Saadhoff Christian: GASP: Außenpolitik für ein geeintes Europa. „Die zweite Säule der EU auf dem Prüfstand", Books on Demand GmbH 2001, S. 90-92
2 Algieri Franco: Die Gemeinsame Außen- und Sicherheitspolitik der EU, UTB Verlag 2009, S. 78
3 Fröhlich Stefan: Die Europäische Union als globaler Akteur: Eine Einführung, VS Verlag 2007, S. 66

besonderen, lediglich nur teilweise rechtlich voll integrierten Stellung in der EU strukturell sehr komplex und daher von einer großen Masse an verschiedensten Parametern beeinflusst. Auf der Rahmenebene sind dies die strukturell-rechtlichen Themen, die aufgrund der halb vertikalen und halb horizontalen Stellung der GASP nie vereinfacht isoliert auf EU-Ebene betrachtet werden können. Das gleiche gilt auch für die Weichenstellungen auf der politischen Ebene, welche ebenfalls eines viel-parametrigen Entscheidungsprozesses, bedingt durch die asymmetrischen Rechts- und Regelungsstrukturen in den einzelnen Mitgliedstaaten, unterliegen, wie auch in der operativen Umsetzung. In der logischen Konsequenz hat die EU aufgrund dieser komplexen Voraussetzungen hinsichtlich ihrer Entscheidungseffektivität bzw. -fähigkeit und Durchschlagskraft in der Vergangenheit Defizite bei der praktischen Umsetzung der Gemeinsamen Sicherheitspolitik offenbart, aus militärischer Sicht insbesondere die Abhängigkeit zu den USA.[4] Beispielhaft stehen hierfür der Balkan-Krieg, der Krieg in Afghanistan und der Irak-Krieg.

Auf die Konfliktregionen konzentriert sich das Thema „regionale Konflikte", die einen unmittelbaren Bezug sowohl zur EU als auch zur Türkei haben und eine hohe Brisanz aufweisen. Könnten die Türkei und die EU gemeinsam agieren, wenn die wirtschaftlichen und politischen Herausforderungen des 21. Jahrhunderts im Nahen und Mittleren Osten sowie auf dem Balkan mit ganz neuer Durchschlagskraft in Angriff genommen werden müssen? Als Befürworter einer türkischen EU-Mitgliedschaft argumentiere ich mit Vorliebe, die europäischen Ambitionen der Türkei müssten deswegen von Erfolg gekrönt werden, weil die Türkei als Brücke Europas in den Mittleren Osten dienen kann. Als Land mit einer muslimischen Bevölkerung und einem säkularen, demokratischen System könnte die Türkei als Modell bereit stehen und so bei der Stabilisierung des Nahen und Mittleren Ostens mithelfen. Außerdem würde die Türkei als EU-Mitgliedsland den Einfluss der Union im Mittleren Osten durch die eigenen engen diplomatischen und ökonomischen Beziehungen zu den Ländern der islamischen Welt erheblich erhöhen. Außen- und sicherheitspolitische Argumente werden bei der Debatte vor dem Beginn der Beitrittsverhandlung und auch in den Beitrittsverhandlungen eine sehr wichtige Rolle spielen. Auf der einen Seite wird vor einem Beitritt gewarnt, da dann die EU-Außengrenze direkt an eine der krisenhaltigsten Regionen der Welt grenze, deren Konfliktbearbeitung die Union überfordere. Institutionell würde die EU durch den Türkei-Beitritt noch handlungsunfähiger als sie es jetzt schon ist, da durch die gesteigerte Heterogenität der Union gemeinsame Interessensfindung im Bereich der Außen- und Sicherheitspolitik unmöglich würden. Auf der anderen Seite wird auf die Vorteile eines möglichen Türkei-Beitritts verwiesen: Die EU würde die kritische Grenze zu einem „Globalen Akteur" überschreiten, durch ein Mitglied Türkei könnte die EU eine bedeutendere Rolle in der geostrategisch und energiereichen Region spielen und außerdem generell ihr Verhältnis zur islamischen Welt verbessern. Dabei werden außen- und sicherheitspolitische bzw. geopolitische Argumente sowohl von den Kritikern als auch von den Befürwortern als entscheidend für die Bewertung eines möglichen Türkei-

---

4 Beck Thomas & Piazolo Michael: Die gemeinsame Außen- und Sicherheitspolitik der EU, Fhvr Verlag, 2008, S. 96- 97

Beitritts eingeschätzt.⁵ In den folgenden Ausführungen sollen die verschiedenen Aspekte dieser Argumente analysiert werden. Dabei werde ich die außen- und sicherheitspolitischen Argumente unter Berücksichtigung der „Geopolitik" abwägen und mögliche Szenarien bei einem Nicht-Beitritt vorstellen. Am Ende wird noch ein Ausblick auf eine zukünftige Integrationsform der EU gegeben, die im Rahmen der Beitrittsverhandlungen mit der Türkei zum ersten Mal zum Tragen kommen könnte. Vorab bleibt anzumerken, dass im Hinblick auf den projektierten Verhandlungszeitraum von zehn bis fünfzehn Jahren alle hier dargestellten Prognosen spekulativ sind, da es wahrscheinlich ist, dass sich sowohl die EU, die Türkei als auch die Situation der Nachbarstaaten der Türkei sich verändern werden. Es können aber Tendenzen und mögliche Ausgänge skizziert und die aktuelle Situation dargestellt werden.⁶

Die Bedeutung von Geopolitik und -strategie für die Europäische Union

Die Gründungsphilosophie der EWG, aus der die EG und dann die EU wurden, richtete sich nach innen und entwickelte ein Gegenkonzept zu Geopolitik und zu geostrategischen Dimensionen. Sie enthält Befriedung, Aussöhnung und politische Kooperation durch wirtschaftliche Verflechtung als Antithesen zur Geopolitik und zum Imperialismus. Europa hatte zudem lange Zeit weder die politische Möglichkeit, noch bestand die Notwendigkeit, selbstbestimmte geostrategische Überlegungen anzustellen. Das geopolitische Denken der Nachkriegszeit war bestimmt durch einen Dualismus von Gleichgewicht des Schreckens und Eindämmungspolitik. Weltmächte waren die geopolitischen Spieler, Unter dem amerikanischen Schutzschirm konzentrierte sich Europa auf seine wirtschaftliche und politische Integration.⁷ Die endgültige Renaissance des geopolitischen Denkens läutete durch die Umbrüche im Jahr 1989 und den Untergang der Sowjetunion ein. Die Auflösung der Blöcke des Kalten Krieges und der Schub staatlicher Neugründungen in Osteuropa und im Balkan machten die EU zum Stabilitätsanker, der gleichzeitig Demokratie und wirtschaftliche Prosperität nach Osten tragen sollte. Die Dynamik der EU-Erweiterung wurde zum beherrschenden Thema, noch bevor die EU im Vertrag von Maastricht 1992 ihre politische Integration abschließen konnte. „Stabilisierung durch Mitgliedschaft" war das Leitmotiv mit stärker werdendem geostrategischen Klang. Der Angriff am 11. September 2001 auf das World Trade Center in New York erfuhr eine weitere Beschleunigung dieser Dynamik durch die zweite tektonische Verschiebung der internationalen Sicherheitsarchitektur. Auf einmal standen sicherheitspolitische Themen auf der Agenda, um die sich Europa zuvor kaum gekümmert hatte: Internationaler Terrorismus, mögliche Bedrohung durch einen radikalisierten Islam,

---

5 Bister Johanna: Bringt die Türkei Europa mehr Sicherheit?: Die sicherheitspolitische Bedeutung der Türkei für die EU, Tectum Verlag 2008, S. 17
6 Westmeier Jens: Der EU-Beitritt der Türkei. Ein Beitrag zur Verbesserung der europäischen Sicherheit?, Diplomica Verlag GmbH 2008, S. 69
7 Fu-Chang Chang: Autonomie und Allianz: EU statt NATO für die Europäische Sicherheit?, Nomos Verlag 2009, S. 56

Proliferation von Massenvernichtungswaffen. Als negative Konsequenzen der Globalisierung heben diese Probleme die Grenze zwischen innerer und äußerer Sicherheit endgültig auf, und verlangen nach abgestimmten politischen Lösungen. Schlagartig und unvorbereitet wurde die EU in Räume und internationale Krisengebiete katapultiert, in denen sie nie Akteur war - der Irak, der Mittlere Osten, der kaspische und der kaukasische Raum -, deren Entwicklungen aber entscheidend für die zukünftige Sicherheit der EU sind.[8]

Im 21. Jahrhundert haben sich zwar Inhalte und Ziele der Geopolitik verändert, diese hat aber nicht ihre Relevanz für das internationale politische Handeln verloren. In allen geschichtlichen Epochen gab es Wechselbeziehungen von Raum, politischem Willen und Handlungsabläufen. Die interne Diskussion der EU wird von der Frage nach der Gestaltung von Räumen, also dem Verhältnis zu den zukünftigen Nachbarn der erweiterten Union, bestimmt - wer soll Mitglied der EU werden (Türkei?) und wer möglicherweise nicht (Ukraine?). Außerdem: Welche anderen Formen der Nachbarschafts- bzw. Assoziierungsabkommen sind möglich, wie kann die EU in Räume östlich und südlich ihrer Grenzen stabilisierend hineinwirken, um jenen „Ring von befreundeten Staaten" zu schaffen?[9] Werden diese Fragen nicht beantwortet, läuft die EU Gefahr, sich politisch und wirtschaftlich zu überfordern, womit sie sich selbst der Chance beraubt, in naher Zukunft ein schlagkräftiger internationaler Akteur zu sein.

In größerem Kontext muss entschieden werden, welche Verantwortung die EU in internationalen Konflikten übernimmt bzw. wie sie sich in Krisenregionen wie dem Mittleren Osten engagiert. Hier gilt auch die Wechselbeziehung zwischen Raum und Handlungsabläufen. Ist die Mehrzahl der gegenwärtigen internationalen Konflikte einerseits grenzenlos, da künstlich gezogene Demarkationslinien keinen Schutz bieten? Haben sie andererseits klare räumliche Dimension? Sowohl die zu erwartenden Verteilungskämpfe um knappe Ressourcen wie Wasser als auch der internationale Terrorismus sind in ihrem Ursprung territorial ungleich verteilt. Auf eigenen Interessen und Zielen basieren naturgemäß geopolitische Überlegungen, von daher muss eine moderne europäische Geostrategie über die Reaktion auf militärische Konflikte hinausgehen. Der europäische Wertekanon verlangt nach Lösungen für internationale Bedrohungen wie Armut, organisierte Kriminalität oder Umweltschädigungen. Hier können die bewährten „soft powers" der EU von Bedeutung sein, da sie einer Geostrategie internationale Glaubwürdigkeit verleihen.[10]

Die schwierigsten Elemente einer europäischen Geostrategie sind die wertvollsten: Gemeinsame Außen- und Sicherheitspolitik (GASP) und die Europäische Sicherheits- und Verteidigungspolitik (ESVP). Außen- und Verteidigungspolitik sind Politikbereiche, in

---

8 Fröhlich Stefan: Die Europäische Union als globaler Akteur: Eine Einführung, Vs Verlag 2007, S. 66-68
9 Beck Thomas & Piazolo Michael: Die gemeinsame Außen- und Sicherheitspolitik der EU, Fhvr Verlag, 2008, S. 12
10 Westmeier Jens: Der EU-Beitritt der Türkei. Ein Beitrag zur Verbesserung der europäischen Sicherheit?, Diplomica Verlag GmbH 2008, S. 89

denen nationalstaatliche Souveränitätstraditionen einer europäischen Vergemeinschaftung entgegenstehen. Um eine glaubwürdige geostrategische Dimension zu entwickeln, muss die GASP/ESVP institutionell weiter verbessert und die militärischen Fähigkeiten verstärkt werden. Institutionell bedeutet dies, die Ämter des EU-Kommissars für Außenpolitik und des Hohen Vertreters für die GASP zusammenzulegen und ein europäisches Außenministeramt zu schaffen.[11] Erst diese im Verfassungsentwurf geforderte Fusion würde es erlauben, international relevante Aktivitäten und Instrumente der EU - Handel, Entwicklungshilfe, Strukturpolitik, wirtschaftliche Hilfe etc. - effektiv mit außenpolitischen Zielsetzungen zu verknüpfen. Eine europäische Geostrategie muss zudem auf die Vermischung innen- und außenpolitischer Bedrohungen reagieren, die seit dem 11. September offensichtlich geworden ist. Wie im Verfassungsentwurf vorgesehen, müsste institutionell die EU dieser Entwicklung durch die Verknüpfung ihres zweiten Pfeilers (GASP/ESVP) und ihres dritten Pfeilers (Innen- und Justizpolitik) Rechnung tragen. Mit der Verabschiedung einer ersten gemeinsamen Sicherheitsstrategie wurde hierfür ein Grundstein gelegt, und es wurden sicherheitspolitische Interessen jenseits des engen Blickwinkels der GASP/ESVP formuliert. Das Dokument enthält drei zentrale Zielsetzungen:

- Den Sicherheitsraum um Europa auszudehnen,

- die internationale Ordnung stärken,

- den neuen Bedrohungen (Terrorismus) entgegentreten.

Damit will die EU globale Probleme (Terrorismus, aber auch Migration und Armut) in einen sicherheitspolitischen Kontext stellen. Soft-Power-Fähigkeiten werden in die sicherheitspolitische Strategie einbezogen. Die europäische Sicherheitsstrategie ist Grundlage für eine europäische Geostrategie, in der militärische, ökonomische und institutionelle Fähigkeiten zusammengeführt werden, um der EU ein schärferes Profil als sicherheitspolitischer Akteur zu geben.[12]

Verhältnis Zwischen der EU und der NATO

Die EU hält nicht nur Kontakt zu Staaten, sondern auch zu internationalen Organisationen und militärischen Bündnissen, wie der North Atlantic Treaty Organisation (NATO). Durch das Berlin Plus-Abkommen wird die Kooperation zwischen Streitkräften im Auftrag der NATO und Streitkräften der EU näher geregelt, so ist es möglich, dass EU und NATO gemeinsame Kapazitäten, Ressourcen und Informationen nutzen können. Die

---

11 Algieri Franco: Die Gemeinsame Außen- und Sicherheitspolitik der EU, UTB Verlag 2009, S. 39-40
12 Saadhoff Christian: GASP: Außenpolitik für ein geeintes Europa. „Die zweite Säule der EU auf dem Prüfstand", Books on Demand GmbH 2001, S. 89

EU unterhält enge wirtschaftliche Beziehungen zu Russland. Grund dafür ist die starke Energienachfrage seitens der EU. Das Verhältnis zu Russland „geht weiter als alle anderen" und solle sich in Zukunft noch intensivieren. Um die Zusammenarbeit zu erweitern und sich auszutauschen, gibt es regelmäßige halbjährliche EU-Russland Gipfel. EU und NATO benennen als Zielvorstellung eine „strategische Partnerschaft" der beiden Organisationen.[13] Vielfältige Gemeinsamkeiten besitzen NATO und die EU in den Bedrohungsvorstellungen. Strategien und Leitbilder sind aber auch den Widersprüchen zwischenstaatlicher und sich dynamisch erweiternder Organisationen ausgesetzt. Daneben verfügen beide über unterschiedliche Stärken und Schwächen im Krisenmanagement: Die Stärke der EU sind die vielfältige Ressourcen zum zivilen Krisenmanagement, ihre Schwäche das Fehlen einer über den kleinen Militärstab hinausgehenden militärischen Struktur. Die Stärke der NATO sind insbesondere ihre kollektiven militärischen Mittel und Fähigkeiten, während ihr eben jene zivilen Mittel fehlen, über die die EU verfügt. Beide Organisationen könnten sich insofern ideal ergänzen, eine Vorstellung, die im Bündnis bereits zu Beginn der 1990er Jahre mit dem Begriff der *interlocking institutions* eine wichtige Rolle spielte. Seit der Gründung der ESVP auf dem Kölner Gipfel 1999 versprechen sich beide Organisationen tatsächlich auch immer wieder eine enge und vertrauensvolle Zusammenarbeit, die als europäischer Pfeiler auch die Vitalität des Bündnisses steigern soll und in der Zielvorstellung einer „strategischen Partnerschaft" gipfelt. In der Praxis jedoch steht eine komplementäre Zusammenarbeit im Konflikt mit der Suche der EU-Europäer nach einer möglichst eigenständigen Rolle in der Außen- und Sicherheitspolitik, die – vor allem aus dem Blickwinkel Frankreichs – es nicht erlaubt, der EU irgendwelche Grenzen der Handlungsmöglichkeiten aufzuerlegen. Die EU hat formell immer mehr Optionen, inklusive des Rückgriffs auf NATO-Ressourcen und natürlich auch das Recht auf eigenständige Militäroperationen, gesichert, während eine umgekehrte Form der Zusammenarbeit, nämlich der des Rückgriffs der Allianz auf die zivilen Mittel der EU, bisher nicht abzusehen ist.[14]

Die Zusammenarbeit bzw. Partnerschaft in der Praxis durch weitere politische und formale Beschränkungen wird darüber hinaus zum Teil einschneidend behindert. Politisch prekär wird die „strategische Partnerschaft" durch Irritationen und divergierende sicherheitspolitische Zielsetzungen im transatlantischen Verhältnis und den Auswirkungen anderer innereuropäischer Spannungen (Griechenland-Türkei, Türkei- Zypern). Die EU sowohl als auch die NATO lassen sich nicht von den Interessendivergenzen und unterschiedlichen politisch-strategischen Kulturen der Mitgliedsländer abtrennen, dies gilt umso mehr für die Zusammenarbeit beider Organisationen.[15] Die EU – und noch mehr die Allianz – ist nicht mehr als die Summe der politischen Konvergenzen der wachsenden Zahl der Mitgliedsländer. So ist der Charakter der Zusammenarbeit über die praktischen Fälle der Übernahme von NATO-Operationen durch die EU (wie im Falle von Concordia in Mazedonien oder der praktischen Umsetzung der Berlin-Plus-Vereinbarungen im Falle

---

13 Carsten Peter: Das Verhältnis der Europäischen Union zur NATO: „Zwischen gegenseitiger Blockade und strategischer Partnerschaft", Fhvr Verlag 2006, S. 112
14 Fu-Chang Chang: Autonomie und Allianz: EU statt NATO für die Europäische Sicherheit?, Nomos Verlag 2009, S. 46
15 Ebenda, S. 46

der Übernahme von SFOR durch die EU) hinaus weitgehend formal geblieben: Die gemeinsamen Gremien haben keine Entscheidungsautonomie, sondern müssen sich jeweils mit ihren Weisungsgebern rückkoppeln. Die EU und die Allianz schöpfen auf Grund dieser Rahmenbedingungen die Möglichkeiten einer „strategischen Partnerschaft" nur sehr beschränkt aus.[16] Sicher ist, dass wesentliche Hemmnisse, insbesondere die formelle Beschlussunfähigkeit der gemeinsamen Gremien und die Spannungen mit der Türkei wegen der Zypernfrage, die Zusammenarbeit in der nahen Zukunft bestimmen werden.[17] Insofern ist damit zu rechnen, dass der Begriff der „strategischen Partnerschaft" zwischen EU und NATO eine Formel bleibt, die in der Realität nur eine relativ bescheidene Entsprechung findet.

Die sicherheitspolitische Bedeutung der Türkei für die EU

Die geopolitische Achsenverschiebung als Folge der regionalen und globalen Entwicklungen seit Beginn der neunziger Jahre stellt die Türkei in eine neue sicherheitspolitische Lage. Sie will nicht länger nur Beobachter, sondern wichtiger Mitspieler sowie regionaler Ordnungsfaktor sein. Selbst während des Kalten Krieges lagen die strategischen Herausforderungen für die europäische Sicherheit in Europa. Doch dieser Konflikt hat sich aufgelöst, und die sicherheitspolitischen Gefahren und Herausforderungen liegen heute an der Peripherie Europas. Diese neue Lage macht es für die amerikanischen und europäischen Entscheidungsträger sehr schwer, den neuen Risiken entgegenzutreten. Die Türkei gewinnt in diesem Zusammenhang eine neue Bedeutung im Vergleich zu ihrer Rolle im Kalten Krieg. Seit 1952 ist die Türkei Mitglied der NATO. Während des Kalten Krieges wurde sie als ein selbstverständliches Bollwerk des Westens gegen die Sowjetunion angesehen und war ein untrennbarer Teil des Westens. Auch aus türkischer Sicht passte das zusammen: Die NATO bot der Türkei den lange gesuchten Schutz gegen den Feind Nummer eins, die Sowjetunion. Diese hatte nach dem Zweiten Weltkrieg Gebiete im Osten der Türkei und Militärbasen an den Meerengen gefordert.[18] Die Türkei „verkaufte" während des Kalten Krieges diese allgemein bekannte strategische Bedeutung sehr gut, was allen Seiten zugutekam.[19] Doch heute schätzt Europa die strategische Bedeutung der Türkei anders ein als die Vereinigten Staaten, was der Türkei in ihren Beziehungen zu Europa große Kopfschmerzen bereitet. Die türkische Sicherheitspolitik ist immer noch auf der Suche nach einer neuen Risikoanalyse und einer neuen Definition für die anstehenden innen- und außenpolitischen Probleme. Sich dem Paradigmenwechsel anzupassen, waren die türkischen Intellektuellen und Politiker bisher

---

16 Varwick Johannes: Die NATO. Vom Verteidigungsbündnis zur Weltpolizei?, C.H. Beck Verlag 2008, S. 31
17 Carsten Peter: Das Verhältnis der Europäischen Union zur NATO: „Zwischen gegenseitiger Blockade und strategischer Partnerschaft", Fhvr Verlag 2006, S. 112-113
18 Herfried Münkler: Die Türkei und Europa. Eine geopolitische Herausforderung. In: Gehört die Türkei zu Europa? Helmut König und Manfred Sicking (Hrsg.), Bielefeld 2005
19 Beck Thomas & Piazolo Michael: Die gemeinsame Außen- und Sicherheitspolitik der EU, Fhvr Verlag, 2008, S. 74-75

nicht imstande. Die Ursache liegt darin, dass die Türkei von den Entwicklungen unvorbereitet überwältigt wurde und noch keine neue Vision entwickeln konnte. Für das Fehlen einer Strategie, waren die innenpolitischen Schwierigkeiten ein weiterer Grund. Diese Enttäuschung der Türkei darf jedoch nicht anhalten. Eine realistische Politik ist gefragt. Denn jetzt wird die Türkei als ein Staat angesehen, von dem Gefahren ausgehen – was auch nicht zu leugnen ist, wenn man die regionalen Entwicklungen in Betracht zieht. Für die europäische Stabilität ist die Türkei daher ein Destabilisierungsfaktor. Diese Perzeption Europas ist nicht in kürzester Zeit zu ändern.[20]

Es hat sich gezeigt, dass die EU sich bei der Verteilung des neuen Gleichgewichtes nach dem kalten Krieg nicht als aktiver Akteur etablieren konnte. Die EU, deren Rückkehr zu einer globalen politischen Rolle erwartet wird, verringert ihre Funktionen, ihre Einwohnerzahl und ihr Verhalten. Bei den Krisen in Jugoslawien und dem Irak hat sich gezeigt, dass sie momentan nicht mehr die mit einer starken Stimme sprechende Vereinigung ist, sondern einen losen Zusammenschluss mehrerer politischer Gruppen darstellt, der mangels einer Einigung auf eine gemeinsame Strategie auf globale politische Herausforderungen passiv und abwartend reagiert.[21] Der Umstand, dass die Europäische Union sich in wichtigen Situationen nicht sofort entscheiden kann, dass sie zu spät handelt oder passiv bleibt, hat zur Folge gehabt, dass sie an Stärke verloren hat, weil sie keinen gemeinsamen Willen hervorbringen kann. Die Vision, die die Türkei in die EU einbringen kann, kann es der EU ermöglichen, sich von den kleinlichen Abrechnungen der Vergangenheit zu befreien, wieder ins Gleichgewicht zu kommen und die eigenen Zukunftsvisionen wieder zu entdecken. Damit Europa wieder als eine Kraft auf der Weltbühne auftreten kann, muss es zuerst die Vorurteile der Vergangenheit zur Seite schieben und die politische Haltung verabschieden, die die zur Zeit erlebten Vorbehalte festgelegt hat.[22]

Die vielseitigen Beziehungen der Türkei im Mittleren Osten und ihr hohes Ansehen in der Region hat in Bezug auf die regionale Sicherheit immer eine wichtige Rolle gespielt. Die Türkei, die als islamisches Land immer versuchte, die Spannungen zwischen Israel und Palästina positiv zu beeinflussen, kann bei der Nahost-Politik der Europäischen Union ihre Beziehungen zu diesen Staaten einbringen. Gemeinsam mit der EU wird die Türkei sehr effizient auf die unterschiedlichsten Bedrohungen reagieren können, die das 21. Jahrhundert für uns bereit hält: Bedrohungen durch nicht-demokratische Regimes, Terrorismus, religiösen und ethnischen Radikalismus, organisierte Kriminalität mit Drogen- und Menschenhandel, Waffenschmuggel und anderen Delikten und politische Krisen, die bis zum Kriegsausbruch gehen können. Die Vision einer engeren Zusammenarbeit bei diesen Problemen, die nur in der Gemeinschaft gelöst werden können, und einer

---

20 Akdoğan Yalçın: Kırk Yıllık Düş, Avrupa Birliğinin Siyasal Geleceği ve Türkiye. İstanbul 2004, S. 53
21 Krammer Heinz: Avrupa ve Amerika Karşısında Değişen Türkiye (çeviren: Ali Çimen), İstanbul, Timaş Yayınları 2001
22 Bister Johanna: Bringt die Türkei Europa mehr Sicherheit?: Die sicherheitspolitische Bedeutung der Türkei für die EU, Tectum Verlag 2008, S. 53

Verstärkung der gegenseitigen Bindung lässt eine Mitgliedschaft der Türkei für die Europäische Union als sehr vorteilhaft erscheinen.[23]

Der Beitritt der Türkei zu einer Gemeinschaft, die das Ideal von Demokratie und Freiheit gewählt hat, wird einerseits das politische System rehabilitieren und es wird ihm andererseits auch Stabilität sichern. Ethnische und konfessionelle Spannungen werden reduziert, ebenso Fanatismus und Radikalismus. Auch wird der soziale Frieden gesichert und die politische Gesellschaft und die Administration passen sich an die heutigen Normen an. Aufgrund dieser Veränderungen kann aus vielen Blickwinkeln von einem positiven Beitrag zur Europäischen Union gesprochen werden. Mit den politischen und strategischen Vorteilen, die eine Mitgliedschaft in der EU für die Türkei mit sich bringt, wird das Thema Sicherheit berührt. Die Mitgliedschaft wird der Türkei einen Platz in der sich aufbauenden Weltordnung sichern. Durch die Mitgliedschaft in der EU wird das politische System der Türkei zusätzlich stabilisiert.[24] Durch die Beobachtung der EU werden die innere Stabilität der Mitgliedstaaten und der Schutz vor jeder Art der Radikalisierung noch besser gesichert. Auch würde die Türkei ihre Chancen, im internationalen Wettbewerb zu bestehen, weiter verbessern. Eine Türkei, die Einfluss auf die entscheidenden Organe der EU hat, wird international an Einfluss gewinnen. Die Nachbarländer, die islamischen Staaten und die Länder der Dritten Welt, mit denen die Türkei durch schon länger dauernde Beziehungen verbunden ist, werden durch das EU-Mitglied der Türkei in ihrer Einstellung zu Europa positiv beeinflusst. Die Türkei hat das Bedürfnis einer vertieften Beziehung zu Europa, um gemeinsam mit Europa als wichtiger Akteur auf der weltpolitischen Bühne die regionale Integration zu verstärken und die positiven Wirkungen der Globalisierung nutzen zu können, statt von ihr überrollt zu werden.[25]

Der politische Dialog zwischen der EU und der Türkei haben die Zusammenarbeit der Europäischen Sicherheits- und Verteidigungspolitik seit Mitte der 1990er Jahre weiterentwickelt. Im Zuge des Dialogs ist es bis zu einem erheblichen Maß der Konvergenz zwischen den Standpunkten der EU und der Türkei zu GASP-Fragen gekommen. Das Ausmaß gemeinsamer Standpunkte zeigt sich daran, wie oft sich die Türkei den politischen Erklärungen, gemeinsamen Standpunkten und gemeinsamen Aktionen sowie anderen GASP-Maßnahmen angeschlossen hat. Das Interesse der Türkei an der ESVP und ihre Erfahrungen mit der NATO und internationalen Friedenseinsätzen schaffen günstige Voraussetzungen für die Einbindung der Türkei in die GASP/ESVP-Struktur nach dem Beitritt. Seit 2003 hat die Türkei große Kontingente in Afghanistan (ISAF), in Bosnien (SFOR II) und im Kosovo (KFOR). Mit der Führung wurde das multinationale ISAF-Kontingent in Afghanistan betraut. Im Hinblick auf ihre Umsetzungskapazität und ihre institutionellen Fähigkeiten sind keine unüberwindbaren Probleme zu erwarten. Dank ihrer hohen Militärausgaben und ihres großen Streitkräftekontingents ist die Türkei in der Lage, einen bedeutenden Beitrag zur Sicherheit und Verteidigung der EU zu leisten.

---

23 Herfried Münkler: Die Türkei und Europa. Eine geopolitische Herausforderung. In: Gehört die Türkei zu Europa? Helmut König und Manfred Sicking (Hrsg.), Bielefeld 2005, S. 86
24 Wolfgang, Böhm: Die Türkei ist ein asiatischer/europäischer Staat, Die Presse, 30.01.2008
25 M. Ibrahim Turhan: Bizim Avrupa, Zeitschrift Anlayış, Ausgabe 3, 2003, S. 31-35

Jedoch ist es auch klar, dass die Türkei in Fragen zögert, die ihrer Auffassung nach ihre vitalen außen- und sicherheitspolitischen Interessen und insbesondere ihre geografische Nachbarschaft (Irak, Kaukasus usw.), die Menschenrechte und Entwicklungen in muslimischen Ländern berühren, die Standpunkte der EU zu übernehmen und auf einem eigenen nationalen Standpunkt besteht.[26]

Auch die Zukunft der Kaukasusregion und des Raumes um das Kaspische Meer mit seinen erheblichen Öl- und Gasvorräten wird von Entscheidungen der türkischen Politik mitgeprägt. Hier geht es um ein sehr komplexes Spiel zur Gestaltung der Bedingungen, unter denen zu Beginn dieses Jahrhunderts zusätzliche beträchtliche Energievorräte für den Weltmarkt erschlossen werden. Gleichzeitig hängen damit wichtige Fragen für die Stabilisierung und Ordnungsgestaltung in der geografischen Übergangszone von Europa nach Zentral- und Südasien zusammen.[27] Die Türkei verfolgt hier in beiden Zusammenhängen nationale Interessen, die sich vor allem aus ihrer unmittelbaren Nachbarschaft zu dieser Region und ihrem Verhältnis zu Russland und dem Iran ergeben. Für Europa geht es hier neben den Fragen der Energieversorgung und der Rolle entsprechender europäischer Industrien vor allem um die wesentliche Frage der künftigen Ordnung in einer zentralen unmittelbaren Nachbarschaftsregion.[28]

Zusammenfassung

Wenn die Größe der Lücke zwischen Erwartungen auf der einen und Fähigkeiten in Gestalt von Institutionen, Instrumenten und Ressourcen auf der anderen Seite als Maßstab für den prozesshaften Wandel in der europäischen Außen- und Sicherheitspolitik gelten soll, dann lässt sich gerade vor dem Hintergrund des fünfzigjährigen europäischen Integrationsprozesses und ungeachtet des Traumas der völligen Handlungsunfähigkeit der Europäischen Union während der Irak-Krise festhalten, dass sich die EU bei fortwährender Koexistenz von Fragmentierung und Kooperation, institutioneller Inkohärenz, eines begrenzten Instrumentariums und umkämpfter Ressourcen im außen- und sicherheitspolitischen Bereich zu einer Kraft sui generis entwickelt hat. Wenn die EU im Zeichen der Globalisierung ein globaler Player sein will, ist sie auf die Türkei angewiesen. Konfrontiert mit neuen Zentralmächten wie China muss Europa möglichst groß sein, um seinen Wohlstand und seine Freiheiten bewahren zu können. Im Mittleren Osten liegen große Herausforderungen für die Außenpolitik der EU. Die Union wird daher ihren strategischen Schwerpunkt von den östlichen auf die südlichen Grenzen verlagern müssen.[29] Um das zu erreichen, braucht man die Türkei. Wenn Brüssel die Türkei mit der

---

26 Westmeier Jens: Der EU-Beitritt der Türkei. Ein Beitrag zur Verbesserung der europäischen Sicherheit?, Diplomica Verlag GmbH 2008
27 Canbolat İbrahim: Avrupa Birliği ve Genişleme Sürecinde Türkiye ile İlişkiler, Alfa Yayınları 2002, S. 25
28 Bister Johanna: Bringt die Türkei Europa mehr Sicherheit?: Die sicherheitspolitische Bedeutung der Türkei für die EU, Tectum Verlag 2008, S. 87
29 Algieri Franco: Die Gemeinsame Außen- und Sicherheitspolitik der EU, UTB Verlag 2009, S. 45

Begründung, sie sei nicht europäisch, zurückweist, wird sich das negativ auf die Beziehungen der EU zur islamischen Welt auswirken.

Wie im Allgemeinen bekannt ist, tragen die internationalen Beziehungen dazu bei, neben vertraglichen Verbündeten auch an Stärke zu gewinnen. Die Menschheit hat immer versucht, das auszugleichen, indem sie versuchte, das Kräftegleichgewicht zu institutionalisieren. Nach Sicht der Theoretiker, die sich mit den internationalen Beziehungen befassen, war die Ordnung der Mehrpoligkeit nach dem Kalten Krieg der Grund für die Gründung von Blöcken. Dass die Türkei ein vielseitiges Land ist und eine Zeit lang auf drei Kontinenten verteilt war, war Grund dafür, dass sie von den Alliierten einerseits als problematische, instabile Region und andererseits als Brücke gesehen wurde. Die Chance, die Türkei als Brücke zum Osten zu verwenden, ließ es sinnvoll erscheinen, sie als Schutz gegen diese instabilen Regionen zu verwenden.[30] Die Sicherheitsbeziehungen der Türkei zu Europa beruhen im großen Ausmaß darauf, wie Europa die Vorteile, die die Türkei bieten kann, am besten für sich nutzen kann. Die Frage direkt ausgedrückt: „Wie viele Vorteile hat Westeuropa in der Türkei? Was sind die heutigen Bedrohungen, denen sich die Türkei gegenübersieht? Inwieweit kann die Bedrohung der Sicherheit der Türkei, die nicht von den Sowjets ausgeht, die Sicherheit Westeuropas beeinflussen?" Mit anderen Worten: Wird Europa in der neuen Zeit nur auf sich konzentriert sein? Die neuen Sicherheitsüberlegungen werden auf jeden Fall nicht stärker auf Europa konzentriert sein als bisher. Auch wenn die Türkei nur aus militärischer Sicht manche Bedrohungen auf sich nehmen würde, so verhindert die Tatsache, dass sie Brücken schlägt, dass sie in sozialer, politischer und kultureller Hinsicht alleine gelassen wird. Das Thema Sicherheit der Türkei ist nun nicht mehr nur auf die Türkei und auch nicht nur auf rein militärische Belange beschränkt. Aus diesem Grund ist es nicht möglich, dass die Türkei komplett ausgeschlossen wird.[31]

Die Sicherheit der EU hängt von der Stabilisierung des Mittleren Ostens ab. Um sie zu erreichen, braucht Brüssel starke Partner. Man muss Nutzen ziehen aus dem, was die Türkei zu bieten hat. Die europäische Erfahrung lehrt, dass Feindseligkeiten durch multilaterale Kooperation überwunden werden können, derweil die Türkei regionalen Einfluss und Einsichten in die Traditionen und in die politische Landschaft im Mittleren Osten besitzt. Diese Stärken zu vereinen hieße, eine perfekte Partnerschaft zu begründen. Wenn die aktive Politik der Türkei im Mittleren Osten eng gebunden ist an die Perspektive einer EU-Mitgliedschaft, fragt man sich, welche außenpolitische Vision der Türkei überleben würde, wenn – was immer wahrscheinlicher scheint – die EU eine Mitgliedschaft der Türkei ablehnen würde? Die Türkei ist momentan im Begriff, sich noch stärker in die internationale Gemeinschaft zu integrieren, wobei hier die Beziehungen zu den USA sicher eine bestimmende Rolle spielen. Die Türkei, die häufig Bedrohungen ihrer Sicherheit erlebt, ist bezüglich ihrer Sicherheit stark auf die von den USA garantierten Unterstützung im Rahmen der NATO angewiesen. Der Wunsch der Europäer, die Türkei in ihre eigene Sicherheitsstruktur zu integrieren, passt hier

---

30 Lydia Haustein: Modell Türkei? Ein Land im Spannungsfeld zwischen Religion, Militär und Demokratie, Göttingen 2006, S. 36
31 Bulaç Ali: Avrupa Birliği ve Türkiye, İstanbul, Eylül Yayınları 2001, S. 78–80

vorzüglich zu den Plänen der Türkei. Die aufrichtige Hilfe, die die USA der Türkei bei ihren Bemühungen um eine Mitgliedschaft in der EU und bei der Einbindung in die Strukturen der europäischen Sicherheitsarchitektur angedeihen ließ, ist aus Sicht der Türkei sehr wertvoll. Außerdem wird erwartet, dass eine engere Zusammenarbeit mit den USA und Europa dazu führt, dass strittige Fragen wie die Kurden im Irak, das Auseinanderbrechen Russlands, die Teilung Zyperns oder die wegen Zypern und einiger anderer Differenzen angespannten Beziehungen zu Griechenland einer harmonischen Lösung zugeführt werden können. Außer diesen Punkten sind die strategischen Bedeutungen der Türkei, die Verbesserung der Beziehungen zwischen der Türkei und Israel und die Verlagerung der Energiequellen nach Zentralasien beim Thema der regionalen Entwicklungen die wichtigsten Punkte der türkischen Außenpolitik.[32] Auch darum wäre ein ähnliches Nachdenken über eine erneuerte Türkeipolitik im erklärten Eigeninteresse des westlichen Europa.

Quellen

Algieri Franco: Die Gemeinsame Außen- und Sicherheitspolitik der EU, UTB Verlag 2009

Aydoğan Metin: Avrupa Birliğinin Neresindeyiz? Tanzimat'tan Gümrük Birliğine, Umay Yayın 2002

Beck Thomas & Piazolo Michael: Die gemeinsame Außen- und Sicherheitspolitik der EU, Fhvr Verlag, 2008

Bister Johanna: Bringt die Türkei Europa mehr Sicherheit? Die sicherheitspolitische Bedeutung der Türkei für die EU, Tectum Verlag 2008

Bulaç Ali: Avrupa Birliği ve Türkiye, İstanbul, Eylül Yayınları 2001

Canbolat İbrahim: Avrupa Birliği ve Genişleme Sürecinde Türkiye ile İlişkiler, İstanbul, Alfa Yayınları 2002

Carsten Peter: Das Verhältnis der Europäischen Union zur NATO: „Zwischen gegenseitiger Blockade und strategischer Partnerschaft", Fhvr Verlag 2006

Christoph Prantner: Türkei: Nichts als der Beitritt, Der Standard, 16.12.2007

---

32 Aydoğan Metin: Avrupa Birliğinin Neresindeyiz? Tanzimat'tan Gümrük Birliğine, Umay Yayın 2002, S. 78

Fröhlich Stefan: Die Europäische Union als globaler Akteur: Eine Einführung, VS Verlag 2007

Fu-Chang Chang: Autonomie und Allianz: EU statt NATO für die Europäische Sicherheit?, Nomos Verlag 2009

Herfried Münkler: Die Türkei und Europa. Eine geopolitische Herausforderung. In: Gehört die Türkei zu Europa? Helmut König und Manfred Sicking (Hrsg.), Bielefeld 2005

Karl, Gaulhofer: Totale Ablehnung des Türkei-Beitritts, Die Presse, 30.01.2008

Krammer Heinz: Avrupa ve Amerika Karşısında Değişen Türkiye (çeviren: Ali Çimen), İstanbul, Timaş Yayınları 2001

Lydia Haustein: Modell Türkei? Ein Land im Spannungsfeld zwischen Religion, Militär und Demokratie, Göttingen 2006

Saadhoff Christian: GASP: Außenpolitik für ein geeintes Europa. „Die zweite Säule der EU auf dem Prüfstand", Books on Demand GmbH 2001

Seufert Günter & Kubaseck Christopher: Die Türkei – Politik Geschichte Kultur, München, Beck Verlag 2004

Turhan M. İbrahim: Bizim Avrupa, Zeitschrift Anlayış, Ausgabe 3, 2003

Varwick Johannes: Die NATO. Vom Verteidigungsbündnis zur Weltpolizei?, C.H. Beck Verlag 2008

Varwick Johannes: Auf dem Weg zur „Euroarmee", Zeitschrift Internationale Politik Ausgabe April, ss. 86-97, 2007

Westmeier Jens: Der EU-Beitritt der Türkei. Ein Beitrag zur Verbesserung der europäischen Sicherheit?, Diplomica Verlag GmbH 2008

Wolfgang, Böhm: Die Türkei ist ein asiatischer/europäischer Staat, Die Presse, 30.01.2008

Yalçın Akdoğan: Kırk Yıllık Düş, „Avrupa Birliğinin Siyasal Geleceği ve Türkiye", İstanbul 2004

Mitgliedsaspirationen der Türkei zur Aufnahme in die EU im Kontext zu europäischer Sicherheit

Pawel Kobes*

Einführung

Seit vielen Jahren ist innerhalb und auch außerhalb von Europa eine Diskussion darüber entstanden, wie eine beabsichtige Aufnahme der Türkei im Kontext zur transatlantischen Sicherheit zu sehen ist.

Dieses Problem geht zunächst über eine europäische Sichtweise hinaus; denn die Türkei ist ein wichtiges Mitglied der NATO. Sie ist damit ein wertvoller Sicherheitsfaktor in ihrer Region und der ganzen Welt. Für jene Politiker, welche die Aufnahme der Türkei in den Bereich der Europäischen Union mit Skepsis verfolgen, mögen die folgenden Erwägungen hilfreich sein: Dabei wird zum ersten die Einhaltung der Kopenhagener Kriterien hinsichtlich der Garantie der Menschenrechte eine Voraussetzung sein, welche von der Türkei erfüllt werden muss. Zweitens entstehen bei einem Beitritt Bedenken im Hinblick auf die große Zahl der türkischen Bevölkerung. Sie ist ein Land mit einer großen Bevölkerungszahl. Damit würde die Anzahl der Muslime in Europa erheblich steigen. Aber schon jetzt leben in EU über 20 Millionen Moslime, so dass die Religion kein Hindernis sein dürfte.

Die Türkei weist allerdings ein nicht unerhebliches militärisches Potential auf, welches in der Europäischen Union die Sicherheit erhöhen würde.

Kooperation im Rahmen der Europäischen Sicherheits-Strategie

Im Zusammenhang mit der Ausnutzung der Militärkraft in internationalen Beziehungen kann zunächst festgestellt werden, dass eine Militärkraft immer als Grundelement der Bewahrung von Freiheit die Sicherheit ihrer Mitglieder zu bewerten ist. Es stehen Kräfte zur Verfügung für militärische Operationen in Europa oder im Zusammenhang mit internen Sicherheitsmaßnahmen oder deren internationaler Organisationen. Auf dem internationalen Parkett bedeutet die Militärkraft ein wichtiges Element. Sie bewirkt Abschreckung vor Angriffen und Aktionen der Friedenssicherung bei staatlichen Auseinandersetzungen.[1]

---

* Dr. Pawel Kobes, Witelon- Staatliche Fachhochschule in Legnica und Universität in Warszawa/ Polen

Außerdem soll bedacht werden, dass die Entscheidungen auf dem Gebiet der Außen- und Sicherheit ein Teil genereller Außenpolitik sind. Die Aussonderung der Außen- und Sicherheits- Politik in den Bereich der zweiten Säule ist ein Beweis für ihre Bedeutung für EU Staaten und auch ein Hinweis auf die Notwendigkeit einer praktischen Zusammenarbeit auf diesem Gebiet[2].

Ein wichtiger Impuls für die Schaffung einer Gemeinsamen Sicherheits-Politik in Europa waren die Ereignisse bezüglich des Krieges in Jugoslawien. Während der kämpferischen Aktionen im Frühling 1999 gegen Jugoslawien wurden ernste technologische und operative Verzögerungen der europäischen Luftkräfte der NATO-Staaten verzeichnet. Diese hatten nicht das geeignete Potenzial für selbstständige militärische Operationen. Diese erforderten jedoch eine größere Intensivität von Aktionen mit den vorhandenen Kräften. Das nicht optimale Engagement von europäischen Luftkräften auf Territorien von Kosovo und Serbien führten nach Überzeugung von Experten zu der Schlussfolgerung, dass in Zukunft bei einer europäischen militärischen Operation zum Zwecke der Sicherung des Friedens auf die vorhandenen Kräfte der NATO zurückgegriffen werden müsse („Aktiva"). Nur der breite Fächer von militärischen Kräften und Maßnahmen unter der direkten politischen Kontrolle und dem militärischen Kommando des Nordatlantik-Bündnisses mit der vorhandenen militärischen Infrastruktur, welche dem direkten Kommando der NATO unterstehen[3], bietet die notwendige Gewähr für schlagkräftige Sicherheitsmaßnahmen.

Wahrend des Gipfels des Europäischen Rats in Helsinki im Jahr 1999 wurde die Entscheidung über einen Beginn des Aufbaus von autonomen europäischen Streitkräften getroffen. Zugleich befanden die Präsidenten der EU Staaten, dass das Nordatlantische Bündnis zu militärischer Hilfe grundsätzlich verpflichtet sei. Sie entschieden ferner, dass die Mitgliedstaaten der Europäischen Union auf die Kräfte der NATO und deren „Aktiva" zugreifen könnten[4].

Tatsächliches Element dieser militärischen Kooperation war eine Vereinbarung zwischen der NATO und der EU im Rahmen der *Berlin Plus* Allianz, welche einen garantieren Zugang zu NATO-Hilfsquellen einräumt. Sie enthält Regelungen, welche die Inanspruchnahme von NATO-Maßnahmen zu militärischen Operationen betreffen. Diese

---

1 D. Milczarek, Pozycja i rola Unii Europejskiej w stosunkach międzynarodowych. Wybrane aspekty teoretyczne, Warszawa 2003, S. 100.
2 A. Marszałek, Wspólna polityka zagraniczna i bezpieczeństwa w integrującej się Europie, [w] A. Marszałek (red.), Integracja Europejska, Warszawa 2004, S. 370.
3 G. Rdzanek, Unia Europejska i Sojusz Północnoatlantycki wobec konieczności wspólnego organizowania operacji wojskowych, [w] K. Kubiak, P. Mickiewicz (red.) NATO w dobie transformacji. Siły zbrojnew transatlantyckim systemie bezpieczeństwa początku XXI wieku, Toruń 2008, S. 87-88.
4 Ibidem, S. 88.

Operationen sollen unter strategischer EU-Leitung realisiert werden. Sie enthalten als Voraussetzungen folgende Zielsetzungen:[5]

1. Austausch von geheimen Informationen (NATO-EU-Sicherheitsabkommen),

2. Rückgriff auf NATO-Planungskapazitäten bei einem von der EU geführten Einsatz,

3. Bereitstellung der NATO-Kommandostruktur für EU-geführte Missionen,

4. Rechtliche Abläufe für Freigabe, Überwachung, Rückgabe und Rückforderung der NATO-Kapazitäten,

5. Einhaltung der Aufgabenbereiche und Richtlinien des stellvertretenden NATO-SACEUR (stellvertretender militärischer Oberbefehlshaber der NATO), ein Europäer, der den Oberbefehl über die EU-Operationen hat, die unter Berlin Plus stattfinden,

6. Beachtung der Regeln über eine NATO-EU-Konsultation.

Es soll hervorgehoben werden, dass bei den Verhandlungen über die Frage des Ausschlusses von NATO-Hilfsquellen ernste Schwierigkeiten auftraten durch Spannungen zwischen der Türkei und Griechenland. Die Türkei als das NATO Mitglied, welche bisher erfolglos die Aufnahme in die Europäische Union fordert, blockierte die Zustimmung für militärischen Operationen, die durch die Union geführt werden. Sie forderte, die Türkei in die Europäische Sicherheits- und Verteidigungspolitik einzubeziehen. Die Zustimmung der Mitgliedstaaten der Europäischen Union kam jedoch nicht zustande. Deshalb widersetzten sich jeweils die Türkei und dann Griechenland dem Abschluss von Kompromissen zwischen der EU und der NATO. Eine Änderung trat erst 2002 vor der Sitzung des Europäischen Rats in Kopenhagen ein. Griechenland, das den Vorsitz in der Europäischen Sicherheits- und Verteidigungspolitik bekleidete, zeigt Verhandlungsbereitschaft und Elastizität. Als Resultat wurde während des Gipfeltreffens in Kopenhagen (12.-13. Dezember 2002) entschieden, den Einsatz von Streitkräften zwischen der EU und der NATO zu koordinieren und darüber Verhandlungen zu führen. Hierzu erklärte die Türkei ihre Bereitschaft. Ergebnis war der Abschluss in Form der *Berlin Plus*[6] Vereinbarung zwischen der EU und der NATO.

Als Reaktion auf die Uneinigkeit der Mitgliedstaaten der Europäischen Union in der Irak-Frage wurde der Hohe Vertreter für die Gemeinsame Außen- und Sicherheitspolitik der EU, Javier Solana, im Sommer 2003 mit der Aufgabe betraut, eine Europäische Sicherheitsstrategie (ESS) zu formulieren. Der Europäische Rat nahm den Entwurf am 12. Dezember 2003 an.

---

5 Ibidem, S. 89-90.
6 R. Zięba, Polityka bezpieczeństwa i obrony Unii Europejskiej, [w] M. Stolarczyk, Bezpieczeństwo Polski bezpieczeństwo europejskie na początki XXI wieku, Katowice 2004, S. 68.

Im ersten Teil dieses Dokuments wurden die globale Herausforderungen und Hauptbedrohungen, die von internationalen Gebieten stammen, definiert. Es wurde festgestellt, dass die Hauptbedrohungen Europas der Terrorismus, die Verbreitung von Massenvernichtungswaffen, regionale Konflikte, gescheiterte Staaten und die organisierte Kriminalität seien. Den neuen Herausforderungen könne nicht nur mit militärischen Mitteln begegnet werden. Die EU müsse sich hier frühzeitig vorbeugend engagieren. [7]

Im zweiten Teil des Dokuments über die Europäische Sicherheits-Strategie wurden die strategischen Zwecken definiert[8]. Im Einzelnen:

1. Schutz der EU Sicherheit und ihrer Werte. In der heutigen Zeit des Globalisierens sind sowohl ferne Bedrohungen als auch nähere zu verzeichnen, welche eine reale Gefahr schaffen können. Deshalb wird sich die erste Verteidigungs-Linie vor den neuen Bedrohungen oft außerhalb der Grenzen der Union befinden,
2. Schaffung von Sicherheit in nächster Nachbarschaft durch Integration. Es gilt, eine Stabilisierung der politischen Verhältnisse zum Beispiel im Balkan (bei Kooperation mit der USA , Russland, NATO und andere Partnern), im Süden des Kaukasus, bei der Lösung des israelisch-palästinischen Konflikts (was aus europäischer Sicht von großer Bedeutung ist), der Vertiefung der Kooperation im Rahmen der Mittelmeer-Partnerschaft und weiterer Engagements in der arabischen Welt mitzuwirken,
3. Stärkung der internationalen Gemeinschaft, Förderung des geeigneten Funktionierens von internationalen Institutionen und der rechtlichen Ordnungen. Die Europäische Union bringt ihre Überzeugung zum Ausdruck, dass keine Nation allein in der Lange sei, den neuen globalen Herausforderungen gewachsen zu sein.

Im dritten Teil der Europäischen Sicherheitsstrategie werden die Folgerungen für eine gemeinsame Außen- und Sicherheitspolitik formuliert. Es wurde hervorgehoben, dass Europa auf dem Gebiet der gemeinsamen Außenpolitik Fortschritte gemacht habe, allerdings sei dieser Prozess nicht beendet. Deshalb wurden folgende weitere Ziele gesetzt[9]:

- Die Vergrößerung der Aktivität zur Verhinderung von Konflikten durch die Begründung von politischen, diplomatischen und militärischen Aktionen. Frühere Deklarationen der ONZ sollten gestärkt werden, um internationalen Frieden und Sicherheit zu stärkenden. Auch werde die Möglichkeit in Betracht gezogen, präventive Aktionen zu unternehmen gegen diejenigen Staaten, von welchen Bedrohungen ausgehen können.

- Die Fortsetzung der schon unternommenen Aktionen, vor allem der Modernisierung von Armeen zum Zweck von Elastizität und Mobilität, Vergrößerung schützender Hilfsquellen und ihre Wirksamkeit ist ein weiteres Ziel. Auch die Verbesserung der Auskunftsmodalitäten und der Informationen von Daten erachten die Partner für notwendig. In Kontext von schon unternommenen Aktionen unterstrich man die

---

7 R. Zięba, Koncepcja bezpieczeństwa Unii Europejskiej, [w] R. Zięba (red.) Bezpieczeństwo międzynarodowe po zimnej wojnie, Warszawa 2008, S. 161-162.
8 Ibidem, S. 162.
9 Ibidem, S. 161-164.

Bedeutung von festen Bündnissen zwischen der EU und der NATO auf dem Gebiet der Erhöhungen operativer Fähigkeiten und der Zusammenarbeit beider Organisationen in Krisenzeiten.

- Die Vergrößerung des Organisationszusammenhangs der in den letzten Jahren von der EU geschaffenen Fähigkeiten, wie zum Beispiel bei den europäischen Hilfsprogrammen und dem Europäischen Entwicklungsfonds wird gefordert. In diesem Kontext werden verstärkte Aktionen zur Rechtsangleichung auf den Gebieten der Rechtspflege und dem Strafrecht, welche eine Schlüsselrolle bei der Bekämpfung des Terrorismus und der organisierte Kriminalität spielen, angemahnt.

- Die Entwicklung der Partnerschaft mit Drittstaaten und anderen Institutionen ist anzustreben. Eine gewachsene Bedrohung ergibt sich aus den Staaten außerhalb der Europäischen Union. Deshalb sei es notwendig, mit den anderen internationalen Organisationen zusammenzuarbeiten sowie mit den Staaten, die international eine Schlüsselrolle spielen. So betrifft die EU-Koordination jeden Teil der Welt, so die USA, den Nahen Osten, Partner aus Afrika, Lateinamerika und Asien.

Die EU Sicherheitsstrategie bezeichnet den Terrorismus als die wachsende Bedrohung für ganz Europa. Diese Strategie sieht die neue Gefahr durch den Terrorismus durch die Globalisierung und unterstreicht seine Verbindung mit dem religiösen Extremismus, der auf Gewalt ausgerichtet ist. Allerdings ist Europa nicht nur das Ziel des Terrorismus, sondern auch eine Basis[10].

Also ist die Kooperation mit der Türkei in diesem Kontext von besonderer Bedeutung. Es muss dabei bedacht werden, dass sie als einziger islamischer Staat zur NATO gehört.

Die Türkei kann als Bollwerk bezeichnet werden, also als ein Staat, deren innere Stabilität für ein ganzes Gebiet eine Schlüsselrolle spielen kann.

Diese Schlüsselrolle gewährleistet einen geopolitischen *Status Quo* in seinem Umfeld. Eine Störung des Gleichgewichts hätte destruktive Folgen im internationalen System. Eine innere Krise hätte ebenfalls schwerwiegende Folgen[11].

Weiterhin ist zu bedenken, dass die Türkei ein innerpolitisches Problem mit den Kurden zu lösen hat, welche in deren Staatsgebiet, aber auch im Irak, dem Iran und Syrien leben. In den 90iger Jahren des XX. Jahrhunderts entwickelte sich von den Kurden ein Kampf um die Unabhängigkeit mit terroristischen Mitteln. Sie verübten Anschläge nicht nur in Kurdistan, sondern auch in Europa. In April 1993 wurden türkische diplomatische Vertretungen in Dänemark, Frankreich, Schweiz, Deutschland und Schweden gestürmt. Die Türkei wurde durch Serien von terroristischen Anschlägen fühlbar heimgesucht. Diese Anschläge wurden durch Mitglieder der Kurdischen Arbeiter-Partei verübt. Diese

---

10 R. Olszewski, Bezpieczeństwo współczesnego świata, Toruń 2006, S. 160.
11 B. Bolechów, Terroryzm w świecie podwubiegunowym, Toruń 2002, S. 404.

Organisation ist nicht eine typische politische Partei, sondern besteht aus paramilitärischen Gruppen. Sie sind weit verbreitet und in vielen Staaten aktiv. Sie werden oft von den Sicherheitsdiensten erkannt und inhaftiert. Aus diesem Gründen füllen viele kurdische Terroristen Europas Gefängnisse[12].

Bemerkenswert ist die besondere Situation der Türkei. Sie weist im Vergleich zu Europa wesentliche Unterschiede auf und verbindet als laizistischer Staat kulturelle und politische Werte in sich selbst. Neben dem charakteristischen zum Westen gehörenden ideologischen Terrorismus (radikale Rechte und Linke) existiert ein separatistischer Terrorismus als typische, zum Nahen Osten tendierende Erscheinung eines islamistischen religiösen Terrorismus[13].

Bei der Bekämpfung des Terrorismus ist zu beachten, dass in der Türkei der Ansatz bei den terroristischen Aktionen mit der Bekämpfung der USA oder auch der europäischen Kultur deutlich wird. Es findet sich dort der Zusammenstoß der westlichen Welt mit der islamischen Zivilisation. Diese beiden Kulturen unterscheiden sich in äußerst vielfältiger Weise. Die europäische Kultur ist daher ein Ansatzpunkt für eine neue radikale Version von islamischem Extremismus[14].

Von diesem Grund kann die Türkei die Bühne für einen Dialog zwischen Islam und der westlichen Zivilisation werden. Das ist eine nicht zu verachtende Rolle der Türkei für die Zukunft.

Die alternativen Konzeptionen angesichts einer Mitgliedschaft der Türkei in der Europäischen Union

Im Hinblick auf eine Mitgliedschaft der Türkei in der EU existieren eine Anzahl Konzeptionen, welche sich aus den strengen Konvergenzkriterien für einen Beitritt ergeben:

A. Privilegierte Partnerschaft.

Die Konzeption einer privilegierten Partnerschaft entstand am Ende der 90iger Jahre, im XX. Jahrhundert. Diese Konzeption ist gleichsam ein dritter Weg, um dem Beitrittsland Vorteile aus der Kooperation mit der Europäischen Union zu sichern. Können nicht alle EU-Kriterien erfüllt werden, bleibt quasi ein dritter Weg. Dabei können viele politische

---

12 M. Borucki, Terroryzm zło naszych czasów, Warszawa 2002, S. 45.
13 B. Bolechów, Terroryzm…op. cit., S. 404.
14 W. Stankiewicz, Terroryzm – w świecie walki Dwóch Światów, [w] A. Parzymes (red.), Islam a terroryzm, Warszawa 2003, S. 292-293.

und wirtschaftliche Vorteile erhalten bzw. erzielt werden. Dies könnte im Rahmen eines individuell ausgehandelten Partnerschaftvertrages erfolgen[15].

Ein Fortschritt könnte sich aus einer wirtschaftlichen Integration mit den EU Staaten ergeben. Denkbar wäre eine Freihandelszone, die alle Gruppe von Waren erfasste und sich auf eine Liberalisierung im Dienstsektor und im Kapitaltransfer erweitern ließe. Allerdings wäre in diesem Zusammenhang die Freiheit von Niederlassung und Arbeitsaufnahme nicht erfasst.

Ferner ist eine Teilnahme in einigen politischen Bereichen denkbar. Zum Beispiel seien hier genannt: Wissenschaftliche Prüfungen und Statistik, Aktivitäten in Bereich von Handel, Kartellrecht, Finanzen, Konsum, Energie, Umweltschutz und Transport. Im Kontext einer solchen Kooperation könnte dann eine Entwicklung von individueller Hilfe folgen. Ferner, käme eine finanzielle Hilfe für den Haushalt in Betracht, um die Festigung des demokratischen Wandels zu fördern.

Besondere Bedeutung hätte die Einbeziehung von Aktivitäten im Rahmen der gemeinsamen Ausländer- und Sicherheitspolitik, Teilnahme an regulären Konsultationen bei der Vorbereitung gemeinsamer Aktionen und auch bei der Entwicklung der gemeinsamen Strategien sowie auch die Teilnahme an Ratssitzungen der Außenminister der EU Staaten.

Hervorzuheben wäre auch eine Verstärkung der Institutionen und Ämter in Rechtspflege und Innenpolitik, besonders zum Beispiel im Rahmen der Bekämpfung des Terrorismus und der organisierten Kriminalität. Die Kooperation auf diesem Gebiet könnte besonders den Austausch von Personaldaten oder Kooperation von Rechtsprechungsorganen in Zivil- und Strafsachen enthalten.

Es sollte aber hervorgehoben werden, dass mit obengenannten Berechtigungen auch Pflichten verbunden sein müssten. Eine privilegierte Partnerschaft kann nur dann gelingen, wenn zumindest ein Teil der Kopenhagener Kriterien erfüllt werden. Wie in jedem Mitgliedstaat müssten auch in der Türkei Prinzipien wie Demokratie, Menschenrechte garantiert werden. Gewährleistung der Marktwirtschaft wäre ein weiteres Kriterium, deren Rechtsgrundsätze übernommen werden müssten[16].

Nach diesem Konzept bestünde der Vorteil in einer weitgehenden Flexibilität, die sich auf eine gegenseitige Partnerschaft bezöge. Nach den jeweiligen Entwicklungsfortschriften ließe sich der Rechtsstatus der Türkei zur Europäischen Union anpassen. Rechte und Pflichten würden eine solche vertragliche Annäherung prägen, allen Teilen der Verträge gerecht zu werden.

---

15 A. Szymański, Koncepcje alternatywne wobec członkowstwa w EU – przypadek Turcji, Sprawy Międzynarodowe 2007, nr 4, S. 159-167.
16 Ibidem, S. 161.

Eine solche Partnerschaft wäre auch politisch durchsetzbar und könnte von den Mitgliedstaaten der Europäischen Union eher akzeptiert werden. Denn für die Aufnahme eines neuen EU Mitgliedes bedürfte es der Zustimmung aller EU-Mitglieder[17].

Die Konzeption von privilegierter Partnerschaft wird von der Regierung und weiten Teilen der Bevölkerung allerdings nicht geschätzt. Zunächst bedeutete es eine herbe Enttäuschung der Türkei, die stets eine Vollmitgliedschaft anstrebte. Deshalb wird sich diese Konzeption in der Praxis nicht realisieren lassen, sollte als Option jedoch weiter festgehalten werden.

B. Erweiterte assoziierte Mitgliedschaft

Eine zweite Konzeption wäre die erweitere assoziierte Mitgliedschaft. Sie beinhaltete eine Weiterentwicklung und eine Präzisierung der privilegierten Partnerschaft.

Diese Konzeption unterstellt die Funktion auf dem wirtschaftlichem Gebiet, welche sich auf die gegenwärtige Situation bezieht. Sie bedeutete folglich die Teilnahme am Binnenmarkt und die Annahme relevant mit ihm rechtlich verbundenen Regularien. Zugleich beschränkte diese Kooperation die Realisierung von einigen Elementen dieses Marktes wie zum Beispiel den freien Personenverkehr. Diese Fragen würden in speziellen Vertragsklauseln geregelt werden müssen. Die Übernahme des Europäischen Wirtschaftsaquis müsste mit der Funktion in der Zollunion verknüpft werden. Ein Staat, der nach den wirtschaftlichen Regeln ausgerichtet werden würde, wäre insoweit partiell Teilhaber an der Wirtschafts- und Währungsunion[18].

Institutionell würde das bedeuten, dass die erweiterte assoziierte Mitgliedschaft eine Teilnahme der Türkei an den Entscheidungsgremien der Europäischen Union auf dem Gebiet der wirtschaftlichen Zusammenarbeit zur Folge hätte. Auch eine Zusammenarbeit von Parlamentariern käme in Betracht, ebenso eine solche mit allen Institutionen, welche mit der Entwicklung einer gemeinsamen Politik betraut sind[19].

Eine erweitere assoziierte Mitgliedschaft sollte auch die Möglichkeit der Teilnahme der Türkei an Treffen des Europäischen Rats ohne Stimmrecht vorsehen. Es würde nur die Möglichkeit bestehen, eine eigene Meinung vorzutragen und zur Diskussion zu stellen.

Diese Konzeption würde sich allerdings nicht auf die Gemeinsame Agrarpolitik beziehen. Es ist das Rechtsgebiet mit der größten wirtschaftlichen Annäherung. Es könnten ferner

---

17 Ibidem, S. 161.
18 Ibidem, S. 162.
19 Ibidem, S. 162.

einzelne Gebiete, für welche Konvergenzkriterien entwickelt werden müssten, berücksichtigt werden[20].

Erweitere assoziierte Mitgliedschaft unterscheidet sich von privilegierter Partnerschaft unter anderem dadurch, dass sie eine europäische Perspektive für eine Mitgliedschaft der Türkei und anderer Staaten nicht ausschließt. Schließlich mag zu einem späteren Zeitpunkt eine Entscheidung über eine Akzession getroffen werden[21].

Aus der Sicht der Türkei und deren Interessenlage scheint diese Konzeption in gewissem Maße auch nicht günstig zu sein, weil sie freilich eine Mitgliedschaft für die Europäische Gemeinschaft nicht ausnimmt. Es bleibt allerdings bei den unverzichtbaren Forderungen der Beitrittskriterien und dem Prinzip von „Zuckerbrot und Peitsche"! Das könnte die öffentliche Meinung in der Türkei desorientieren.

C. Graduelle Mitgliedschaft.

Die nächste alternative Konzeption wäre eine graduelle Mitgliedschafts-Konzeption. Sie enthält die Zielvorgabe, dass die Türkei eine Mitgliedschaft nur graduell erreichen will. Am Beginn würden lediglich Einzelfragen erörtert, später verbunden und nach zu verzeichneten Fortschritten in eine Integration einmünden. Als ersten Teilbereich könnte die Türkei eine Einbeziehung in eine Gemeinsame Sicherheits- und Außenpolitik und in die europäische Verteidigungspolitik in Betracht ziehen. Auf diese Weise würde die Türkei eine Möglichkeit haben, den Mechanismus von Entscheidungen in der EU kennenzulernen und sich mit Fragen der Abgabe von Kompetenzen an eine höhere Entscheidungsinstanz vertraut zu machen. Ein weiterer Bereich wäre die Akzeptanz von Rechtsgrundlagen im Bereich der Innen- und Justizpolitik. Das würde der Union und auch der Türkei bei der Bekämpfung organisierter Kriminalität und dem Kampf gegen den internationalen Terrorismus helfen. Die nächste Etappe wäre eine Mitgliedschaft in der Wirtschafts- und Währungsunion und im Schengen-System. Und der letzte Schritt wäre die Teilnahme am Binnenmarkt[22].

Der Vorteil dieser Regelung wäre in der schrittweisen Annäherung an die Europäische Union zu sehen. Jedes Rechtsgebiet könnte der Reihe nach angegliedert werden. Die Türkei könnte den Mechanismus des Europäischen Rats kennenlernen. In jenen Bereichen, in welchen eine Integration erst später folgen würde, hätte sie kein Stimmrecht. Aus dem Gesichtspunkt der Meinungen der EU-Mitgliedstaaten wäre eine graduelle

---

20 Ibidem, S. 163.
21 Ibidem, S. 163.
22 Ibidem, S. 163.

Mitgliedschaft noch nicht als Beitritt zu werten, so dass Vorbehalte zunächst weitgehend entfallen würden.23

D. Mittelmeerunion

Die nächste Konzeption – eine Mittelmeerunion – wurde von Frankreichs Präsident Nicolas Sarkozy entwickelt. Diese Konzeption entstand auf Grund von Misserfolgen im Mittelmeerdialog, der wegen der Osterweiterung ins Stocken geraten war.

Diese neue Idee der Kooperation bezieht sich auf einen weiteren Kreis der Kooperation. Sie schließt allerdings eine Vollmitgliedschaft in der Europäischen Union aus. Zielsetzung wäre vor allem der Ausbau der kommerziellen Beziehungen zwischen der Union und ihren Mittelmeer-Partnern. Im Mittelmeerraum würde auch ein System der kollektiven Sicherheit funktionieren. Es böte sich die Lösung von Problemen über illegale Einwanderung von Afrika nach Europa, dem Umweltschutz, Förderungen und wissenschaftlicher und technischer Zusammenarbeit an[24].

Diese Konzeption dieser Union ist allerdings noch ungenau und müsste näher präzisiert werden. Den Vorstellungen der Türkei würde sie in keiner Weise entsprechen. Vielmehr wäre diese auf den Stand der Mittelmeerstaaten zurückgeworfen.

Europäischen Nachbarschaft „Politik Plus"

Dagegen ist eine Europäische Nachbarschafts-Politik Plus als reale Alternative zu einer Mitgliedschaft in der EU anzusehen. Es ist die Form einer erweiternden Europäischen Nachbarschaftspolitik mit drei zusätzlichen Aspekten[25]:

a) Dem wirtschaftlichen Bereich – das bedeutete die Mitgliedschaft in der Zollunion und dem Bereich der Freiheit des Handels,

b) dem Bereich der Energieversorgung durch die Schaffung einer Gemeinschaft zwecks der Lieferung und Sicherstellung von Energien;

c) dem Aspekt der Sicherheit durch den Abschluss der sogenannten „Sicherheit Partnerschaft", die auf die Teilnahme an Sicherheitskonferenzen mit Absprachen abzielen könnte.

---

23 Ibidem, S. 164.
24 Ibidem, S. 165.
25 Ibidem, S. 165.

Diese Konzeption entspricht nicht einer idealen Lösung für die Türkei, weil sie ihre fundamentalen Interessen nicht realisieren dürfte. Diese bestehen eben in einer Vollmitgliedschaft mit allen Rechten und Pflichten, die sich für jeden Mitgliedstaat ergeben. Dieser Konzeption ist aber zuzubilligen, dass sie pragmatisch ausgerichtet ist und vorhandene gemeinsame reale Probleme lösen möchte.

Schlussbemerkungen

Sofern Sicherheitsprobleme für die Europäische Union in Betracht gezogen werden, erscheint es unmöglich, sie ohne eine Vollmitgliedschaft der Türkei zu lösen. Die Türkei als der wichtigste islamisch geprägte Partner zum Westen kann eine Schlüsselrolle zur Stabilisierung im Konflikt-Viereck Schwarzes Meer –Kaspisches Meer – Mittelmeer – Persische Bucht spielen[26]. Außerdem ist sie dafür prädestiniert, eine Bühne zwischen der westlichen Zivilisation und der moslemischer Welt zu sein. Denn sie kann auch Fürsprecher für die europäischen Interessen in Sicherheitsfragen bezüglich der islamischen Staaten sein.

Allerdings kann EU sich nicht gegenüber der Türkei so verhalten, dass sie eine Verzögerungstaktik betreibt und einen Betritt auf unbestimmte Zukunft verschiebt. Es ist dabei zu bedenken, dass eine unbestimmte EU-Haltung eine positive Einstellung der Bevölkerung in der Türkei in das Gegenteil verändern könnte. Es ist nicht auszuschließen, dass die Türkei beabsichtigte, sich im Sicherheitsbereich anders politisch zu orientieren und neue Bündnisse zum Beispiel mit Russland und dem Iran suchen würde. Eine effektive Sicherheitspolitik könnte dann nicht mehr gewährleistet werden.

Literaturverzeichnis

Szymański, *Koncepcje alternatywne wobec członkowstwa w EU – przypadek Turcji*, Sprawy Międzynarodowe 2007, nr 4, s. 159-167.

Marszałek, *Wspólna polityka zagraniczna i bezpieczeństwa w integrującej się Europie*, [w] A. Marszałek (red.), *Integracja Europejska*, Warszawa 2004, s. 370.

Szymański, *Koncepcje alternatywne wobec członkowstwa w EU – przypadek Turcji*, Sprawy Międzynarodowe 2007, nr 4, s. 159-167.

Bolechów, *Terroryzm w świecie podwubiegunowym*, Toruń 2002, s. 404.

---

26 Sz. Niedziela, Turcja w Europie, Dziś 2004, nr 3, S. 139.

Bolechów, *Terroryzm*...op. cit., s. 404.

Milczarek, *Pozycja i rola Unii Europejskiej w stosunkach międzynarodowych. Wybrane aspekty teoretyczne*, Warszawa 2003, s. 100.

G. Rdzanek, *Unia Europejska i Sojusz Północnoatlantycki wobec konieczności wspólnego organizowania operacji wojskowych*, [w] K. Kubiak, P. Mickiewicz (red.) *NATO w dobie transformacji. Siły zbrojnew transatlantyckim systemie bezpieczeństwa początku XXI wieku*, Toruń 2008, s. 87-88.

M. Borucki, *Terroryzm zło naszych czasów*, Warszawa 2002, s. 45.

R. Zięba, *Polityka bezpieczeństwa i obrony Unii Europejskiej*, [w] M. Stolarczyk, *Bezpieczeństwo Polski bezpieczeństwo europejskie na początki XXI wieku*, Katowice 2004, s. 68.

R. Zięba, *Koncepcja bezpieczeństwa Unii Europejskiej*, [w] R. Zięba (red.) *Bezpieczeństwo międzynarodowe po zimnej wojnie*, Warszawa 2008, s. 161-162.

R. Olszewski, *Bezpieczeństwo współczesnego świata*, Toruń 2006, s. 160.

Sz. Niedziela, *Turcja w Europie*, Dziś 2004, nr 3, s. 139.

W. Stankiewicz, *Terroryzm – w świecie walki Dwóch Światów*, [w] A. Parzymes (red.), *Islam a terroryzm*, Warszawa 2003, s. 292-293.

Einstellung Deutschlands zum türkischen Beitritt in die EU

Rıza Arslan*

Einführung

Die Europäische Union (EU) samt ihren Mitgliedern verfolgt das Ziel, Europa zu vereinen und die Zukunft des Kontinents auf eine solide Grundlage zu stellen. Dieses Ziel teilt auch Deutschland. Aus diesem Grund werden die Bundesregierungen von Fall zu Fall unterschiedliche Positionen einnehmen und eine andere Rhetorik wählen, die zumeist zum Wahlkampf dienen würde. Aber sie alle akzeptieren am Ende die zwischen den Mitgliedstaaten vereinbarte Position, die dann von den EU-Organen umgesetzt wird. Das heißt, dass auch andere Mitgliedstaaten unterschiedliche Positionen einnehmen können, aber nach den internen Diskussionen im EU-Rat müssen sie sich am Ende zu einer gemeinsamen Position durchdringen, mit der die EU als Gemeinschaft weiterleben kann. Die unterschiedlichen Positionen bestehen auch in der EU-Erweiterungspolitik. Je nach Beitrittskandidat nehmen die Mitgliedstaaten unterschiedliche Haltungen ein. Daher können manche Erweiterungen problematisch beginnen. Die Lösungen sind manchmal langwieriger, wie im Falle der Aufnahme Großbritanniens, aber sie waren am Ende kein unlösbares Problem. Das türkische Ringen um die Aufnahme in die Union sollte daher in diesem Rahmen bewertet werden. Solange die türkischen Beitrittsambitionen nicht von selbst zurückgehen, gibt es Hoffnung, irgendwann volles Mitglied der EU zu werden. Die türkischen Beitrittsambitionen hängen auch von den Reformschritten in ihrer Politik, Wirtschaft und Sozialpolitik ab. Die EU wird im Falle der Türkei wegen der vorhandenen Vorurteile unter der Bevölkerung in manchen EU-Ländern, die auch von den Türkeigegnern absichtlich geschürt werden, zögerlich und vorsichtig vorangehen. Aber beide Seiten werden sich langsam herantasten und dabei manchmal auch die Lasten des Beitritts untereinander immer wieder neu aushandeln. Nebenbei werden einige Mitgliedstaaten oder Politiker wie *Angela Merkel*, *Helmut Kohl*, *Helmut Schmidt* und *Nicolas Sarkozy* immer wieder als Gegner des Beitritts auftreten, aber die Türkei sollte Übersicht bewahren und ihr Hauptziel nicht aus den Augen verlieren.

1. Deutsch-Türkische Beziehungen: Historischer Rückblick (bis 1980)

Die Westorientierung der heutigen Türkei hat bereits zu Zeiten des Osmanischen Reiches im 19. Jahrhunderts eingesetzt, wurde aber nach der Gründung der Republik Türkei im

---

* Doz. Dr. Rıza Arslan, an der Universität Balıkesir (Türkei) Bandırma Fakultät für Wirtschaft und Verwaltungswissenschaften Abteilung für Öffentliche Verwaltung.

Jahre 1923 konsequenter vorangetrieben. Der Gründer der Türkischen Republik, Mustafa Kemal Atatürk, hatte den Anschluss an Europa mit weitreichenden Reformen entscheidend beeinflusst. Die Westorientierung des Osmanischen Reiches im 19. Jahrhundert hatte vor allem auch die Intensivierung der Beziehung zu Deutschland bewirkt. Die „Waffenbrüderschaft" beider Nationen vor dem Ersten Weltkrieg wirkte auch nach dem Krieg weiter. Die moderne Türkische Republik bezog zudem in den 30er Jahren des 20. Jahrhunderts wissenschaftliche Lehrkräfte und Wissenschaftler aus Deutschland, die vor dem NS-Regimes geflohen waren.

Die Türkei legte nach dem Zweiten Weltkrieg ihre neutrale Rolle in der internationalen Politik ab und nahm, dem Zeitgeist entsprechend, auf der Seite des westlichen Bündnisses Position; sie wurde Mitglied der Organisation für Europäische Wirtschaftliche Zusammenarbeit (OEEC), die 1948 zur Durchführung des Marshall-Plans vorgesehen war; sie trat am 9. August 1949 dem Europarat bei, und sie wurde im Februar 1952 Mitglied der NATO. Die Türkei leistete im „Kalten Krieg", auf Seiten der NATO, gegen den Warschauer Pakt als Südostpfeiler einen unerlässlichen Beitrag. Dieser Positionsbezug der Türkei nach dem Zweiten Weltkrieg trug auch dazu bei, dass 1990 Deutschlands Zusammenschluss möglich wurde.

Die Positionierung auf der westlichen Seite sollte mit der vollen Integration in der Europäischen Wirtschaftsgemeinschaft (EWG) gekrönt werden. Dazu stellte die Türkei am 31. Juli 1959 einen Antrag auf Assoziierung in die EWG. Gleich danach wurden Verhandlungen aufgenommen und sie endeten mit dem Vertrag vom Ankara am 12. September 1963[1]. Nach der Unterzeichnung des Vertrages erklärte der türkische Außenminister *Feridun Cemal Erkin*, dass *„... die Unterzeichnung dieses Abkommens nicht ausreichend ist, um die Verwirklichung seiner Ziele herbeizuführen, und, wir sind uns bewusst, dass die gesetzten Ziele nur um den Preis großer Opfer und harter Arbeit erreicht werden können. Doch wir sind entschlossen, alle Schwierigkeiten zu überwinden und haben das feste Vertrauen, dass wir unsere Ziele erreichen..."*[2]. Bei der Vertragsunterzeichnung sagte der deutsche EWG Kommissionspräsident *Walter Hallstein*; *„Die Türkei ist ein Teil Europas"*[3]. Die Äußerungen von *Hallstein* und der Inhalt des Artikels 28[4] des Assoziationsabkommens weisen darauf hin, dass *„ein späterer*

---

1 Vgl. Kramer, Heinz (1988), Die Europäische Gemeinschaft und die Türkei. Entwicklung, Probleme und Perspektiven einer schwierigen Partnerschaft, 1. Aufl., hrsg. v. Stiftung Wissenschaft und Politik 21, S. 34.
2 Vgl. Kramer, Heinz (1988), Die Europäische Gemeinschaft und die Türkei. Entwicklung, Probleme und Perspektiven einer schwierigen Partnerschaft, 1. Aufl., hrsg. v. Stiftung Wissenschaft und Politik 21, S. 34.
3 Vgl. Grothusen, Klaus-Detlev (1985), Außenpolitik, in: Türkei, Südosteuropa Handbuch, Bd. 4, S. 92.
4 Art. 28: "Sobald das Funktionieren des Abkommens es in Aussicht zu nehmen gestattet, dass die Türkei die Verpflichtungen aus dem Vertrag zur Gründung der Gemeinschaft vollständig übernimmt, werden die Vertragsparteien die Möglichkeit eines Beitritts der Türkei zur Gemeinschaft prüfen" (Literatur: ABl. Nr. 217 vom 29. 12. 1964, Abkommen zur Gründung einer Assoziation zwischen der Europäischen Wirtschaftsgemeinschaft und der Türkei, Beschluss des Rates vom 23. Dezember 1963).

Beitritt der Türkei zur Gemeinschaft nicht ausgeschlossen werden sollte"[5]. Später, im Jahre 1976, als Griechenland die Beitrittsverhandlungen mit der Gemeinschaft führte, wurde die Aufnahmeabsicht der Türkei von der EWG noch einmal bekräftigt. Es wurde betont, dass die Türkei und die Gemeinschaft gemeinsam die auftretenden Schwierigkeiten überwinden und die Assoziation, deren Endziel der Beitritt der Türkei zur Gemeinschaft sei, immer weiter ausbauen[6]. Eine weitere Aussage in dieser Richtung wurde von der Kommission der EG 1980 abgegeben, in dem betont wurde, dass *„. die Gemeinschaft ein Interesse daran habe, die Türkei durch die Unterstützung der prowestlichen Kräfte in dem Land zu stabilisieren und der Türkei das Gefühl zu vermitteln, dass sie zur europäischen Familie gehöre und privilegierte Beziehungen mit der Gemeinschaft besitze"*[7]. Als die Beziehungen intensiviert waren und eine zukunftsträchtige Perspektive für einen frühzeitigen Beitritt der Türkei nahe schien[8], kam es zu einem Militärputsch am 12. September 1980. Daraufhin brach die Gemeinschaft die Beziehung zu der Türkei ab. Erst nach den demokratischen Parlamentswahlen im Oktober 1983 wurden vorsichtig wieder Annäherungsversuche zwischen der Gemeinschaft und der Türkei unternommen.

Der Militärputsch war in der Gemeinschaft, wie auch in Deutschland, immer auf Ablehnung gestoßen. Sowohl die deutschen konservativen Christdemokraten als auch die Sozialdemokraten verstärkten nach dem Putsch, vor allem im Europa-Parlament, einen harten Kurs gegenüber der Türkei.[9]. Die abgekühlten Beziehungen normalisierten sich auch nach einer gewählten Regierung im Herbst 1983 nicht. Zwei Jahre danach, im Juli 1985, nahm die Gemeinschaft durch den Besuch des Deutschen *Bundeskanzlers Helmut Kohl* Kontakt mit der Türkei auf. Grund des Kontakts war das Zusatzprotokoll aus dem Jahre 1973, das die Freizügigkeit der türkischen Arbeitnehmer in die Gemeinschaft für das Jahr 1986 vorsah. Mit dem Besuch des Bundeskanzlers erhofften sich die Deutschen einen Handel, wonach die Türkei auf Freizügigkeit für ihre Bürger innerhalb der Europäischen Gemeinschaft zugunsten eines Pakets mit finanziellen, wirtschaftlichen und sozialen Zuwendungen verzichten sollte[10]. Aus diesem Geschäft wurde nichts, aber die Beziehung zwischen der Gemeinschaft und der Türkei wurde wieder aufgenommen. Die Intensivierung der Beziehungen weckten nun in Ankara und Istanbul Beitrittsabsichten. Deutsche Politiker dagegen verhandelten nach dieser Visite mit den EG Staaten und der

---

5 Kramer, Heinz (1988), Die Europäische Gemeinschaft und die Türkei. Entwicklung, Probleme und Perspektiven einer schwierigen Partnerschaft, 1. Aufl., hrsg. v. Stiftung Wissenschaft und Politik 21, S. 35.
6 Siehe dazu Europäische Gemeinschaften, Amtsblatt der EG, Reihe C und L, 12. Jährlicher Tätigkeitsbericht, S. 11.
7 Vgl. Bourguignon, Roswita (1983), The History of Turkey-EC Relationship, Manuskript, Bonn, S. 28.
8 Vgl. Kramer, Heinz (1988), Die Europäische Gemeinschaft und die Türkei. Entwicklung, Probleme und Perspektiven einer schwierigen Partnerschaft, 1. Aufl., hrsg. v. Stiftung Wissenschaft und Politik 21, S. 85ff.
9 Siehe dazu Sitzungsdokumente des Europäischen Parlaments 1-334/81, No. 2 und No. 57, 1981-1982.
10 Vgl. Schlegel, Dietrich (1986), Pragmatismus zwischen der Türkei und Europa, in: Außenpolitik, Zeitschrift für internationale Fragen, Jahrgang 37, 1. Quartal 1986, S. 284.

EG-Kommission, um die türkischen Arbeitskräfte von Deutschland und der EG fernzuhalten[11]. Deutschland verlangte von der EG zusätzlich, dass bevor es zu einer Freizügigkeit für türkischen Arbeitnehmer in der Gemeinschaft kommt, sollte die Türkei die Bestimmungen der Zollunion erfüllen. Die deutsche Position lautete kurz zusammengefasst, die im Artikel 36 des Zusatzprotokolls formulierte ‚Freizügigkeit[12] der türkischen Arbeitnehmer sollte ausgesetzt werden. Im Gegenzug sah die Türkei die Einhaltung des Vertrages als einen Test für die Gemeinschaft, die allgemeine Entwicklung der Türkei zu fördern oder zu behindern.[13].

Nach Verhinderung der Freizügigkeit scheiterte auch die finanzielle Unterstützung der Gemeinschaft, weil Griechenland dazu, ermutigt durch Deutschland, sein Veto einlegte. Nun äußerte die Türkei ihren Wunsch nach einem vollen Beitritt in die Gemeinschaft. Sodann überreichte der Staatsminister *Ali Bozner* am 14. April 1987 dem amtierenden belgischen Ratspräsidenten *Leo Tiedemanns* das Beitrittsgesuch[14]. Das Verhalten der Gemeinschaftsmitglieder fiel verhalten aus und die Kommission erteilte erst nach zweieinhalb Jahren, am 18. Dezember 1989, dem türkischen Antrag eine Absage. Als Vorwand gab man an, dass sich die Gemeinschaft als erstes die Verwirklichung und Vertiefung der Einheitlichen Europäischen Akte vorantreiben möchte[15]. Die Türken dagegen vermuteten hinter der Ablehnung vor allem Deutschland. Die Bundesregierung äußerte sich dazu, dass „...*Die Bundesregierung bestreitet der Türkei selbstverständlich nicht das Recht, einen Antrag auf volle Mitgliedschaft in der EG zu stellen. Dies ist eine Option, die die Türkei aufgrund des Assoziierungsabkommens hat. Die Frage ist nur: Welcher Zeitpunkt könnte geeignet sein für diesen Schritt?*"[16]. Damit war klar, dass die Türkei noch eine Weile vor der Tür der Gemeinschaft Wache halten sollte. Als Schuldiger war Deutschland ausgemacht. Die Türkei erhoffte – als treuer Partner in der NATO, ständiges Mitglied beim Europarat mit der Unterzeichnung von etwa zwanzig europäischen Übereinkommen und Abkommen, u. a. die Konvention zum Schutze der Menschenrechte und Grundfreiheiten und das europäische Kulturabkommen beinhalteten[17] – in die Gemeinschaft aufgenommen zu werden. Die Türken hatten es als selbstverständlich angesehen, dass sie ohne weiteres in die Gemeinschaft aufgenommen werden würden. Aber der Wind hatte es sich nach dem Putsch gedreht.

---

11 Vgl. Schlegel, Dietrich (1986), Pragmatismus zwischen der Türkei und Europa, in: Außenpolitik, Zeitschrift für internationale Fragen, Jahrgang 37, 1. Quartal 1986, S. 294.
12 Vgl. Kramer, Heinz (1988), Die Europäische Gemeinschaft und die Türkei. Entwicklung, Probleme und Perspektiven einer schwierigen Partnerschaft, 1. Aufl., hrsg. v. Stiftung Wissenschaft und Politik 21, S. 59.
13 Vgl. Kramer, Heinz (1988), Die Europäische Gemeinschaft und die Türkei. Entwicklung, Probleme und Perspektiven einer schwierigen Partnerschaft, 1. Aufl., hrsg. v. Stiftung Wissenschaft und Politik 21, S. 61.
14 Vgl. Rohrmann, Elisabeth (1994), Assoziierungspolitik der Europäischen Gemeinschaft mit der Türkei, OSB-Arbeit an der Freien Universität Berlin, Otto-Suhr-Institut, S. 16.
15 Vgl. Rohrmann, Elisabeth (1994), Assoziierungspolitik der Europäischen Gemeinschaft mit der Türkei, OSB-Arbeit an der Freien Universität Berlin, Otto-Suhr-Institut, S. 16.
16 Vgl. Schlegel, Dietrich (1986), Pragmatismus zwischen der Türkei und Europa, in: Außenpolitik, Zeitschrift für internationale Fragen, Jahrgang 37, 1. Quartal 1986, S. 296.
17 Vgl. Mayer, Franz (), Schlegel, Dietrich (1986), Pragmatismus zwischen der Türkei und Europa, in: Außenpolitik, Zeitschrift für internationale Fragen, Jahrgang 37, 1. Quartal 1986, S. 285-86.

2. Deutsch-Türkische Beziehungen nach 1980: Vergiftetes Klima

Bis 1980 hatte man den Türken zu keinem Zeitpunkt offen vorgeworfen, zu einem anderen Kulturkreis zu gehören. Aber der Militärputsch und die eingesetzte Re-Islamisierung nach 1970 hatte in den europäischen Medien eine Trotzreaktion hervorgerufen, welche die Türkei nicht unbedingt im westlichen Kulturkreis erscheinen ließ. Die negativen Berichterstattungen in den Medien, genährt durch Beschuldigungen der geflüchteten Kurden und politische Asylsuchende der türkischen Linken, stellten die Türkei in einer anderen Weise dar als ein europäisches Land. Die Vorurteile unter den Bevölkerungen in der Gemeinschaft gegenüber den Türken wuchsen. Man ordnete die Türken nun zu einem anderen, den orientalisch-islamitischen Kulturkreis, ein. Dann forderten die konservativen Kreise in ganz Europa, dass die Türkei von Europa ferngehalten werden sollte. Die Türkei wurde in vielen Mitgliedstaaten der Gemeinschaft, u. a. auch in Deutschland, ein Wahlkampfthema. Konservativ eingestellte Politiker wie *Helmut Kohl* und auch später *Angela Merkel* profilierten sich durch anti-türkische Aussagen. Jedes Mal wenn die Umfragewerte vor den Wahlen nach unten tendierten, waren die Anti-Türken-Kampagnen ein willkommenes Thema, um die Umfragewerte aufzubessern. In den deutschen Medien bezeichnete man die Türken nun als ungebildete, islamisch-konservative Orientmassen, die nur noch auf ihren gepackten Koffern hinter der Grenze warteten, um über Deutschland herzufallen. Die Re-Islamisierungsschritte im Erziehungswesen ab den frühen 80'er Jahren nährte diesen Boden zusätzlich[18]. Die Re-Islamisierungspolitik machten sich die islamistischen Bruderschaften zunutze,[19] indem sie politisch und wirtschaftlich gestärkt wurden. In diesem Prozess waren die ungebildeten Massen ein willkommenes Parteivolk für die konservativ-religiös eingestellten Parteien. Die Re-Islamisierung belastete das deutsch-türkische Verhältnisse so sehr, dass sich auch in der Türkei eine anti-deutsche Kampagne bildete, die bis heute, mal stärker, mal schwächer werdend, anhält.

Die Verstimmungen zwischen Deutschland und der Türkei führte auch unter den Türken in Deutschland dazu, dass sie sich als „*Menschen zweiter Klasse*"[20] fühlten und die Wut gegenüber Deutschland wuchs.

Nach 1990, nach der Wiedervereinigung fühlte sich Deutschland wie „im siebten Himmel" und war nicht mehr an der militärische Stärke und der geostrategischen Lage der Türkei interessiert. Für die *Kohl-Regierung* war Deutschland vereint und man brauchte die Türkei nicht mehr. Die NATO-Verpflichtungen Deutschlands waren dann nur noch zweitrangig, weil die EU ja nach dem Maastrichter-Vertrag für ihre eigene Sicherheit selbst sorgen könnte. Damit vertrat die christlich konservative Regierung Kohls die Ansicht, dass die Türkei nach dem Ende des Ost-Westkonfliktes ihren geo-

---

18 Vgl. Tibi, Bassam (1998), Die postkemalistische Türkei zwischen EU und pantürkischem Islamismus, in: Internationale Politik, Nr. 1, 53. Jahr, S. 1-5.
19 Vgl. Schmidt, Rudolf (2004), Die Türken, die Deutschen und Europa: ein Beitrag zur Diskussion in Deutschland, 1. Auflage, S. 98.
20 Vgl. Zitat von Wolfgang Pfeiffer: "In der Türkei wachsen jetzt anti-deutsche Gefühle", in: Frankfurter Allgemeine Zeitung vom 13. 10. 1980.

strategischen Wert für Deutschland und damit für Europa verloren habe und deshalb auch in der EU nichts zu suchen habe. Die Frage lautete: Wie weit sollte die Bundesregierung mit ihrer ablehnende Haltung gehen? Sollte sie der Türkei klipp und klar sagen, dass sie nicht mehr erwünscht sei? Man war sich noch nicht ganz im Klaren, weil die Zollunion mit der Türkei vor der Tür stand. Außerdem versprach die Zollunion der deutschen Industrie nur Positives. also sie sollte gebilligt werden, was auch geschah. Auf dem EU-Rat Luxemburg (1997) erschien dann aber der Name der Türkei auf der Liste der Beitrittskandidaten nicht. Erst nach *Helmut Kohls* Weggang wurde die Türkei auf dem EU-Rat Helsinki (1999) als Beitrittskandidat anerkannt, weil ein deutsches Veto wegfiel.

Die bis dahin praktizierte negative Haltung Deutschlands führte in der Türkei zu mehr Skepsis als Optimismus, und die Europa-Euphorie der Türken lies nach. In der Folgezeit ließen die Beitrittsgegner der Türkei in ganz Europa nie eine Gelegenheit ungenutzt, um die kulturellen Differenzen zwischen der Türkei und der christlich-europäischen Werteordnung zu betonen.

Die Beitrittsbefürworter hielten aber dagegen. Vor allem Bundeskanzler *Gerhard Schröder* schlug freundschaftlichere Töne an. Er meinte, dass die Türkei mit einer Synthese aus den Werten westlicher Demokratien und einem aufgeklärten Islam zu einem bedeutenden Scharnier zwischen Orient und Okzident werden könnte [21]. Diese Tonlage der rot-grünen Bundesregierung wurde auch von manchem Unionspolitiker wie den ehemaligen Verteidigungsminister *Volker Rühe* unterstützt. Die folgende Koalitionsregierung nach 2005 unter Bundeskanzlerin *Angela Merkel* mit der SPD hielt sich in der Beitrittsfrage der Türkei zurück, weil die Christdemokratin *Merkel* und ihr sozialdemokratischer Außenminister, *Frank-Walter Steinmeier*, keine Differenz zwischen Kanzleramt und Außenamt aufkommen lassen wollten. Die Koalitionsregierung von CDU und SPD hatten im Koalitionsvertrag vereinbart, dass die Beitrittsverhandlungen mit der Türkei als Prozess mit offenem Ende zu betrachten sei[22]. Allerdings hatte die Kanzlerin 1996 bei einem Internationalen Bertelsmann Forum in Berlin deutlich gemacht, dass ihr die Vertiefung der Integration vorhandener Mitgliedsstaaten wichtiger sei als eine weitere Ausdehnung der Grenzen der EU[23]. Dies wiederum wurde als ein kritisches Signal *Merkels* an die Türkei gedeutet. Die Bundesregierung sah die Türkei zwar als einen strategischen und politisch unersetzlichen Partner für die Sicherheit Europas an, aber die Bundeskanzlerin bot der Türkei dafür nur eine „*Privilegierte Partnerschaft*"*an. Die Bundeskanzlerin *Angela Merkel* möchte die Türkei mit „leeren" Versprechungen an die Gemeinschaft binden; das heißt sie betreibt eine Hinhaltepolitik. Nebenbei wird möglichst oft auf die Unterschiede zwischen der Türkei und Europa hingewiesen[24] und die

---

21 Vgl. http://www.zeit.de/2006/24/T-rkei_24_xml (heruntergeladen am 20.11.2009).
22 Vgl. http://www.zeit.de/2006/24/T-rkei_24_xml (heruntergeladen am 20.11.2009).
23 Vgl.
   http://www.bundeskanzlerin.de/nn_5296/Content/DE/Rede/2006/09/2006-09-23-bertelsmann.html. (heruntergeladen am 13.09.2009).
* Unter „Privilegierte Partnerschaft" wurde bis heute nicht eindeutig erklärt, was das bedeutet und was beinhaltet.
24 Vgl. http://www.zeit.de/online/2006/40/Merkel-Türkei?# # (heruntergeladen am 20.11.2009).

Gemeinsamkeiten dagegen heruntergespielt. Die folgende Koalitionsregierung von CDU und FDP hatte nach Angaben der *Süddeutschen Zeitung* vom 14. 10 2009 einen ähnlichen Kompromiss vereinbart: *„In den Koalitionsvertrag solle ein Passus aufgenommen werden, wonach die Verhandlungen zwischen der Europäischen Union (EU) und der Türkei als „ergebnisoffen" zu führen sind. Für den Fall einer Ablehnung ihres Beitritts solle der Türkei ein „privilegiertes Verhältnis" zur EU angeboten werden"*[25].

Die undurchdachte Politik Deutschlands und der anderen Mitglieder der EU trieb die islamisch-konservative Regierung von *Recep Tayyip Erdoğan,* die am 3. November 2002 an die Macht gekommener war, in den Orient. Die türkische Regierung versuchte Kontakte zu den umliegenden Ländern zu knüpfen. Aus diesem Grund wurden seit 2006 die Beziehungen zu dem Nahen Osten und Zentralasien verstärkt und die zu Europa auf Eis gelegt. Welche Ergebnisse diese Umorientierung der türkischen Außenpolitik für die EU bedeuten würden, wird sich in wenigen Jahren zeigen. Aber eines steht schon heute fest: Die auch von der Deutschen Regierung unterstützte islamisch-konservative Regierung der „Partei für Gerechtigkeit und Aufschwung" *(Adalet ve Kalkınma Partisi* (AKP)) treibt die Türkei von Europa weg. Was den deutschen und den anderen EU-Politikern nicht auffällt, ist, dass die türkische Regierung wegen ihrer islamisch-konservativen Herkunft keinen Kulturdialog mit den EU-Staaten pflegt. Fehlender Kulturdialog zu den Staaten der EU macht die Türkei damit auch zu keinem Brückenstaat zum Vorderen Orient, wie die deutsche Regierung es gerne hätte.

Zum gegenwärtigen Zeitpunkt ist die Etablierung einer gemeinsamen Kultur in Europa gescheitert. Dabei machen die unterschiedlich-vielfältigen Kulturen das wahre Europa aus. Mit dem Lissabon-Vertrag entwickelt sich die Europäische Union genau genommen zu einer zusammenwachsenden, wirtschaftlich motivierten Föderation einzelner Staaten mit teilweise geschichtlichen und kulturell-religiösen Gemeinsamkeiten. Die gegenwärtig regierende Bundesregierung muss daher langsam von einem religiös-kulturell motivierten Europa Abschied nehmen und sich wieder rationeller orientieren. Denn die internationale Politik wird nicht nach kulturell-religiösen Gesichtspunkten, sondern nach internationalem Recht und rational zu bewertenden Interessen geführt.

3. Aufgestellte Grundsätze, bzw. Beitrittshürden für die Türkei

Die deutsche Beitrittspolitik zu der Türkei hat Parallelen zu der Politik der EU. Die aufgestellten Beitrittshürden bzw. Grundsätze werden die 35 Verhandlungskapitel parallel begleiten. Das heißt, dass die Türkei außer den genannten Kapiteln auch manche politische Aufgaben zu erledigen hat. Damit wird unter anderem auch den EU-Bürgern vermittelt, dass die Türkei nicht einfach in die EU aufgenommen werden wird, und wenn alle Aufgaben erledigt sind, könnten immer noch andere Hürden aufgestellt werden. Die aufgestellten Grundsätze, bzw. Hürden sind;

---

25 Vgl. http://www.sueddeutsche.de/politik/672/491043/text/ (heruntergeladen am 14.10.2009).

1. *„Beitritt ist ein offener Prozess"*: Obwohl einige EU-Staaten dagegen waren, wurde akzeptiert, dass die Verhandlungen ein offener Prozess seien, dessen Ausgang sich nicht im vorhinein garantieren lässt (dies war eine Zwischenlösung, die vor allem von Deutschland gefordert wurde),

2. *Umsetzung der festgelegten Kapiteln*: Die Verhandlungs-Materien mit der Türkei werden in Kapiteln eingeteilt, für deren vorläufigen Abschluss sowie gegebenenfalls auch für deren Eröffnung, „benchmarks", auf Vorschlag der EU Kommission einstimmig durch den Rat festgelegt werden (dadurch will man auf Nummer sicher gehen, dass die Türkei die vorgesehenen Kapiteln in ihr Recht aufnimmt und aber auch wirklich umsetzt),

3. *Möglichkeit langer Übergangszeiten*: Die Übergangszeiten für die Bereiche Freizügigkeit der türkischen Arbeitnehmer, Strukturpolitik und Agrarpolitik sollten so lange wie möglich auf einen längeren Zeitraum aufgeschoben werden (dadurch versucht Deutschland und die EU in den genannten Bereichen, die Last nur noch auf die Schultern der Türkei zu verlagern. In den genannten Bereichen könnte es nach Angaben aus EU-Kreisen in naher Zukunft auch Ausnahmeregelungen geben),

4. *„Absorptions-Klausel"*: Einfügung der „Absorptionsfähigkeit" der EU nach Ziffer 5 des EU Rates vom 16./17. 12. 2004. Die „Absorptionsfähigkeit" wurde später durch „Integrationsfähigkeit" ersetzt. In diesem Fall soll die EU-Kommission die Integrationsfähigkeit des Beitrittskandidaten während der Verhandlungen permanent überwachen. Die Integrationsfähigkeit bedeutet in diesem Falle, dass die türkische Aufnahme den Bestand der Union nicht schwächen, und die europäische Stoßkraft erhalten bleiben sollte. Die Integrationsfähigkeit der EU wurde dann durch den Druck aus Deutschland in den Schlussfolgerungen des EU Rates vom 15./16. 06. 2006 besonders herausgestellt,

5. *„Suspensions-Klausel"*: Einfügung einer Klausel zur möglichen Aussetzung der Verhandlungen im Falle schwerwiegender und anhaltender Verletzungen der Werte, auf die sich die EU gründet; Demokratie, Wahrung der Menschenrechte, Grundfreiheiten und Rechtsstaatlichkeit. In diesem Fall entscheidet der EU-Rat nach Anhörung des Beitrittskandidaten (z.B. die Türkei) mit qualifizierter Mehrheit. Suspensions-Klausel kann entweder die EU Kommission von sich aus vorschlagen, oder auf Antrag eines Drittels der EU-Mitgliedsstaaten beantragt werden. Sowohl die Aussetzung der Verhandlungen, als auch die Wiederaufnahme erfolgt nach dem gleichem Prinzip,

6. *Dialog auf allen Ebenen*: Die EU erwartet von der Türkei, dass sie einen intensiven kulturellen Dialog (u. a. über die Nicht-Regierungs-Organisationen), parallel zu den Beitrittsverhandlungen führt, damit Annäherungen zwischen den Türken und EU-Bürgern möglich werden und keinen Widerstand von Seiten der EU-Bürgern gegen die Beitrittambitionen der Türkei aufkommen (von der türkischen Regierung bis heute vernachlässigt),

7. *„Kopenhagener Kriterien"*: Infolge der Unterzeichnung des Vertrags von Lissabon wurde bestätigt, dass jedes Land, das einen Antrag auf Mitgliedschaft in der Europäischen Union (EU) stellt, die in Artikel 49 des Vertrags über die Europäische Union (EUV) festgelegten Bedingungen einzuhalten und die in Artikel 6 Absatz 1 EUV genannten Grundsätze zu achten habe. Diese Grundsätze hatte der Europäische Rat im Jahr 1992 auf seiner Tagung in Kopenhagen festgelegt, die 1995 vom Europäischen Rat in Madrid noch einmal bestätigt wurden. Nach den Kopenhagener Kriterien muss ein Staat drei Bedingungen erfüllen, bevor der Europäische Rat die Aufnahme von Beitrittsverhandlungen beschließen kann. Die Heranführungsstrategie und die Beitrittsverhandlungen geben hierfür den Rahmen und die erforderlichen Instrumente vor[26]. Die Kopenhagener Kriterien sind;

a) Politisches Kriterium: Institutionelle Stabilität als Garantie für demokratische und rechtsstaatliche Ordnung, für die Wahrung der Menschenrechte sowie die Achtung und den Schutz von Minderheiten,

b) Wirtschaftliches Kriterium: Eine funktionsfähige Marktwirtschaft sowie die Fähigkeit, dem Wettbewerbsdruck und den Marktkräften innerhalb der EU standzuhalten und

c) Acquis-Kriterien: Fähigkeit, die aus der Mitgliedschaft erwachsenden Verpflichtungen zu übernehmen und sich mit den Ziele der Politik der Union sowie mit denen der Wirtschafts- und Währungsunion einverstanden zu erklären (Übernahme des *„Acquis communitaire"*, bzw. des gemeinschaftlichen Besitzstands)[27],

8. *Einstimmige Beschlüsse*: Die Beitrittsverhandlungen finden im Rahmen einer Regierungskonferenz unter Beteiligung aller EU-Mitgliedstaaten und der Beitrittslandes statt, die ihre Beschlüsse einstimmig fasst,

9. *Friedliche Nachbarschaftspolitik*: Es wird erwartet, dass die Türkei in diesem Rahmen Fortschritte in den türkisch-griechischen Beziehungen erzielt und einen aktiven Beitrag zur Lösung des Zypern-Problems leistet. Außerdem wird von den EU-Mitgliedern inoffiziell gefordert, dass die Türkei einen türkisch-armenischen Dialogs startet und vorantreibt,

10. *Erfüllung der Verpflichtungen*: Erfüllung der zugesagten Verpflichtungen aus dem Assoziierungs-Abkommen von 1963, dem dazugehörenden Anpassungs-Protokoll und der Zollunion (EG/Türkei) von Jahre 1995 (v. a. in dem Agrarsektor),

---

26 Vgl. http://europa.eu/scadplus/glossary/accession_criteria_copenhague_de.htm (heruntergeladen am 22. 11. 2009).
27 Vgl. http://europa.eu/scadplus/glossary/accession_criteria_copenhague_de.htm (heruntergeladen am 22. 11. 2009).

11. *Finanzrahmen erst ab 2014*: Die Finanzrahmen der Beitrittsverhandlungen sollten wegen den erheblichen finanziellen Auswirkungen in der EU erst nach dem Zeitraum von 2014 abgeschlossen werden. Erst nach 2014 könnten, wenn möglich, irgend welche finanziellen Hilfen für die Türkei in Frage kommen und

12. *„Einbeziehungsklausel"*: Es muss gewährleistet werden, dass die Türkei, sollte sie nicht in der Lage sein, alle Verpflichtungen voll und ganz einzuhalten, durch eine möglichst starke Bindung vollständig in die europäischen Strukturen eingebunden wird. So sollte auch der politische und kulturelle Dialog darauf abzielen, die Unterstützung der europäischen Bürger zum Erweiterungsprozess zu gewinnen[28].

4. Aufgestellte Gegenargumente für den Beitritt

Außer den genannten Grundsätzen werden auch fundamentale Aspekte gegen einen türkischen Beitritt in die EU ins Feld geführt. Das heißt, dass manche Mitgliedstaaten, bzw. deren Politiker gegen den Beitritt der Türkei ständig arbeiten. Diesen Kreisen gehören unter anderem auch führende Christdemokraten in Deutschland an. Die aufgestellten Gegenargumente sind,

1. *„Unsichere Grenzen"*: Die Grenzen der Türkei zu Syrien, Irak, Iran, Armenien und Georgien werden von den Beitrittsgegnern in der EU als unkontrollierbar und für die EU destabilisierend eingestuft. Damit wird argumentiert, dass die illegalen Einwanderungen und der Import von Terror aus dem Iran, Irak und Syrien nicht zu kontrollieren sei. Man nimmt in Deutschland an, dass die Türkei die Einwanderung von Massen und Import von Terror nicht Einhalt gebieten könne und dieser Zustand die EU und Deutschland destabilisieren würde. Das heißt, all diese Probleme der Region würden in die EU getragen und in Deutschland halt machen.

2. *„Wachsende Islamisierung"*: Nach deutschen Meinungsbildern bringt die wachsende islamistische Strömung den Staat Türkei aus dem Gleichgewicht, und dies wird sich auch nach Europa verlagern (über die in der EU lebenden Türken) und die hiesigen Probleme in der EU ins Endlose potenzieren. Daher wird hinterfragt, ob die EU bereit sei, ein nichtchristliches Land wie die Türkei in die EU aufzunehmen. Die Antworten sind in Deutschland und in der EU unterschiedlich; während die meisten christlich-konservativen Kreise und Regierungen ablehnend reagieren, argumentieren einige christlich-konservative Politiker wie *Thomas Kossendey* rationeller; sie deuten an, dass *„...uns muss daran gelegen sein, zur Stabilität der Türkei so weit wie möglich beizutragen. Aus diesem Grund ist es als langjähriger Freund und Partner der Türkei unsere Aufgabe, die Türkei bei der Lösung ihrer Probleme konstruktiv zu begleiten und uns in Diskussionen um eine Mitgliedschaft der Türkei in der EU nicht von Emotionen mitreißen zu lassen.*

---

28 Vgl. http://www.auswaertiges-amt.de/diplo/de/Europa/Erweiterung/TuerkeiKroatien.html (heruntergeladen am 24. 11. 2009).

Deutschland und Europa haben ein vitales Interesse an einer innenpolitisch stabilen und außenpolitisch handlungsfähigen Türkei!"[29].

Zu der gleichen Frage sind die Antworten der Sozialdemokraten in Deutschland und in der EU allgemein positiv. Zum Beispiel lautete die Antwort des Präsidenten der Sozialdemokratischen Partei Europas, Poul Nyrup Rasmussen, noch im Juni 2009 folgendermaßen; *"Ich denke, ja! Aber wir müssen uns klar sein, dass es dabei auf die Türkei und auf uns ankommt. Beide Seiten müssen ihre Forderungen klar formulieren – und wir müssen der Türkei klar sagen, dass sie auf dem Weg der Modernisierung voranschreiten muss. Dass sie grundlegende demokratische Werte respektiert – für alle Menschen, ganz egal ob sie im Gefängnis sind, vor Gericht stehen, ob sie Mann oder Frau sind. Alle müssen in der gesamten Türkei die gleichen Rechte haben. Es gibt grundlegende Dinge im Bereich der individuellen Freiheiten, die sich in der Türkei ändern müssen, bevor wir diskutieren können, wann und wie sie beitritt. Meine Ansicht gegenüber der Türkei ist: Wir respektieren euch, ihr seid ein großes Land, ihr habt eine großartige Kultur und eine wichtige Geschichte. Wir wollen in Zukunft enger mit euch zusammenarbeiten – darum, versprecht uns diese Reformen, dann werden wir auf eurer Seite stehen, und alles daran setzen, die europäischen Bürger zu überzeugen, dass wir eine gemeinsame Zukunft haben .. Es geht nicht darum, Türen zu schließen, sondern darum, sie zu öffnen! Und es geht darum, in Bereichen wie Demokratie und Menschenrechte klare Forderungen aneinander zu richten. Dann können wir gemeinsam Fortschritte machen*"[30]!

Aus den oben zitierten Aussagen bzw. Vorträgen ist zu folgern, dass auch eine wachsende aufgeklärte Islamisierung kein entscheidender Grund der Ablehnung bedeutet. Die Verwirklichung der grundlegenden demokratischen Werte ist da noch gewichtiger. Während die einen die Türkei ablehnen, weil sie – im Gegensatz zu dem weitgehend christlichen Europa – muslimisch geprägt ist, sehen die anderen darin eine Chance, wie der frühere EU Justizkommissar *Franco Frattini* (2007), der explizit hoffte, dass durch einen Beitritt der Türkei auch der „Euro-Islam" gefördert werden könnte. Er meinte, dass *„wenn die Türkei eines Tages auf dem Niveau ist, dass dort der Schutz der fundamentalen Menschenrechte geregelt ist, dann wird sie nicht nur Mitglied des europäischen Clubs sein. Dann wird sie auch beweisen, dass ein Land mit mehrheitlich muslimischer Bevölkerung in der Lage ist, Europas Werte zu respektieren*"[31]. Nach seiner Ansicht ist es letztendlich im Interesse der EU und auch Deutschlands, auf die Identitätskrise der Türkei

---

29 Vgl. Kossendey, Thomas (MdB), Aktuelle Herausforderungen für die deutsche Türkeipolitik, „Die Türkische Außenpolitik und die deutsch-türkischen Beziehungen - Herausforderungen und Chancen", Vortrags- und Diskussionsveranstaltung der Konrad Adenauer Stiftung am 23. Januar 2008, Berlin.
30 Vgl. Ist die EU bereit für die Türkei? http://de.euronewS.net/2009/06/04/ist-die-eu-bereit-fuer-die-tuerkei/
31 Dahmann, Klaus (2007), "Chance für "Euro-Islam"?, DW-RADIO, 18.7.2007, Fokus Ost-Südost, unter: http://www.dw-world.de/dw/article/0,,2698126,00.html

hinzuweisen und sie aus dieser Krise herauszuholen und dabei den Kemalismus gegen den neo-osmanischen Islamismus zu stärken[32].

2. „*Unterschiedliche Kultur*": Der moderne Kulturbegriff wird definiert als „*die Gesamtheit der Verhaltenskonfigurationen einer Gesellschaft ... die durch Symbole über die Generationen hinweg übermittelt werden, in Werkzeugen und Produkten Gestallt annehmen, in Wertvorstellungen und Ideen bewusst werden*"[33]. Die Kultur umfasst also nicht nur religiöse Praktiken bzw. traditionelle Lebensweise wie die Christdemokraten gerne betonen. Darüber hinaus ist die EU keineswegs eine harmonische Gesellschaft mit harmonischer Kultur, sondern eine Einrichtung der Staaten von mehreren Gesellschaften mit mehreren Kulturen. In diesem Falle könnte in der EU von keiner einheitlichen Kultur die Rede sein, die durch den Beitritt der Türkei verwässert werden könnte. Aber man könnte die EU als einen „Kulturraum" betrachten, in dem Europa seine Identität in der Verschiedenartigkeit gewinnt; also auch eine islamische Kultur ist ein Teil Europas[34]. Zu diesem Kulturraum würde dann wie die griechische auch die türkische Kultur passen. Denn beide Kulturen sind identisch: Die Menschen in beiden Kulturen haben gleiche Es- und Trinkkultur, feiern ähnlich oder deren Lebensstil in den Dörfern ist dasselbe.

Außerdem entstand mit der Aufklärung und der folgenden Industrierevolution in Europa eine Industriegesellschaft mit moderner Kultur, die nicht nur christliche Werte pflegte. Die aufklärten Industriegesellschaften entwickelten also jene liberalen Werte, die heute als gemeinsame Werte der EU beschworen werden. Diesen Werten konnte sich im 19. Jahrhundert das Osmanische Reich nicht entziehen und war gezwungen (durch Druck aus Europa), einige diese Werte im Reich einzuführen. Der Transfer dieser Werte beschleunigte sich aber nach der Gründung der Republik unter Mustafa Kemal Atatürk noch schneller, und es dauert auch heute noch an. Mit der Einführung dieser Werte* hatte sich die türkische Gesellschaft weitgehend gewandelt. Die türkische Gesellschaft ist heute zwar immer noch nicht europäisch, aber auch nicht mehr orientalisch; die Lebensweise der westlichen Kultur dominiert aber in allen Bereichen. So wie es aussieht, hat der

---

32 Vgl. Tibi, Bassam (1998), Die postkemalistische Türkei zwischen EU und pantürkischem Islamismus, in: Internationale Politik, Nr. 1, 53. Jahr, S. 7.
33 Vgl. Endruweit, Günter (1995), Die Türkei und die Europäische Union – ein Kulturproblem?, in: Zeitschrift für Türkeistudien (ZfTS), 8. Jahrgang, Heft 2, S. 164.
34 Siehe dazu: Südosteuropa Experte Heinz-Jürgen Axt (1994), Kampf der Kulturen; Europa nach dem Ende des Ost-West-Konflikts, in: Europäische Rundschau, Vierteljahreszeitschrift für Politik, Wirtschaft und Zeitgeschichte, 22. Jahrgang, Nr. 1, S. 103.
* Die wichtigsten dieser Werte sind:
   1839   Sendschreiben (hatt-i serif von Gülhane) sicherte das Leben und den Besitz.
   1856   Sendschreiben (hatt-i hümayun) bestätigte die Rechte und Pflichten jedes Untertanen.
   1876   Das Grundgesetz (kanun-i esasi) regelte die Beziehung des Staates zu seinen Untertanen.
   1923   Ausrufung der Republik.
   1924   Auflösung der Şeriat-Gerichte.
   1925   Einführung des westeuropäischen Kalenders und Zeitsystem.
   1926   Erlass des Zivilgesetzbuches nach Schweizer Vorbild.
   1928   Einführung des lateinischen AlphabetS.
   1931/34 Wahlrecht für die Frauen.

Großteil der Bevölkerung in der Türkei die europäischen Werte von sich aus akzeptiert, verinnerlicht, und sie werden auch (wie z.B. gegen die AKP-Regierungspolitik auf der Gemeindeebene) verteidigt.

Die Türkei durchlebt in der Gegenwart einen Übergang von der Agrargesellschaft zur Industriegesellschaft. Dabei gibt es starke Konfliktlinien unter der Bevölkerung; während die traditionell islamistische Teil die Agrargesellschaftstradition weiter als bestimmend sehen will, lehnen die modernen bzw. fortschrittlicheren Teile der Gesellschaft die traditionelle Lebensweise ab und versuchen, nach europäischem Vorbild eine Industriegesellschaft mit eigenen Werten zu entwickeln. Die ernsthafte Europäisierung wird eben von diesen Gruppen vorangetrieben[35].

3. „*Bevölkerungswachstum*": Die Beitrittsgegner in Deutschland und in der EU betrachten das Bevölkerungswachstum bzw. die Einwohnerzahlen der Türkei als einen weiteres Hindernis. Es wird behauptet, dass die jungen aber ungebildeten und unqualifizierten Menschen aus der Türkei im Falle eines Beitritts das Sozialsystem Deutschlands und das der EU sprengen würden[36]. Die Begründung ist, dass auch eine Übergangszeit von zehn oder fünfzehn Jahren nur ein Aufschieben dieser Probleme bedeutete.

Dieses Argument ist zu hypothetisch und auch haltlos, weil man nicht weiß, wie die türkischen Arbeitnehmer nach 25 oder 35 Jahren sich verhalten würden. Realistisch bewertet könnte die Türkei also in 10 oder 15 Jahren Mitglied der EU werden und dann folgte wiederum eine etwa 10 oder 15 Jahre angelegte Übergangszeit. Das heißt, man könnte keine ernsthafte Zukunftsanalyse aufstellen, die 25 bzw. 35 Jahre danach realistisch erfasst. Ob die Türken nach 35 Jahren immer noch nach Deutschland kommen wollen, ist fragwürdig. Weil die Türkei im Beitrittsprozess größere Fortschritte in allen Bereichen erzielt, werden auch im Wirtschaftsbereich hohe Wachstumsraten erwartet.

Darüber hinaus gab das Forum der Vereinten Nationen Anfang 2000[37] bekannt, dass sich die Einwohnerzahl in Deutschland verringern wird und Deutschland in naher Zukunft von sich aus die ungebildeten und unqualifizierten Menschen nicht nur aus der Türkei, sondern auch aus den anderen Drittstaaten anziehen wird. Daher ist das Bevölkerungswachstum als Argument nur in der gegenwärtigen Situation in Deutschland vertretbar und verständlich.

---

35 Vgl. Endruweit, Günter (1995), Die Türkei und die Europäischen Union – ein Kulturproblem?, in: Zeitschrift für Türkeistudien (ZVS), 8. Jahrgang, Heft 2, S. 170.
36 Vgl. Jansen, Thomas (1998), Europas Seele; der Amsterdamer Vertrag unterwirft die Nationalstaaten einem Wertesystem. Ihm müssen sich auch Beitrittskandidaten verpflichten, in: Die Politische Meinung, 43. Jahrgang, Nr. 341/April '98, S. 50.
37 Vgl. Arslan, Reza (2000), Türkise – Aruba Bislimi: Sancılı Gelişen İlişki, in: Ankara Üniversitesi, SBF Dergisi, 55[3], Temmuz-Eylül, S. 20.

4. „*Die Freizügigkeit*": Viele europäische und deutsche Politiker vertreten die Ansicht, dass durch den türkische Beitritt eine Einwanderungswelle eintreten würde[38]. Zwar sah das Zusatzprotokoll vom 1973 die Freizügigkeit der türkischen Arbeitnehmer in die Gemeinschaft schon für das Jahr 1986 vor, aber die Bundesregierung versuchte schon 1984, wegen der hohen Arbeitslosigkeit in Deutschland die Freizügigkeit der türkischen Arbeitnehmer zu verhindern[39]. Seitdem hatte sich die Politik der deutschen Regierungen in dieser Hinsicht nicht verändert, ja sogar noch verhärtet. Wegen der Frage der Freizügigkeit wird auch die Aufnahme der Türkei in die EU verlangsamt, weil die Bundesregierung, wie auch die anderen EU-Staaten, Angst davor haben, durch den Beitritt der Türkei die Arbeitslosigkeit importieren[40] zu müssen. Wie bereits der Bundesarbeitsminister Norbert Blüm 1986 angegeben hatte[41], dass „die Freizügigkeit noch keine Arbeitsplätze schaffe", wird auch heute noch in dieser Richtung argumentiert.

So wie es aussieht könnte nur die vom Forum der Vereinten Nationen Anfang 2000 angekündigte Verringerung der Zahl der Einwohnerzahl in Deutschland diese Einstellung verändern, oder die Türkei verringert ihre Arbeitslosigkeit so sehr, dass man in Deutschland und in den anderen EU-Staaten davon ausgeht, dass durch den Beitritt keine zusätzliche Arbeitslosigkeit importiert werden würde.

5. „*Koloss Türkei*": Unter den Beitrittsgegnern in Deutschland gibt es Politiker und Meinungsbilder, die die Türkei als Koloss bezeichnen, der im Falle des Beitritts die EU zum Kentern bringen würde. Dabei wird immer darauf hingewiesen, dass die Türkei ein zu großes Land, hohe Bevölkerungszahl, weitgehende Unterentwicklung, hohe Arbeitslosigkeit, fehlende Infrastruktur und regionale Probleme aufweise. Man nimmt an, dass all diese Probleme durch den Beitritt in die EU und nach Deutschland getragen würden.

Es gibt allerdings auch Politiker und Meinungsbilder in Deutschland, die meinen, dass die Türkei, erst nachdem sie all ihre Probleme gelöst habe, in die EU eintreten werde und daher der EU keinen Schaden zufügen könne. Die Befürworter des Beitritts verlangen zudem, dass die EU eine feste Zusage an die Türkei machen sollte, damit diese überzeugter an die Integrationspolitik herangehen und ihre problematischen Bereiche und Defizite aufbessern könne.

Für die Befürworter der Beitritt ist auch die geographische Lage der Türkei für Europa von Nutzen. Die große Landmasse der Türkei zu Asien und dem Nahen Osten würde sie zu einem idealen Transitland machen, das auch Öl und Gas vom Kaspischen Meer nach Europa transportiert. Die geographische Lage der Türkei macht sie für Europa noch

---

[38] Vgl. Kramer, Heinz (1997), Wo endet Europa? in: Blätter für deutsche und internationale Politik, Heft 1/Januar, S. 528.
[39] Vgl. Schlegel, Dietrich (1986), Pragmatismus zwischen der Türkei und Europa, in: Außenpolitik, Zeitschrift für internationale Fragen, Jahrgang 37, 1. Quartal 1986, S. 284.
[40] Vgl. Schlegel, Dietrich (1986), Pragmatismus zwischen der Türkei und Europa, in: Außenpolitik, Zeitschrift für internationale Fragen, Jahrgang 37, 1.Quartal 1986, S. 292.
[41] Vgl. Schlegel, Dietrich (1986), Pragmatismus zwischen der Türkei und Europa, in: Außenpolitik, Zeitschrift für internationale Fragen, Jahrgang 37, 1.Quartal 1986, S. 295.

wichtiger und sie gewinnt zusätzlich an Wert. Damit würde Europa mehr Gewicht und mehr Gesicht auf der Weltbühne zeigen.

Fazit

Zusammenfassend kann man vier Argumente ins Feld führen, die der deutschen Position zum türkischen Beitritt entspricht:

1- Die amtliche deutsche Position kann positiv, neutral bis negativ beschrieben werden. Dies bestätigen Veröffentlichungen des Deutschen Auswärtigen Amts in seiner Internetseite, wonach die Türkei noch nicht reif sei für einen Beitritt zur Europäischen Union. Die Gründe konnte man im neuesten Türkei-Fortschrittsbericht der EU 2009 nachlesen, die auch von den deutschen Stellen mitgestaltet wurde. Es wird betont, dass die Türkei nicht schon morgen vor dem Beitritt zur EU steht. Der Beitrittsprozess wird – nach Deutschen Erwartungen –erst in 15 bis 20 Jahre abgeschlossen sein und bis dahin würde die Türkei ihren Verpflichtungen nachkommen und europäischen Normen und Werten genügen. Das heißt, trotz manchen Äußerungen lehnen die amtlichen Stellen in Deutschland den Beitritt der Türkei in die EU kategorisch nicht ab.

2- Amtliche Positionen der deutschen Regierungen ändern sich von Regierung zu Regierung. Je nachdem, was für eine Regierung an der Macht ist, dementsprechend verändert sich die Position Deutschlands. So sind zum Beispiel die Sozialdemokraten eher für einen Beitritt und die Christdemokraten aber negativ eingestellt, aber nicht ganz ablehnend. Die negativ eingestellten Christdemokraten machen den Beitritt der Türkei von der Erfüllung der gesetzten Kriterien abhängig. Das bedeutet, dass die Türkei jene Beschlüsse des EU-Rates und des Rates für Allgemeine Angelegenheiten und Außenbeziehungen (RAA)[42] erfüllen muss, bevor sie überhaupt beitreten kann. Die Christdemokraten machen den Beitritt der Türkei auch von der EU-Integrationsfähigkeit abhängig. Die Unionspolitiker wollen, dass die EU auch nach dem Beitritt der Türkei handlungsfähig bleibt und ihre künftige Rolle in der Welt des 21. Jahrhundrts wahrnimmt und die Interessen Europas in der Welt der Globalisierung angemessen vertreten soll.

3- Die erfolgreiche Umsetzung der Reformschritte in der Türkei würde helfen, die negativen Stimmungen in allen EU-Staaten zu zerstreuen, so auch in Deutschland. Daher ist es zum Erreichen dieser Ziele notwendig, dass all jene Kräfte in der Türkei sich mobilisieren und die Reformen und erklärten Kapiteln so schnell wie möglich umsetzen. Die EU-Staaten werden dann dem Grundsatz; „*Pacta sunt servanda*", also „Verträge sind einzuhalten" gern treu bleiben.

---

42 Vgl. http://www.auswaertiges-amt.de/diplo/de/Europa/Erweiterung/TuerkeiKroatien.html

Dagegen wurde die von der Türkei geforderte Forderung, ein Zieldatum für den türkischen Beitritt im voraus festzulegen, von der EU abgelehnt, weil *„eine zeitliche Festsetzung läuft dem Grundprinzip der Verhandlungen - nämlich der vollständigen Umsetzung der EU-Gemeinschaftsregeln - zuwider und schadet damit dem Beitrittsprozess und der Glaubwürdigkeit der EU"*, sagte der Vorsitzende des Europaausschusses des Bundestags, *Matthias Wissmann*[43]. Eine schnellere Umsetzung der Reformschritte würde eine schnellere Normalisierung der türkisch-europäischen und türkisch-deutschen Beziehungen bedeuten, und bei einigem guten Willen auf beiden Seiten könnte ein früherer Beitritt möglich sein.

4- Den EU-Staaten ist es bewusst, welch wichtige geostrategische Position die Türkei hat. Dies gibt der Türkei aber keinen Bonuspunkt. Sie sollte trotzdem die von der EU erklärten 35 Kapiteln und die Kopenhagener Kriterien umsetzen und die unterentwickelte Infrastruktur aufbessern, Arbeitslosigkeit reduzieren, Umweltprobleme beseitigen, Menschenrechte achten, Beziehungen zu den Nachbarstaaten aufbessern und politische Stabilität etablieren.

Den EU-Staaten und Deutschland ist auch bewusst, dass man die Türkei nicht zu weit von Europa wegdrängen darf, denn sonst würde sie einen zusätzlichen Risikofaktor für die europäische Sicherheit bedeuten. Daher sollten die Gespräche wie versprochen ergebnisoffen zu Ende geführt werden. Erst im Anschluss daran wird geprüft, ob die Türkei alle Beitrittskriterien erfüllt hat und die EU die Aufnahme der Türkei wirtschaftlich und politisch verkraften kann. Die immer wieder beschworene Brückenfunktion der Türkei wird in der Bundesrepublik aber nur in dem Rahmen der Geostrategie gewürdigt.

Sollte die Türkei nach Angaben von *Werner Weidenfeld* in die EU integriert werden, so gewinnt Europa einen Schlüssel zum Islamischen Orient. Ein Verweigern der Mitgliedschaft würde die Türkei von der EU entfernen und die Türkei wird ihre Rolle als Führungsmacht in den mittelasiatischen Republiken, in Aserbaidschan und in der islamischen Welt suchen[44]. Ein Verlust der Türkei für Europa am östlichen Mittelmeer würde einen großen Schaden bedeuten. Ähnlich äußerte sich der frühere EU Erweiterungs- und spätere Industriekommissar *Günter Verheugen*. Er hielt einen Beitritt der Türkei zur Europäischen Union aus strategischen Gründen für unverzichtbar. *„Wir brauchen die Türkei mehr als die Türkei uns braucht"*[45], sagte Verheugen in einem Interview und betonte, dass die Türkei *strategisch von der allergrößten Bedeutung für die EU sei*. Er sah keinen Gewinn für die Türkei, die von der Bundeskanzlerin *Angela Merkel* vorgeschlagene *„privilegierte Partnerschaft"* anzunehmen, da die Türken bereits in der Zollunion seien. Er meinte zudem; *„Ich wüsste nicht, was man der Türkei noch mehr*

---

[43] Vgl. http://www.dw.-world.de/dw/article/0„2445689.html
[44] Vgl. Weidenfeld, Werner (1993), Über die Maastricht hinaus: die Zukunft Europas, Alternativen, Strategien, Optionen, in: Europäische Rundschau, 21. Jahrgang, Nr. 2/93, S. 11.
[45] Vgl. "Wir brauchen die Türkei mehr als sie uns braucht", in: http://www.sueddeutsche.de/politik/ 43/491410/text/ (18.10.2009)

geben könnte, was über das hinaus geht, was sie jetzt schon hat, aber unterhalb der Mitgliedschaft bleibt"[46].

Insgesamt gesehen: Die EU ist bestrebt, in der gegenwärtigen Situation die Türkei auf dem Kurs der Mitgliedschaft zu halten und die volle Mitgliedschaft abwarten, und dies wiederum entspricht den deutschen Erwartungen.

LITERATURANGABEN

Bücher:

Boldt, Hans (1995), Die Europäische Union: Geschichte, Struktur, Politik, Mannheim; Leipzig; Wien; Zürich: BI-Taschenbuchverlag (Meyers Forum; 33).

Bourguignon, Roswita (1983), The History of Turkey-EC Relationship, Manuscript, Bonn.

Kramer, Heinz (1988), Die Europäische Gemeinschaft und die Türkei. Entwicklung, Probleme und Perspektiven einer schwierigen Partnerschaft, 1. Aufl., hrsg. v. Stiftung Wissenschaft und Politik 21, Baden-Baden: Nomos Verlagsgesellschaft.

Schmidt, Rudolf (2004), Die Türken, die Deutschen und Europa: ein Beitrag zur Diskussion in Deutschland, 1. Auflage, Wiesbaden: VS Verlag für Sozialwissenschaften.

Archiv und Abhandlungen:

Arslan, Rıza (2000), Türkiye – Avrupa Birliği: Sancılı Gelişen İlişki, in: Ankara Universitesi, SBF Dergisi, 55[3], Temmuz-Eylül, Ankara: AÜSBF Yayın İşleri Bürosu.

Axt, Heinz-Jürgen, Kampf der Kulturen; Europa nach dem Ende des Ost-West-Konflikts, in: Europäische Rundschau, Vierteljahreszeitschrift für Politik, Wirtschaft und Zeitgeschichte, 22. Jahrgang, Nr. 1, S. 95-110.

Endruweit, Günter (1995), Die Türkei und die Europäischen Union – ein Kulturproblem?, in: Zeitschrift für Türkeistudien (ZfTS), 8. Jahrgang, Heft 2, Leverkusen: Leske + Budrich GmbH.

---

46 Vgl. "Wir brauchen die Türkei mehr als sie uns braucht", in: http://www.sueddeutsche.de/politik/ 43/491410/text/ (18.10.2009)

Europäische Gemeinschaften, Amtsblatt der EG, Reihe C und L, Jährliche Tätigkeitsberichte.

Grothusen, Klaus-Detlev (1985), Außenpolitik, Türkei, in: Südosteuropa Handbuch, Bd. 4, Göttingen, Zürich, S. 89-168

Gumpel, Werner (1998), An der Nahtstelle von Europa und Asien. Die Mittlerrolle der türkischen Regionalmacht, in: Internationale Politik, Nr. 1, 53. Jahr, Januar 1998, S. 17-22.

Jansen, Thomas (1998), Europas Seele; der Amsterdamer Vertrag unterwirft die Nationalstaaten einem Wertesystem. Ihm müssen sich auch Beitrittskandidaten verpflichten, in: Die Politische Meinung, 43. Jahrgang, Nr. 341/April '98, S. 45-54.

Kohl, Helmut (1998), Deutsche Sicherheitspolitik an der Schwelle zum 21. Jahrhundert, in: Außenpolitik: German Foreign Affairs Review, Deutsche Ausgabe, Vol. 49, 3. Quartal 1998, W. Bertelsmann Verlag, S. 5-26.

Kossendey, Thomas MdB, Aktuelle Herausforderungen für die deutsche Türkeipolitik „Die Türkische Außenpolitik und die deutsch-türkischen Beziehungen – Herausforderungen und Chancen", Vortrags- und Diskussionsveranstaltung der Konrad Adenauer Stiftung am 23. Januar 2008, Berlin, http://www.kas.de/wf/doc/kas_12870-544-1-30.pdf.

Kramer, Heinz (1984), Die Türkei und die Süderweiterung der EG, in: Außenpolitik, Zeitschrift für internationale Fragen, Jahrgang 35, 1.Quartal 1984, S. 100-116.

Kramer, Heinz (1997), Wo endet Europa? In: Blätter für deutsche und internationale Politik, Heft 1/Januar 1997, S. 526-530.

Lamentowicz, Wojtek (1993), Nationale Interessen und die europäische Integration, in: Europäische Rundschau, Vierteljahreszeitschrift für Politik, Wirtschaft und Zeitgeschichte, 21. Jahrgang, Nr. 2/93 S. 29-44.

Pfeiffer, Wolfgang: "In der Türkei wachsen jetzt anti-deutsche Gefühle", in: Frankfurter Allgemeine Zeitung vom 13. 10. 1980.

Picht, Robert (1992), Europa im Wandel: Zur soziologischen Analyse der kulturellen Realität in europäischen Ländern, in: Integration; Vierteljahreszeitschrift des Instituts für Europäische Politik in Zusammenarbeit mit dem Arbeitskreis Europäische Integration, 15. Jahrgang.

Rat (1996), Beschluss Nr. 1/95 des Assoziationsrates EG-Türkei vom 22. Dezember 1995, über die Durchführung der Endphase der Zollunion, in: Amtsblatt der Europäischen Gemeinschaften, Nr. L 35/1, 39. Jahrgang, 13. Februar 1996.

Rohrmann, Elisabeth (1994), Assoziierungspolitik der Europäischen Gemeinschaft mit der Türkei, OSB-Arbeit an der Freien Universität Berlin, Otto-Suhr-Institut.

Rondholz, Eberhard (1994), Abendländische Visionen, Alte europäische Ordnungsvorstellungen, neu aufgelegt, in: Blatter für deutsche und internationale Politik, 39. Jahrgang, Heft 7/Juli 1994.

Schlegel, Dietrich (1986), Pragmatismus zwischen der Türkei und Europa, in: Außenpolitik, Zeitschrift für internationale Fragen, Jahrgang 37, 1.Quartal 1986, S. 283-302.

Steinbach, Udo (1996), Europas Brücke zur islamischen Welt, die Türkei auf Identitätssuche, in: Blatter für deutsche und internationale Politik, Jahresregister 1996, S. 1232-1242.

Steinbach, Udo (1997), Außenpolitik am Wendepunkt? Ankara sucht seinen Standort im internationalen System, in: Aus Politik und Zeitgeschichte, Beilage zur Wochenzeitung Das Parlament, 43. Jahrgang, S. 24-32.

Sitzungsdokumente des Europäischen Parlaments 1-334/81, No. 2 und No. 57, 1981-1982.

Tibi, Bassam (1998), Die postkemalistische Türkei zwischen EU und pantürkischem Islamismus, in: Internationale Politik, Nr. 1, 53. Jahr, Januar 1998, S. 1-8.

Weidenfeld, Werner (1993), Über Maastricht hinaus: die Zukunft Europas, Alternativen, Strategien, Optionen, in: Europäische Rundschau, 21. Jahrgang, Nr. 2/93, S. 3-18.

Internet:

http://www.auswaertiges-amt.de/diplo/de/Europa/Erweiterung/KopenhagenerKriterien.html (heruntergeladen am 24. 11. 2009).

http://www.auswaertiges-amt.de/diplo/de/Europa/Erweiterung/TuerkeiKroatien.html (heruntergeladen am 24. 11. 2009).

http://www.bundeskanzlerin.de/nn_5296/Content/DE/Rede/2006/09/2006-09-23-bertelsmann.html. (heruntergeladen am 13.09.2009).

http://www.kas.de/wf/doc/kas_12870-544-1-30.pdf.

http://www.sueddeutsche.de/politik/43/491410/text/ (18.10.2009)

http://www.zeit.de/2006/24/T-rkei_24_xml (heruntergeladen am 20.11.2009).

http://www.zeit.de/online/2006/40/Merkel-Türkei?# # (heruntergeladen am 20.11.2009).

Köprü heißt Brücke.

Warum die Türkei Europa braucht und Europa die Türkei

Hans-Walter Schmuhl[*]

I. Die Türkei braucht Europa

Als am Neujahrstag 1926 der internationale Kalender und die Jahreszählung nach Christi Geburt eingeführt wurden, begann für die Türkei im wortwörtlichen Sinn eine neue Zeitrechnung. Fortan gingen die Uhren zwischen dem Bosporus und dem Kaukasus, dem Schwarzen Meer und dem Golf von İskenderun anders – und zwar für jedermann sichtbar, denn zugleich war auch das internationale Uhrzeitsystem übernommen worden. Die Kalenderreform hat hohe symbolische Bedeutung: In dem Jahrfünft von 1924 bis 1928 katapultierten die kemalistischen Reformen die neu gegründete Republik mit den Mitteln einer autoritären Entwicklungsdiktatur in die Moderne. In atemberaubend kurzer Zeit holte der junge Staat einen Gutteil des über Jahrhunderte hinweg immer größer gewordenen Entwicklungsrückstandes des Osmanischen Reiches gegenüber dem Westen auf, indem er sich nach dem Vorbild der westlichen Welt radikal umgestaltete. Atatürk formte die Türkei zu einer Republik um, importierte die Gesetzgebung europäischer Staaten, dekretierte die Gleichstellung von Mann und Frau, schaffte das Kalifat ab, setzte die Trennung von Staat und Religion im öffentlichen Leben durch, säkularisierte Schule und Universität, europäisierte Kleidung, Sprache und Schrift – und zwar im Namen einer türkischen Nation, die es so eigentlich noch gar nicht gab. Es verwundert nicht, dass dieses Experiment nur unvollständig glückte. Die Gleichzeitigkeit des Ungleichzeitigen prägt seither die Situation der türkischen Gesellschaft. Es gibt ein deutliches Modernisierungsgefälle zwischen dem Westen und dem Osten der Türkei, zwischen den großen Städten und dem Land, zwischen den wohlhabenden und bildungsnahen Eliten und den Unterschichten auf dem Land und in den wild wuchernden urbanen Agglomerationen an der Peripherie der Metropolen. Istanbul und Ankara sind längst in Europa angekommen, während der Osten Anatoliens noch immer sehr weit von Europa entfernt ist. Die große Herausforderung, vor die sich die Türkei im 21. Jahrhundert gestellt sieht, besteht darin, in einem groß angelegten Prozess nachholender Modernisierung das *ganze* Land an Europa heranzuführen – und dieses Projekt kann letztlich nur gelingen, wenn die Europäische Union die Türkei als vollberechtigtes Mitglied aufnimmt, sobald absehbar ist, dass der Modernisierungsprozess unumkehrbar ist. Der große Sprung in die Moderne wird von Spannungen und Konflikten, vom Verlust überkommener Gewissheiten und von schmerzhaften mentalen Anpassungsleistungen begleitet sein – die türkische Gesellschaft wird die Kosten des Modernisierungsprozesses nur tragen, wenn das Ziel, Teil eines geeinten Europas zu sein, erreichbar bleibt.

---

[*] Prof.Dr. Hans-Walter Schmuhl; außerplanmäßiger Professor für Neuere Geschichte an der Fakultät für Geschichtswissenschaft, Philosophie und Theologie der Universität Bielefeld.

Noch bleibt vieles zu tun, bis die Türkei ein demokratischer Rechtsstaat nach den von Europa gesetzten Maßstäben sein wird. Es mag auf den ersten Blick paradox erscheinen: Der notwendige Entwicklungsschub kann nur von einer gemäßigt islamistischen Regierung ausgehen. Der türkische Nationalismus, dessen Ursprünge in das späte 19. Jahrhundert zurückgehen, war ein Konstrukt – und zwar ein aus Europa importiertes Konstrukt. Nachdem es im zerfallenden osmanischen Vielvölkerstaat, in dem viele neu erwachende Nationalismen – ein türkischer, ein griechischer, ein armenischer, ein arabischer, ein kurdischer usw. – aufeinander prallten, sein enormes destruktives Potential entfaltet und zu Unterdrückung, Gewalt und Vernichtung geführt hatte, wurde es zur Legitimationsbasis des neuen türkischen Nationalstaates. Der säkularisierte Nationalismus konnte aber diese Funktion nur erfüllen, weil er in gewisser Weise ein Oberflächenphänomen geblieben ist – für den Zusammenhalt der Gesellschaft war und blieb der Islam, trotz der von oben verordneten Trennung von Staat und Religion, von kaum zu überschätzender Bedeutung. Soll die deutlich erkennbare Spannung zwischen Staat und Gesellschaft in der Türkei aufgelöst werden, darf man den Faktor Religion nicht außen vor lassen. Konstitutives Element des oben skizzierten Modernisierungsprojekts ist daher eine Neubestimmung des Ortes der Religion in Staat und Gesellschaft. Wie die Religion in der von Atatürk geschaffenen laizistischen Republik aus der Sphäre des Staates ausgegrenzt ist, muss es eine Sphäre der Religion geben, die – durch Verfassung und Gesetz begrenzt und eingehegt, aber auch getragen und garantiert – die Freiheit der Religionsausübung als individuelles Grundrecht wie auch die Autonomie der Religionsgemeinschaften respektiert. Das darf sich – dies sei ausdrücklich betont – nicht auf die Muslime und den Islam beschränken, sondern muss auch für die religiösen Minderheiten in der Türkei gelten, namentlich die Christen und ihre Kirchen.

II. Europa braucht die Türkei

Was ist eigentlich Europa? Schon als geographische Kategorie ist es nicht ganz einfach zu definieren, weist es doch als Teil der eurasischen Landmasse nach Osten hin keine feste Grenze auf – die Geographen müssen auf Geschichte, Kultur und Wirtschaft rekurrieren, um Europa zum eigenständigen Erdteil zu erklären. Juristen mögen Europa als Gesamtheit der in der Europäischen Union zusammengeschlossenen Staaten auffassen – doch ist auch dies ein offenes Gebilde, und die Debatten um die Erweiterung der Europäischen Union zeigen, dass die Grenzen Europas ganz unterschiedlich gezogen werden können. Ist Europa – über solche formalen Definitionen hinaus – ein Kulturraum oder eine Wertegemeinschaft? Kaum ist die Frage aufgeworfen, so entbrennt der Streit darum, was denn der Kern europäischer Kultur sei, auf welchen Wertekanon Europa sich verständigen könnte? Christentum, Humanismus, Aufklärung, die Entzauberung der Welt durch Säkularisierung, Rationalisierung und Verwissenschaftlichung, Republikanismus, Demokratie, Liberalismus, Sozialstaatlichkeit oder Marktwirtschaft, Gerechtigkeit oder Gleichheit, Sicherheit oder Freiheit? Eine Einigung scheint schier aussichtslos. Manch einer sucht Zuflucht in der Geschichte? Was aber ist europäische Geschichte? In Zeiten transnationaler Geschichtsforschung wirkt die Vorstellung eines in sich geschlossenen

Geschichtsraums jedoch antiquiert. Gehört die Geschichte des Russischen Imperiums, das sich bis Kamtschatka und zur Grenze Koreas erstreckte, etwa nicht zur europäischen Geschichte? Oder die des Osmanischen Reiches? Was ist mit der Geschichte der beiden Amerikas und Afrikas? Ist Europa doch Teil des atlantischen Systems, und das hat seine Geschichte im letzten halben Jahrtausend entscheidend geprägt.

Europäische Identität – diese These sei hier mit Nachdruck vertreten – kann sich, auch wenn Europa sich immer wieder darauf besinnen soll, wie es gewachsen und geworden ist, nicht auf etwas Gegebenes stützen: weder auf die Geographie noch auf die Geschichte, weder auf Kultur noch gar auf Religion. Europa ist ein Projekt. Die richtige Frage lautet nicht, was Europa ist, sondern *was es sein soll*. Es kommt auf den politischen Willen an. Manchmal kann man den Eindruck bekommen, Europa sei ein Kartell starker Volkswirtschaften, die ihre Marktmacht bündeln, um ihre Stellung in der Weltwirtschaft auszubauen. Oder eine Versicherungsgesellschaft auf Gegenseitigkeit, um den (historisch einzigartigen) Wohlstand in den europäischen Staaten auf Kosten der südlichen Hemisphäre zu sichern. Oder eine Inselfestung, die sich mit vereinten Kräften gegenüber den von Armut und Verzweiflung in Gang gesetzten Wanderungsströmen von Süden nach Norden abschottet. Wenn Europa aber mehr nicht sein soll als ein Staatenbund, der sich zusammengefunden hat, um sein Gewicht in der Weltpolitik zu erhöhen, dann wird es voraussichtlich ein kurzlebiges historisches Experiment bleiben, denn es würde ihm die Zielutopie fehlen, um die auseinander strebenden Partikularinteressen zusammenzuführen.

Der Europäische Gedanke ist aus der Erfahrung zweier Weltkriege, der welthistorisch einzigartigen Genozide unter dem Nationalsozialismus und dem Stalinismus, der unzähligen ethnischen Säuberungen und Vertreibungen geboren, die Europa, den zweitkleinsten Kontinent auf der Weltkugel, im vergangenen Jahrhundert um- und umgepflügt haben. Das neue Europa soll ein Raum des Friedens sein, in dem Staaten und Völker, ungeachtet aller historischen, kulturellen, sprachlichen, ethnischen und religiösen Unterschiede und Gegensätze, ihre Interessen auf gewaltfreie Art zum Ausgleich bringen. Aggressive Nationalismen haben in diesem Raum keinen Platz, eine pragmatische Außenpolitik jenseits totalitärer Ideologien ist Voraussetzung für friedliches Miteinander. Im Inneren der Staaten müssen Verfassungen, Gesetze und eine unabhängige Rechtsprechung gewahrt, die Grund- und Menschenrechte garantiert sein, politische Willensbildung muss nach den Grundsätzen demokratischer Partizipation geschehen, Minderheiten müssen geschützt werden, der Umgang mit Andersdenkenden muss von Toleranz, Respekt und Dialogbereitschaft geprägt, Mindeststandards guten Regierens müssen eingehalten werden.

Der Europäische Gedanke enthält ein universelles Versprechen. Wird ein Staatswesen, das alle Voraussetzungen erfüllt, die von einem Staat des neuen Europas gefordert werden können, und das die Aufnahme in diese Staatengemeinschaft wünscht, aus machtpolitischen Erwägungen abgewiesen, verliert der Europäische Gedanke seine Glaubwürdigkeit – und damit seine politische Kraft. Die Türkei ist in diesem Sinne *die* entscheidende Bewährungsprobe der Europäischen Union, gerade *weil* die Türkei, was die Religionszugehörigkeit ihrer Bevölkerung angeht, ein islamisches Land ist.

Denn die islamische Welt bildet die Schnittstelle zwischen dem Norden und dem Süden oder – um eine obsolet gewordene Begrifflichkeit zu verwenden – zwischen der Ersten und der Dritten Welt, nachdem die Zweite Welt, der Ostblock, untergegangen ist. Hier prallen die ökonomischen, sozialen und politischen Gegensätze der Weltklassengesellschaft in voller Härte aufeinander. Bezogen auf Europa: Entweder mauert sich Europa im 21. Jahrhundert an der nördlichen Mittelmeerküste zur Festung ein – dann wird es, im Sinne einer *self-fulfilling prophecy*, zu einem *Crash of civilizations* kommen. Oder es hebt die Beziehungen zu den islamischen Anrainerstaaten des Mittelmeeres auf eine neue Ebene, nimmt gar manche dieser Staaten in ihre Gemeinschaft auf. Die Türkei, ein Staat, der in der Folge der kemalistischen Reformen auf dem westlichen Entwicklungspfad der Moderne schon weit vorangekommen ist, der jetzt unter einer gemäßigt islamistischen Regierung energische Anstrengungen unternimmt, die Masse der Bevölkerung in die Moderne nachzuholen, ist der erste Anwärter. Gelingt dieses Jahrhundertprojekt, hat Europa bewiesen, dass das universelle Versprechen, auf das es gründet, nicht bloße Ideologie ist. Das könnte Modellcharakter bekommen. Scheitert das Projekt, würden sich die türkische Gesellschaft und in deren Gefolge der türkische Staat sehr wahrscheinlich nach Osten – nach Zentralasien und zum Nahen Osten hin – orientieren und im Sinne eines fundamentalistischen Islamismus radikalisieren. Dann, und erst dann, würde die Türkei zu einem Problem der Europäischen Union.

Ist aber überhaupt Platz in Europa für ein islamisch geprägtes Land? In letzter Zeit mehren sich – von Sachkenntnis zumeist völlig ungetrübt – in Deutschland Stimmen, die dem Islam jedes Entwicklungspotential absprechen und ihm eine fundamentalistische Grundtendenz unterstellen. Hier greift ein kultureller Determinismus Platz, der ebenso wenig begründbar, aber ebenso gefährlich ist wie ein biologischer Determinismus: Die Türken – auch die in der Europäischen Union lebenden Türken – erscheinen demnach als integrationsunfähig – nicht von Natur aus, weil sie eben Türken, sondern aufgrund einer scheinbar übermächtigen kulturellen Prägung, weil sie Muslime sind.

Und schließlich: Gehört nicht das Christentum zum Kern europäischer Kultur? Selbstredend hat das Christentum die Kulturen der europäischen Staaten nachhaltig geprägt. Grundkonstante europäischer Geschichte ist aber nicht die Prägung durch *eine* Religion, sondern der Religions*konflikt*, vom Bruch zwischen der katholischen und den orthodoxen Kirchen über die Reformation bis hin zum Konflikt zwischen Christentum und Islam auf der iberischen Halbinsel und auf dem Balkan. Zum alten Europa gehört aber auch der immer wieder erneuerte Versuch, Formen friedlicher Koexistenz zwischen den Konfessionen und Religionen zu finden. Hier muss das noch zu schaffende neue Europa ansetzen: Es soll ein Ort sein, an dem sich die Anhänger der unterschiedlichsten Religionen und Weltanschauungen – orthodoxe, katholische, protestantische und freikirchliche Christen, Juden, Muslime, Agnostiker und Atheisten – mit Respekt begegnen, die Herausforderung des je Anderen aushalten, Toleranz üben, in den Diskurs eintreten. Die in den letzten Wochen in Deutschland geführten Debatten zeigen, dass dies nicht ohne Missverständnisse, Spannungen und Konflikte abgeht, aber doch gelingen kann. Europa zu schaffen, heißt Brücken zu bauen. In diesem Sinne könnten die Bosporusbrücken in Istanbul *das* zukünftige Symbol Europas werden.

Schluss

Seit 50 Jahren wartet die Türkei auf eine Mitgliedschaft und erlässt noch immer Reformen, um den Anforderungen der Europäischen Union zu genügen. Kein Mitgliedsland in der Europäischen Union hat so lange wie die Türkei auf eine Mitgliedschaft gewartet. An dieser Verzögerung sind beide Seiten schuld. Bis zum Zusammenbruch der Sowjet Union war die Türkei für die EU ein wichtiger strategischer Partner. Aber nach Beendigung des Kalten Krieges verlor die Türkei ihre strategische Bedeutung für die EU. Die durch die EU geschaffenen Kopenhagener Kriterien sollen nunmehr zu einer neutralen Bewertung der Beitrittsvoraussetzungen für die Türkei führen. Dabei ist unbestreitbar, dass bereits 1963 die konkrete Perspektive eines Beitritts konzipiert worden ist. Die Türkei hat sich daher oft in der Rolle eines beleidigten Liebhabers gesehen, dessen Dienste und Treue nicht entsprechend gewürdigt wurden. Dies hatte natürlich auch mit der Haltung der europäischen Bevölkerung zu tun, die ihrerseits keine eindeutige Linie verfolgte, und stets die Bedeutung des Landes für Europa betonte, dann es aber wieder zurückwiesen und seinen europäischen Charakter zur Gänze in Frage stellte.

Europäische Vorgaben bedeuten für die Türkei eine Umsetzung dieser Forderungen. Es war klar, dass die Türkei lange Jahre diese Kriterien nicht verwirklichen konnte. Aber es heißt nicht, dass die Türkei ihren Weg von der EU abwenden wird. Dies ist schon deshalb ausgeschlossen, weil seit der Gründung der Republik die Beziehungen mehr in die Richtung der westlichen Werte und Kulturen gerichtet waren. Die wirtschaftlichen, politischen, sozialen Beziehungen wurden nach dem Vorbild westlichen Länder realisiert. So war die Türkei in ihrer politischen Ausrichtung festgelegt. Die Anfang der neunziger Jahre entstandene negative Situation in den Beziehungen wurde durch die Vereinbarung einer Zollunion mit der EU behoben. Obwohl ihre Wirtschaft nicht für die Zollunion bereit war und auch viele Verluste erlebt hatte, war dies ein weiterer Schritt in Richtung Europäische Union. .

Nach der Erdbebenkatastrophe, die im Jahr 1999 gewesen ist, haben sich die Beziehungen durch die Verleihung eines Kandidatstatus der Türkei wieder normalisiert. Bei der Normalisierung war der erste Grund die Hilfsbereitschaft europäischer Staaten bei der Behebung der eingetretenen Schäden, aber der zweite Grund war, dass die strategische Bedeutung der Türkei wieder bemerkt wurde und sie erneut als wichtiger Partner gewürdigt wurde. Durch die Änderung der EU Politik gegenüber der Türkei ist die Frage der wirtschaftlichen Konkurrenz zu den USA und zu Japan wieder aufgekommen. Denn die Türkei könnte neue Märkte in Nahost erschließen und gegenüber den Kaukasus-Ländern mehr Einfluss ausüben. Deswegen hat die EU sich auf einen neuen Partner und ihrer Rolle als Global Player in der neuen Weltordnung besonnen. Die Mitgliedstaaten der EU haben der Türkei auch den nötigen Kandidatenstatus zuerkannt und mit Verhandlungen begonnen. Nach der Zuerkennung des Kandidatenstatus hat die Türkei im Bezug zu den Kopenhagen-Kriterien viele Reformen durchgeführt. Diese Reformen beziehen sich im legislativen Bereich auf den Schutz vor Folter und Misshandlungen, die Abschaffung der Todesstrafe, die Gewährleistung der Rede- und Versammlungsfreiheit sowie der Pressefreiheit. Diese Entwicklungen haben mögliche Menschenrechtsverletzungen minimalisiert. Auch wurde der Vorrang der internationalen Menschenrechtsschutzvereinbarungen vor nationalem Recht akzeptiert. Die Türkei unternimmt alle Anstrengungen, einen Rechtsbestand wie in den europäischen Ländern aufzuweisen. Dennoch sind immer mehr europäische Länder gegen eine türkische Mitgliedschaft in der Europäischen Union. Das wird die türkische Politik gegenüber der EU verändern.

Es fehlen Motivationen der europäischen Staaten gegenüber der türkischen Bevölkerung. Immerhin gibt es ein vereinbartes und geltendes Ankara-Abkommen. Trotz dieses Abkommens bekennt sich die EU nicht zu einer Vollmitgliedschaft, sondern immer wieder zu privilegierter Partnerschaft und es wird von offenen Verhandlungen gesprochen. Die Türkei hat jedoch bereits jetzt mit der Zollunion und vielen weiteren bilateralen Abkommen schon eine privilegierte Partnerschaft mit der EU. Aus diesem Grunde erübrigt sich eine Zielsetzung einer Partnerschaft. Gespräche sollten daher nur über eine Vollmitgliedschaft geführt werden. Die Europäische Union sollte auch bedenken, dass eine ungebührliche Ausdehnung der Beitrittsverhandlungen die Türkei zu einer anderen Orientierung in Richtung Osten veranlassen könnte. Es ist daher auch unverzichtbar, dass die Europäische Union die Reformbestrebungen unterstützt, damit die Türkei ihren Reformkurs fortsetzen kann.

Somit ist die Türkei zur Stabilisierung ihrer Demokratie auf die Unterstützung der Europäischen Union angewiesen. Diese Politik müsste eine ausreichende Stabilität aufweisen. Nur so wird die Türkei in die Europäische Union hineinwachsen. Aber eine uneinheitliche und mehrdeutige Politik wird den bisherigen Beziehungen schaden. Nicht nur die Türkei braucht die EU, sondern auch die Europäische Union braucht die Türkei für ihre Sicherheit. Es gilt, die Energie-Abhängigkeit von Russland zu mildern. Die EU sollte sich einer wahren und nicht populistischen Politik zuwenden. Die Türkei will nicht die Stellung eines unfolgsamen Kindes der Straße einnehmen. Die EU Länder sollten daher damit aufhören, populistische Politik weiter zu verfolgen. Durch die AKP Regierung hat die Türkei ihre politischen Probleme mit ihrer Nachbarn gelöst und zu diesen stärkere wirtschaftliche Beziehungen aufgenommen. Die Türkei versucht unter der Verantwortung von Außenminister Ahmet Davutoğlu, eine stabile Politik in seiner Region zu verwirklichen. Gemäß einer "strategish deep theory" versucht die Türkei, eine regionale Macht zu werden. So erhält sie auch mehr Einfluss auf die muslimischen Länder. Die Türkei hat durch ihre problemlose Politik mit den Nachbarstaaten in den Beziehungen viele Fortschritte gemacht. Gegenüber Syrien wurden am 13. Oktober 2009 die Grenzen aufgehoben und die Visapflicht abgeschafft. Das war ein wichtiger Schritt für beide Staaten. Vor 10 Jahren hätte sich das niemand vorstellen können. Mit dem Irak hat die Türkei am 15. Oktober 2009, um ihre wirtschaftlichen und politischen Beziehungen zu erweitern, 48 Abkommen unterzeichnet, und auch mit dem Iran hat sie sehr enge Beziehungen aufgenommen. Die Türkei und der Iran haben am 28. Oktober 2009 ein Abkommen über die gemeinsame Erschließung des größten iranischen Gasfeldes South Pars unterzeichnet. Der Vertrag wird es Ankara ermöglichen, über fast die Hälfte des iranischen Gases (35 Milliarden Kubikmeter) zu verfügen und es unter anderem nach Europa zu pumpen. Der türkische Energieminister Taner Yildiz, der seine Unterschrift unter das Dokument geleistet hatte, bewertete das Projekt auf rund vier Milliarden US-Dollar. Erste Untersuchungen mit der gemeinsamen Erschließung des Feldes sollen nach dem Wortlaut der Vereinbarung Anfang November 2009 begonnen werden. Präsident Erdogan hat mit vier Ministern und 16 Abgeordneten im Rahmen eines Besuches eine Zusammenarbeit beider Staaten in wirtschaftlichen Fragen und bei der Bekämpfung des Terrorismus vereinbart.

Die Türkei beabsichtigt ferner, die Probleme mit Armenien zu lösen. In diesem Zusammenhang hat sie am 10. Oktober 2009 durch den türkischen Außenminister Ahmet Davutoglu und den armenischer Amtskollegen Edward Nalbandian das unter Schweizer Vermittlung entstandene Abkommen in einer Zeremonie in Zürich unterzeichnet. Die Zeremonie wurde im Beisein von dem EU-Außenpolitik-Vertreter Javier Solana, dem russischen Außenminister Sergei Lavrov und Frankreichs Außenminister Bernard Kouchner durchgeführt. Dieser Vertrag sollte die Zielsetzung verdeutlichen, die Beziehungen zwischen den Vertragsstaaten wieder herzustellen und die gemeinsame Grenze nach langen Jahren wieder zu öffnen.

Alle diese Änderungen zeigen deutlich, dass die türkische Außenpolitik von der EU inspiriert wurde. *In der Region ist derzeit deutlich spürbar, dass die Türkei in ihren regionalen Beziehungen neue Wege eingeschlagen hat. Dafür ist sicherlich auch die europäische Hinhaltetaktik in Sachen EU-Beitritt verantwortlich. In Ankara erinnert man sich an die Zugehörigkeit zur muslimischen Welt und nutzt vor allem den Handel mit Lebensmitteln, Textilien und im Baubereich, um bis in den fernen Osten und in die Golfstaaten hinein Präsenz zu zeigen. Jüngstes Beispiel ist die Aufnahme der Beziehungen zu Armenien und regelmäßige Treffen mit irakischen und iranischen Regierungsvertretern. Derzeit werden die politischen und wirtschaftlichen Beziehungen mit Syrien durch ein bilaterales Forum mit hochrangigen Delegationen in Aleppo weiter ausgebaut, Erstes Ergebnis ist, dass die Visumpflicht zwischen der Türkei und Syrien aufgehoben wurde. Zudem nimmt die Türkei neuerdings häufig die Rolle einer Mittlerin zwischen dem Westen und dem Iran, zwischen der irakischen Regierung und den Kurden im Nordirak[1].*

Abschließend bleibt jedoch festzuhalten: Die islamische Welt befindet sich bereits mitten in der Phase des Umbruchs, und die Türkei wird diesen Umbruch auch in Zukunft als wichtiger Akteur begleiten und mitgestalten – ob nun mit oder ohne die EU. Klar ist aber auch, dass sich dieser Umbruch mit Europa noch wesentlich besser gestalten lässt. Die Türkei hat in der Tat zwei Gesichter: ein östliches und ein westliches[2]. Für Europa ist diese Tatsache auch ein "window of opportunity", die Türkei auch weiterhin als Partner an sich zu binden, eines Tages ja vielleicht doch auch als Vollmitglied! Europa sollte diese günstige Gelegenheit nicht ungenutzt an sich vorbei ziehen lassen[3].

---

1 http://www.jungewelt.de/2009/10-16/001.php (04.11.2009)
2 Hüseyin Bağcı, "Die Türkei und der Nahe Osten, Vermittler mit Vertrauensbonus „ unter http://de.qantara.de/webcom/show_article.php/_c-297/_nr-90/_p-1/i.html (03.11.2009)
3 Ebenda, S.2

Anmerkungen

http://www.jungewelt.de/2009/10-16/001.php (04.11.2009)

Hüseyin Bağcı, "Die Türkei und der Nahe Osten Vermittler mit Vertrauensbonus „ unter http://de.qantara.de/webcom/show_article.php/_c-297/_nr-90/_p-1/i.html (03.11.2009)

Chronologie Türkei und EU

1959

Assoziierungantrag der Türkei an die EWG (Europäische Wirtschaftsgemeinschaft, gegründet 1957).

1963

12.09. – Assoziierungsabkommen (Ankara-Abkommen), in Kraft 01.12.1964 (fünf Jahre Vorbereitungsphase, maximal 12 Jahre Übergangsphase, Schlussphase mit Option zur Vollmitgliedschaft in der EWG). Verzögerungen im Fahrplan durch Strukturanpassungsprobleme der Türkei in wirtschaftlichen und administrativen Bereichen.

1980

12.09. – Militärputsch in der Türkei, Einfrieren der Beziehungen zwischen EG und Türkei.

1982

Aussetzung des Ankara-Abkommens.

1987

14.04. – Beitrittsantrag der Türkei zur EG (Europäischen Gemeinschaft, 1967 aus der EWG hervorgegangen) unter Regierung Özal (1983-1989).

1988

Formale Wiedereinsetzung des Ankara-Abkommens.

1989

Dezember – unbefristete Zurückstellung des türkischen Antrags auf Empfehlung der EG-Kommission.

1993

Gründung der EU (Europäischen Union) durch den Maastrichter Vertrag von 1992; Kopenhagener Kriterien (für die Osterweiterung) des Europäischen Rats: Neben der Forderung nach funktionierender Marktwirtschaft auch Forderungen nach stabiler demokratischer und rechtsstaatlicher Ordnung, nach Wahrung der Menschenrechte und Minderheitenschutz.

1995

06.03. – Abkommen zwischen der EU und der Türkei unter der Regierung Çiller (1993-1995) über Zollunion, erstes Zollunionsabkommen zwischen der EU und einem Nichtmitglied; in Kraft ab

1996

01.01. – Von diesem Datum an gilt in der Türkei das europäische Wirtschaftsrecht, welchem das Land seine Handelsbeziehungen mit Drittländern anpassen muss, ohne ein Mitspracherecht in Brüssel zu haben.

1997

12./13.12. – Auf dem EU-Gipfel in Luxemburg fällt die Entscheidung, dass die Türkei für einen Beitritt in Frage kommt. Sie erhält jedoch keinen offiziellen Beitrittsstatus.

1998

12./13.03. – EU-Gipfel in London mit elf Beitrittskandidaten; aus Enttäuschung über die Zurückstellung ihres Antrags nimmt die Türkei unter der Regierung Yılmaz (1997/98) nicht daran teil.

1999

03./04.06. – auf dem EU-Gipfel in Köln werden die Weichen für einen Kandidatenstatus der Türkei gestellt.

10./11.12. – EU-Gipfel in Helsinki. Am 10.12. beschließt der Gipfel 15 mit dem Beitritt der Türkei gekoppelte Bedingungen (u.a. Beendigung des territorialen Disputs mit Griechenland bis 2004, Erfüllung der Kopenhagener Kriterien, insbesondere bei den Menschenrechten); nach Annahme der Bedingungen wird die Türkei am 11.12 offiziell auf gleiche Stufe mit den anderen Beitrittskandidaten gestellt.

2000

04.-07.12 – EU-Gipfel in Nizza: Vorbereitung der Osterweiterung und Vertrag über die Beitrittspartnerschaft mit der Türkei. Nach heftigem politischen Tauziehen im Vorfeld fordert der Vertrag "politische Kriterien und verstärkten politischen Dialog" bei der Lösung der Zypernfrage, vermeidet die Erwähnung der Kurden, fordert jedoch mittelfristig die Einführung "anderer Muttersprachen außer Türkisch" an den Schulen und den "Nationalen Sicherheitsrat" der Türkei in Einklang mit europäischen Normen zu bringen.

2001

08.03 – der Europäische Rat verabschiedet seinen Beschluss über "Grundsätze, Prioritäten, Zwischenziele und Bedingungen der Beitrittspartnerschaft mit der Türkischen Republik".

19.03 – "Nationales Aktionsprogramm" der Türkei unter der Regierung Ecevit (1999-2002) verabschiedet; zurückhaltende Reaktionen in EU-Kreisen. Juni – Verfassungsänderungen in der Türkei (Demokratisierungspaket). August – Abschaffung der Todesstrafe in Friedenszeiten, 12-Punke Reformpaket.

2002

Juli/August – weitere Reformen in der Türkei.

28.-29.10. – Treffen der Beitrittskandidaten in Kopenhagen; Bericht der EU-Kommission bescheinigt der Türkei Fortschritte in Hinblick auf EU-Angleichung, aber noch weitere Anstrengungen seien nötig.

11.-12.12. – EU-Gipfel in Kopenhagen: Über Beitrittsverhandlungen soll nach Vorlage eines positiven Berichts der EU-Kommission im Dezember 2004 entschieden werden, da bislang noch Defizite bei der Umsetzung der gesetzlichen Grundlagen in die Praxis herrschten.

2004

01.05. – Aufnahme von zehn Ländern in die EU, darunter Zypern.

06.10. – Fortschrittsbericht der EU-Kommission mit Empfehlung von Beitrittsverhandlungen unter strikten Auflagen. Die vorgesehene weitgehende Rechtsreform der Regierung Erdoğan (2003-) in der Türkei festige die Rechtsstaatlichkeit.

17.12. – Entscheidung des Europäischen Rats über die Aufnahme von Beitrittsverhandlungen mit der Türkei zum 03.10.2005.

2005

03.10. – die 25 in Luxemburg versammelten Außenminister der EU einigen sich auf einen gemeinsamen Rahmentext für die Beitrittsverhandlungen mit der Türkei: Beitrittsverhandlungen während der nächsten 10 bis15 Jahre, danach Prüfung, ob a) die Türkei die Beitrittsbedingungen erfülle und b) die EU die Aufnahme wirtschaftlich und politisch verkrafte. Suche nach "alternativen" Lösungen bei den Themen Arbeitsmarkt, Landwirtschaft und EU-interne Beitrittshürden. Offizielle Eröffnung der Beitrittsverhandlungen noch in der Nacht zum 4.10.

04.10. – Aufnahme von ergebnisoffenen Beitrittsverhandlungen zwischen der EU und der Türkei. Frühester möglicher Beitritt 2015.

09.11. – Jahresbericht des EU-Erweiterungskommissars Günter Verheugen bescheinigt der Türkei Fortschritte auf politischem und wirtschaftlichem Gebiet, kritisiert jedoch vor allem die Lage der Menschenrechte, der Meinungsfreiheit und den Schutz von Minderheiten.

2006

20. Januar: Neuer Plan des Generalsekretärs der Vereinten Nationen Kofi Annan für die Lösung der Zypern-Frage. In diesem Plan wurde verlangt, dass, wenn die Türkei ihre Häfen für Griechen öffnet, die Isolierung der türkischen Republik Nordzypern aufgehoben wird.

26. Januar: Entscheidung der Kommission vom 23. Januar 2006 über die Grundsätze, Prioritäten und Bedingungen der Beitrittspartnerschaft mit der Türkei mit der Nr. 2006/35/EG, veröffentlicht im Amtsblatt der Europäischen Union Nr. L 22 vom 26. Januar 2006.

12. Juni: Das Komponenten-Screening über das Kapitel mit dem Namen "Wissenschaft und Forschung" wurde in der Regierungskonferenz eröffnet, die in Luxemburg stattfand. Es wurde festgestellt, dass die Kriterien im erforderlichen Maß der Türkei durchgeführt wurden. Daher wurde dieses Kapitel für einen vorübergehenden Zeitraum in der gleichen Sitzung geschlossen.

8. November: Es wurde bestätigt, dass die Türkei die Häfen und Flughäfen für die griechisch-zypriotische Administration of Southern Zypern trotz des Zusatzprotokolls nicht geöffnet hatte und ihr hierfür eine Frist bis 14.-15. Dezember gegeben wurde.

13. November: Der Rat der Europäischen Union genehmigt, dass Istanbul die Kulturhauptstadt Europas im Jahr 2010 wird.

11. Dezember: Empfehlung der Kommission vom 9. Dezember 2006 und den Ministern für auswärtige Angelegenheiten des EU-Rates, 8 Kapitel nicht zu öffnen, bis die Verpflichtungen des Zusatzprotokolls erfüllt sind.

2007

29. März: Die Verhandlungen über das Kapitel "Politik in den Unternehmen und der Industrie" eröffnet.

17. April: Harmonisierungs-Paket zum EU- Acquis beschlossen.

26. Juni: Die Verhandlungen sind für zwei Kapitel eröffnet: Finanzkontrolle und Statistiken.

19. Dezember: Die Kapitel über Gesundheit und Verbraucherschutz und den Trans-European Transport werden eröffnet.

2008

26. Februar: Beschluss des Rates vom 18. Februar 2008 über die Grundsätze, Prioritäten und Bedingungen der Beitrittspartnerschaft mit der Türkei und die Aufhebung der Entscheidung Nr. 2006 / 35/EC mit Nr. 2008/157/EG veröffentlicht im Amtsblatt der Europäischen EU Nr. L 51 vom 26. Februar 2008.

12. Juni: Kapitel über Gesellschaftsrecht und gewerblicher Rechtsschutz eröffnet.

18. Dezember: Die Verhandlungen sind eröffnet für zwei Kapitel: Freier Kapitalverkehr und die Informationsgesellschaft, Medien.

31. Dezember: Beschluss vom 10. November 2008 über das nationale Programm der Türkei im Hinblick auf die Europäische Union betreffend Überwachung, Koordinierung und Durchführung des nationalen Programms der Türkei im Hinblick auf die Europäische Union, unter Nr. 2008/14481 im Amtsblatt veröffentlicht am 31. Dezember 2008 mit der Nr. 27097 (5.repeating).

2009

10. Januar: Egemen Bagis, Minister für Angelegenheiten der Europäischen Union, wurde als Chefunterhändler der Türkei in Verhandlungen ernannt.

30. Juni: Die Verhandlungen über das Kapitel Besteuerung eröffnet.

Matthias Theodor Vogt / Jan Sokol / Beata Ociepka /
Detlef Pollack / Beata Mikołajczyk (Hrsg.)

Bedingungen europäischer Solidarität

Frankfurt am Main, Berlin, Bern, Bruxelles, New York, Oxford, Wien, 2009.
295 S., zahlr. Abb. und Tab.
Schriften des Collegium PONTES.
Verantwortlicher Herausgeber: Matthias Theodor Vogt. Bd. 1
ISBN 978-3-631-58030-1 · br. € 51.50*

Mit der Erweiterung der Europäischen Union und den gescheiterten Referenden ist das Projekt Europa in eine Krise geraten. Was verbindet uns in Europa? Eine gemeinsame Geschichte, eine Identität, die es zu bilden gilt, und gemeinsame Werte? Die Solidarität kann als eine grundlegende Eigenschaft in Ost- und Westeuropa angesehen werden. Die zahlreichen Autoren nähern sich dem Thema aus unterschiedlichen Perspektiven entsprechend dem interdisziplinären Charakter des Collegium PONTES. Das Collegium PONTES Görlitz-Zgorzelec-Zhořelec hat unter der Schirmherrschaft der Außenminister der Bundesrepublik Deutschland, der Republik Polen und der Tschechischen Republik eine Reihe eminenter Wissenschaftler und geistiger Exponenten eingeladen, gemeinsam über Bedingungen europäischer Solidarität nachzudenken und, ausgehend vom Verfassungsentwurf, mögliche Defekte und Zukunftswege und Möglichkeiten aufzuzeigen. Dieser Band versammelt die zentralen, in Görlitz diskutierten Texte; weitere Beiträge wurden unter www.kultur.org veröffentlicht.

Aus dem Inhalt: Ernst-Wolfgang Böckenförde: Bedingungen europäischer Solidarität · *Wolfgang Huber:* Solidarität in einem größer werdenden Europa · *Jan Sokol:* Projekt Penelope. Erziehung als Bedingung europäischer Solidarität · *Werner Bramke:* Vorwärts und nicht vergessen, worin unsere Stärke besteht „Solidarität als historische Kategorie" · *Wolfgang Aschauer:* Aspekte grenzüberschreitender Kulturbeziehungen · *Matthias Munkwitz:* Wie weiter? Kulturökonomische Überlegungen zu Modellen grenzüberschreitender Solidarität

Frankfurt am Main · Berlin · Bern · Bruxelles · New York · Oxford · Wien
Auslieferung: Verlag Peter Lang AG
Moosstr. 1, CH-2542 Pieterlen
Telefax 0041 (0)32/3761727

*inklusive der in Deutschland gültigen Mehrwertsteuer
Preisänderungen vorbehalten
Homepage http://www.peterlang.de

www.ingramcontent.com/pod-product-compliance
Lightning Source LLC
LaVergne TN
LVHW012248070526
838201LV00092B/159